法意看世界
2018

THE RETURN
OF GREAT POWER
COMPETITION

法意看世界 2018

# 重启大国竞争

主　编　孔元

副主编　江涵　吴蔽余

当代世界出版社
THE CONTEMPORARY WORLD PRESS

# 重启大国竞争：法意看世界（2018）

## 主办单位

北京大学国家法治战略研究中心

## 学术委员会

强世功 | 章永乐 | 欧树军 | 孔 元

刘天骄 | 傅 正 | 吴 双 | 曹 宇

## 本辑主编

孔 元

## 本辑副主编

江 涵　吴蔽余

## 本辑编辑（排名不分先后）

艾敦义 | 陈风雅 | 陈默涵 | 常 伟

蔡敬贤 | 段阳蕃 | 傅兰珂 | 龚 玲

胡晓雪 | 杭佳佳 | 黄永恒 | 黄梓朋

蒋雨璇 | 姜 文 | 李雪妍 | 李泓翰

刘子琦 | 刘文娟 | 鲁昊源 | 梁 锐

马尚玉 | 马延婧 | 苗 瑞 | 彭雨溶

钱若凡 | 史 庆 | 邵依琳 | 唐亦文

汤心仪 | 王静姝 | 吴 彤 | 吴启涛

文玉婷 | 姚无铭 | 姚静宜 | 张 璇

张浥萱 | 张雨凡 | 朱华辉 | 张姗姗

# 导 言

在自传《无畏的希望》中，前美国总统奥巴马曾指出，美国所处的世界已经与 19 世纪和 20 世纪早期的世界完全不同。彼时的世界秩序处于"大国竞争"的格局之下，当时的美国面临着来自纳粹德国和苏联强劲的军事和经济竞争。在第二次世界大战和冷战结束之后，美国成为唯一的超级大国，相应地，世界秩序也进入了"美国时刻"，美式资本主义和自由民主制度通行全球，美国成为世界警察，美国规范的全球普及，意味着世界上主要大国及其人民"大都遵守一套全球通行的国际规则，这些规则规范了我们的贸易活动、经济政策，以及用于解决纠纷的法律和外交手段"。[1] 伴随着全球化时代的来临，世界秩序的主要矛盾，也从大国间的竞争和冲突，转向主要大国的竞争性合作，诸如全球经济发展不平衡、气候变化、恐怖主义等议题，成为了新的世界性议题。

奥巴马的论断有三层逻辑，其一，和平发展是时代主题，全球治理是共同使命。其二，美国是全球化进程的领导者。其三，全球化是个由主要大国共同管理的多边主义进程。作为领导者，美国的任务是推动经济发展和自由民主体制、推广自由国际主义意识形态，而那些能够凭借强大的国家能力和有效的政府，分享这一体制红利的国家，则成为美式全球化的共同管理者；那些处于全球化边缘的失败国家，则成为全球治理的不稳定因素。

奥巴马执政的八年，既是这一治理体系不断深化的八年，也是这一治理体系危机不断暴露的八年，全球化自身包含的悖论最终凸显出来。作为领跑者的美国，尽管其保持着全球产业链的领先优势，但却因为制造业的产业转

---

[1] 巴拉克·奥巴马：《无畏的希望：重申美国梦》，罗选民等译，法律出版社 2008 年版，第 208 页。

移，导致了本土产业的空心化。随之带来的结构性失业难题，最终成为美国国内阶级矛盾和种族冲突的导火索。处于全球治理体系最末端的那些国家，则要么因为对于美国体制的愤恨，成为恐怖主义的重要温床；要么由于国内政治动荡引发的难民迁徙，成为冲击欧美相对同质的社会结构的外来因素。那些美国体系的追赶者，尽管多数仍然安于在美国体制之内的优势位置，并借此获得跻身全球治理俱乐部的政治特权，却总不甘心处于附属性位置，因而在美国霸权松动的时候，便表现出蠢蠢欲动的扩张欲望。

在奥巴马执政接近末期的时候，美式全球化潜藏的矛盾集中暴露出来，美国体系到达了崩溃的临界点。由于全球化时代美国体制的内外同构性，这场危机既是美国的宪法危机，也是美国国际地位遭遇挑战的危机。对作为民族国家的美国而言，2018 年的危机关键词是"经济不平等"和"认同割裂"。全球化在美国造就一个巨富阶层的同时，也剥夺了美国白人中产阶级对经济安全的渴望，由此引发的阶级矛盾，在政治结构上引发民主的危机，在公共话语上表现为自由主义和精英政治的危机。而全球化引发的跨国流动，又冲击了这些本土白人的文化认同，这在社会运动上引发了对于移民的抵制，在公共话语上表现为对于文化多元主义的抵抗。由于民主党同时吸引了巨富阶层和移民阶层的选票，从而在经济和文化事务上越来越迎合全球化的需要，传统白人中产阶级转而投向共和党，从而促使美国共和党背离了传统的政策路线，在经济和文化事务上走向了民族主义，成为这场危机的宣泄口。

美国政治的民族国家化，同时意味着美式全球化的倒退和重组，它迫使早先荫庇在美式全球化的经济繁荣和和平主义幻想中的主要国家，不得不重新思考自己的经济发展、政治和战略自主问题。美国的退却，对作为次全球化代表的欧洲，则意味着抉择。在全球化发展的几十年，欧洲分享了美国发展的经济与和平红利，但也继承了美国发展带来的问题与危机。由于欧盟政治模式的特殊性，这场危机给欧洲带来了欧盟和各成员国的双重分裂。处于危机之中的欧洲，到底是选择将希望寄托在后特朗普时代美国的重新回归上，还是主动地勾画一个更加独立自主的欧洲，仍然举棋不定。它的抉择，将深刻影响未来国际秩序的走向。

对于中俄而言，美国的退却，构成一个新的政治机遇，但也会带来诸多挑战。在反对美式霸权主义行径方面，中俄分享着共同的立场，都主张维护多元世界格局。但由于与全球化的融合程度不同，中俄对于全球治理的诸多议题，也表现出差异性。中国同世界经济的深度融合，意味着它更愿意与美国寻求共识，从而实现互惠互利式的和平发展。这种互补的经济结构，一度使得经贸合作成为中美关系的"压舱石"，并保证了世界经济结构的稳定和繁荣。但由于与全球经济的互补性较弱，俄罗斯更愿意扮演地缘政治方面的"搅局者"，并从中获得更加切实的战略和安全利益。但随着美式民族主义的泛起，中美欧的三角关系也发生了转变。对于特朗普而言，经济议题不再是纯粹的利益衡量，而是变成了国家安全问题，这意味着中美关系的彻底重组。

随着这种重组，中俄就变成了对于美国的全面安全威胁。这种认识很快就反映在美国官方文件中。在特朗普上台后不久，美国发布了2017年的《国家安全战略》(National Security Strategy)，其中明确指出，中国和俄国开始寻求地区和全球影响力，作为20世纪突出现象的"大国竞争"已经回归[1]。在紧随其后发布的《国防战略》(National Defense Strategy) 中，这一判断得到进一步确认，它指出"国家间的战略竞争，而不是恐怖主义，已经成为美国国家安全的首要考虑"。[2] 由此看出，奥巴马对于世界局势的乐观判断已然消逝，持续了半个世纪的全球化进程正在发生转变。不管这场转变带来的是逆全球化还是再全球化，它都必然伴随着大国间的剧烈冲突。

在此背景下，我们将"大国竞争"作为本书的关键词。在我们看来，从全球化向大国竞争的转变，肇始于全球化带来的经济、政治和文化危机，表现为以民族国家为基本单元的世界秩序的重组，它对内要求重建被全球化破坏的经济、政治和文化秩序，对外要求重新调整国家间秩序的边界。这双重的调整，意味着那个沉浸在自由主义价值观中的"和平、民主和繁荣的世界"将一去不返，再政治化将构成这个时代的主题，它在社会运动中吸收民众的各种夙愿，并通过政治化的手段来予以纠偏。世界主要大国的政治家，将不

---

〔1〕　National Security Strategy of the United States of America, December 2017, https：//www. white-house. gov/wp-content/uploads/2017/12/NSS-Final-12-18-2017-0905. pdf.

〔2〕　Summary of the 2018 National Defense Strategy of the United States of America, https：//dod. defense. gov/Portals/1/Documents/pubs/2018-National-Defense-Strategy-Summary. pdf.

得不运用高超的政治和外交手腕，来操控这种纠偏行动的激烈程度。在一个被愤怒主导的时代，它必然引发对于失序和战争的担忧，但凭借对于人类善良本性的把握，理性的政治家，将背负起把对抗维持在一定限度之内的政治责任，并通过对这场宣泄的适度引导，最终实现和平秩序的"软着陆"。

《法意看世界》编委会
2019 年 9 月 30 日

# 目录

# 欧洲的困境

**国家政治**

## 反思自由主义

## 再造保守主义

## 民主的危机

## 精英的黄昏

## 身份政治

### 阶级政治

### 网络的威胁

# 已经到来的无政府状态

[编者按] 作者罗伯特·D.卡普兰是新美国安全中心的高级研究员，同时也是欧亚集团的高级顾问。1994年，卡普兰在《大西洋月刊》上发表了长篇封面文章《即将到来的无政府状态》（*The Coming Anarchy*），他准确地预言了20世纪90年代末一些非洲国家政府的垮台以及在土耳其等地政治伊斯兰的崛起。2018年11月，卡普兰在《国家利益》（The National Interest）11月刊上又发表了一篇题为《已经到来的无政府状态》[1] 的文章。文章中，卡普兰回顾了其在1994年时发表的那篇文章，并再次分析讨论了其中所涉及的问题，认为二十年来发生的事件证实了他所说的"即将到来的无政府状态"。卡普兰指出，这并不是一种悲观的观点，而是历史的现实——无政府状态已经到来。

1994年2月，卡普兰在《大西洋月刊》上发表了一篇题为《即将到来的无政府状态》的封面文章。"非常不美国"是他对自己这篇文章的评价。卡普兰指出，之所以这样评价，是因为这篇文章是悲观且命定论的。这篇文章宣称美国在冷战中取得的胜利是无关紧要的，因为世界上正在崛起的各种自然、人口和文化的力量将压垮美国传统自由主义的愿景。这种论调在充斥着全球化理想的20世纪90年代是非常不合时宜的。

在那个时代的高级别会议和主要媒体上，人们自以为是地谈论着民主将如何很快征服世界，却不知道他们所谈论的世界究竟是什么样子，尤其不知

---

〔1〕 Robert D. Kaplan, "The Anarchy That Came", *The National Interest*, October 21, 2018.

道有些发展中国家在豪华酒店、政府部门和受保护的居民区之外的样子。为了应对这一趋势，卡普兰走访了西非和土耳其城市的贫民窟，比较了这两个地区的贫困文化，并得出了结论。卡普兰所说的这些被自鸣得意的全球化拥护者视为挑衅。

卡普兰指出，在一个因科技和疾病传播而变得越来越小的幽闭世界里，非洲最不起眼的地方最终可能成为西方未来的中心；非洲不应被置于保护国的座位上予以特殊对待，而应该同世界上其他地区在生动的文化和发展细节上进行合理的比较。

此外，卡普兰指出，越来越缺乏地下水以及因土壤过度使用而越来越缺乏营养素，正在以间接的方式加剧已经存在的民族、宗教和部落分歧。在经济和政治最脆弱的社会中，这一因素将放大极端主义和暴力冲突的可能性。也就是说，自然力量的作用会加剧政治的不稳定性，自然环境将是 21 世纪的"国家安全问题"。西非最落后的地区是全球即将到来的动乱的缩影。

卡普兰的结论与当时斯坦福大学的弗朗西斯·福山在《历史的终结与最后的人》中所宣扬的模式背道而驰。福山提出，冷战时期自由民主的胜利标志着历史的终结，因为没有任何其他制度能使人类得到满足。然而卡普兰认为，福山的观点是一个极端，是以美国和欧洲为中心的愿景，没有充分考虑到西方以外正在发生的事情。它与卡普兰在非洲、中东和亚洲看到的情况不相符。

卡普兰指出，他只是在遵循已故哈佛教授塞缪尔·P. 亨廷顿的格言。亨廷顿曾说，学者或观察者的工作不是一定要去改善世界，而是应直言不讳地说出他或她认为世界正在发生什么。要做到这一点，就意味着要把注意力集中在问题上。他详细地叙述了塞拉利昂和科特迪瓦在 1993 年中期的情况，并提到了这一时间段内西非的一般情况。塞拉利昂的政治状况极其脆弱，而被西方视为非洲成功典范的科特迪瓦的状况，也正在不知不觉中不断恶化。卡普兰把这些地方描述为管理薄弱的国家，当时这些地方甚至根本就不是真正的国家，而仅仅是地图上有着虚构且毫无意义的边界的地方。

然而在 20 世纪 90 年代后期，世界主要报纸上的文章将这些地区视为新兴民主国家，并为它们的前景描绘了一幅乐观的画面。特别是，1996 年在塞拉利昂举行的选举得到了新闻界的好评，宣布西非正在为非洲大陆的未来指明道路。但卡普兰认为，选举本身并不像建立现代官僚机构那样重要。事实上，西非国家几乎没有任何发展。1999 年，就在卡普兰的文章发表五年后，塞拉利昂陷入了彻底的无政府状态。在同一时期，科拉迪瓦发生了一场政变，该国陷入内战和混乱之中，以地理位置为基础的政治分裂一直持续到 2011 年，整整十年。

1993 年中期，卡普兰在土耳其也发现了贫民窟，但性质完全不同。那里有贫穷，但没有犯罪或社会解体。卡普兰认为，贫民窟是检验先天文化优劣的试金石。相对而言，那些其文化可以容纳大量贫民窟生活而不被分解的民族将是未来的赢家。复兴的伊斯兰教和突厥文化认同就创造了这样一种具有自然肌力的文明。卡普兰指出，土耳其的地缘政治力量将随着伊斯兰身份的上升而增强。当时，土耳其已经是一个六十年的世俗共和国了。然而在 1994 年，有关土耳其将崛起为一个伊斯兰强国，一个控制着宗教、威权的煽动者的想法还没有出现。卡普兰成功地预测了土耳其等地政治伊斯兰的崛起。

现代主义对西非和更广阔的非洲内陆地区都特别残酷，那里的种族、部落和语言边界"纵横交错，重叠交叉，没有威斯特伐利亚条约以来西方政治家所钟爱的那种清晰的划分"，这是法国非洲问题学者杰拉德·布鲁尼耶注意到的。他说，在这里，边界最好是作为"多孔的膜"，而不是西方帝国主义者青睐的"钢铁铸成的线"。《即将到来的无政府状态》恰好在传统文化仍然被现代主义和现代主义的错误边界撕碎的时刻，在新的政治和社会形式能够扎根之前，描述了西非。

然而进化是不可阻挡的。尤其是科技，与其说它打败了地理，不如说是缩小了地理范围。这意味着，随着西方的命运越来越与非洲和其他地区的命运联系在一起，地缘政治的世界正在变得更小，更幽闭恐怖，因此也更加紧张。当欧洲的本土人口停滞不前时，非洲的人口到 21 世纪末，可能从 10 亿增加到 40 亿，即使人口增长率在下降。尼日利亚现在的人口为 2 亿，到那时，虽然耕地不断受到侵蚀，但其人口仍可能达到 7.5 亿。因此，从南到北的移民时代可能才刚刚开始。正如专家们所言，在这个时候，自动化、人工智能和所谓的 3D 打印的综合效应，可能会让西方企业对穷国廉价劳动力的依赖程度大大降低，从而进一步破坏它们的稳定。尽管一些非洲国家的中产阶级正在崛起，但这只会让更多的人有能力用脚投票和移民。扎根于当地的农民在政治上要比刚刚受过教育且期望值越来越高的民众稳定得多。

在卡普兰看来，任何时候都不要认为经济发展会缓和非洲或其他任何地方的政治动荡。事实上，它只会导致另一种大动荡。一个日益相互联系的世界，被巨大的技术变革和最贫穷国家人口的绝对增长困扰，根本无法实现和平。卡普兰指出，这意味着其对大规模的洲际战争的忽视可能是错的，尤其是考虑到正在不断增强的中国和俄罗斯等国家的军事实力。混乱的变化，无论是积极的还是消极的——其中一些是剧烈的，而且是非常剧烈的——都必然发生。因为没有守夜人来维持世界秩序（也没有秩序所能依赖的已经建立的等级制度）。当然，正如已故哥伦比亚大学政治学家肯尼思·沃尔兹所暗示的那样，这就是无政府状态的定义。

（编译／姚无铭）

# 自由国际主义秩序终结了吗？

[**编者按**] 2016 年以来，随着欧美各国民粹主义的兴起，自由国际秩序遇到了极大的挑战。在此背景下，欧美主流媒体开始讨论自由国际秩序的存亡问题。在这方面，作为自由国际秩序提倡者的约翰·伊肯伯里也开始撰文做出回应。他最近在《国际事务》上撰文《自由国际秩序终结了吗？》[1]。伊肯伯里认为，在当前的国际情势下，包括特朗普当选美国总统、英国脱欧、各国的民粹主义、第三世界的民族思潮等，自由国际主义正在受到威胁，因此他重新审视什么是自由国际主义，并区分了美国自由主义和普世自由主义两种版本的自由国际主义各自的起源和内在逻辑，并对它们做出了相应的批评与期许。

约翰·伊肯伯里指出，现今的世界是自冷战以来，自由主义作为国际秩序最脆弱的时候。自由主义国际秩序已经经历过二战、冷战的考验，也许可以挺过今日的危机，但需要进行一些审视。伊肯伯里将以三个步骤来进行审视和重新创建。

第一个步骤是，提供一种思考方式：自由主义国际秩序不是美国霸权的特定产物。按照伊肯伯里的看法，自由国际主义是对现代性的一种思考和回应。它背后的逻辑是一种开放、松散、以规则为基础并逐渐导向国际主义的秩序设想。它伴随着启蒙运动而生，随着西方自由主义、民族主义、工业革命以及英美霸权时代的兴起而出现在 19 世纪。19 世纪和 20 世纪的自由主义

---

[1] G. John Ikenberry, "The End of Liberal International Order?", *International Affairs*, Volume 94, Issue 1, 1 January 2018, pp. 7–23.

国际秩序的主张者认为，西方国家和国际秩序有能力进行改革并维护它。这将自由主义国际秩序与全球秩序的各种替代意识形态和政治现实主义、专制民族主义、社会达尔文主义、革命社会主义和后殖民主义区隔开来。透过这点，伊肯伯里把自由主义国际秩序定位为全球性的并保持开放。

第二个步骤是，追溯自由主义国际秩序是如何经历 20 世纪的演变进入 21 世纪的。此步骤的重点是，指出自由主义国际秩序是如何在冷战的背景下成为政治工具，变成美国主导的秩序体系，并且如何可能再次跳脱出来成为以自由为目的的开放性秩序。

第三个步骤，伊肯伯里追溯当代自由国际主义的危机，他认为这实际上是因为冷战的结束。二战后的自由国际主义本质上是内部的，是一种西方共同体（相对于苏联）的内在秩序，这是一种美国霸权主导下的内部稳定。冷战的结束被视为自由主义胜利的标志，但随后自由主义进入全球化引发了两场转变，这成为自由主义失败的根源。一是全球化让原本以西方为共同体价值的自由主义的内部新增了许多不同的声音，多元思想和不同国家、政治形态被纳入其中，引发了"权威危机"（即谁来领导全球新秩序的问题——译者注），二是全球化导致自由主义国际秩序丧失了冷战时担任安全社区的这个角色。在冷战时期，自由主义秩序担当社会安全的责任，加强了西方自由民主国家追求经济和社会进步以及稳定政策的能力。但随着自由国际主义成为更广泛的全球秩序的平台，这种共同的社会目的和安全社会意识已经瓦解。

伊肯伯里认为，这种危机是矛盾性的，是一种"成功的危机"，因为正是由于自由主义国际秩序在冷战后的成功扩张，才反过来困扰它本身。这种危机类似于卡尔·波兰尼在其著作《大转型：我们时代的政治与经济起源》中指出的自由社会与市场危机。当前自由主义国际秩序的危机并非来自地缘政治或传统因素。自由主义国际秩序已经超越了各国传统的政治模式，但显然正在被新的自身因素威胁。

当 19 世纪开始时，自由民主是一个新的和脆弱的政治实验，在一个更广泛的君主制、专制、帝国和传统主义世界中脱颖而出。两百年后的 20 世纪末，以西方大国为首的自由民主国家占据了全球国民生产总值的 80%，并建立了许多新兴的强大国家，现代民族国家也扎下了根，似乎向世界证明了自由主义国家的优势和美好图景。

伊肯伯里总结了自由国际主义至少应包含五种愿景，分别是贸易、多边主义、安全联盟、国际的稳定与民主的前景。按照这五种愿景，自由国际主义实际上既可以保持特定的圈子，又可以同时向整个世界开放。这种特色也使得自由国际主义能从第一次世界大战的国际联盟一直到第二次世界大战后的美国秩序的变迁中一直尝试着朝当年康德永久和平论描述的那种愿景中前进。

## 美国自由主义霸权时代

伊肯伯里指出，在 20 世纪上半夜的威尔逊时代，自由国际主义是一个简单的愿景：以集体安全为原则进行体系组织，主权国家将共同采取行动维护领土的和平。威尔逊主义的观点明显受到贸易自由、民族自决和对自由民主继续扩散的期望的影响。正如威尔逊自己所说的那样："我们所寻求的是法律的统治，这是基于人类有组织的观点的支持和维持的。"这是一个雄心勃勃的秩序方案，但实际上没有很多详细的机制为当时的全球经济和社会解决问题或是管理大国之间的关系。这是一个在制度上"薄弱"的秩序体系，国家之间，主要是西方国家，透过共同拥护自由主义思想而行事。威尔逊自由主义的体现就是国际联盟。但这种情况很快发生了改变，随之而来的经济大萧条、第二次世界大战和冷战所造成的剧烈动荡为美国领导的另一个自由主义秩序奠定了基础。在经历了两次世界大战与冷战后，自由国家有迫切建立新同盟的必要，以达成新的目的共同体：这次不只是理想化的自由民主愿景，还包含更迫切的安全理由。对内保障基本人权，对外则是对抗以苏联为主的威胁。这个新的体系是以美国为主导的，至此美国的政治、金融、军事都与这个新自由体系牢固地绑在一起。这个体系不止承担了贸易、外交、价值共同体之类的角色，最为重要的是作为"安全"而存在的。

伊肯伯里总结了美国自由主义国际化的四个特征。第一个是长期稳定的多边贸易，这也成为后来 WTO 的起源。第二个是被称为"嵌入式的自由主义"，透过美国主导的布雷顿森林体系中的国际协定来协调各国的经济、贸易与就业政策，稳定和安排每个国家在这个体系中的角色。第三个特征是政府之间透过国际机构强力地、有效地、合法地协商与签订条约，形成以美国为中心的许多新国际组织。第四个特征是这个体系分享着共同的价值观，即民主自由（或称之为罗斯福原则），自由世界不仅是对抗苏联的政治联盟，更是一种新的政治体，它预示着民主国家将能有效地进行国际协商，成为长久的命运共同体。

伊肯伯里认为，冷战之后随着美国及其旧盟友的衰落，美国自由国际主义已经不可避免地变成世界政治版图中逐渐缩小的一部分。此外还有其他挑战，诸如西方世界的普遍衰落，第三世界的民主浪潮似乎已经"退烧"，民主显然不能有效地解决当前许多国家的问题，民粹主义的复兴，美国以反恐之名进行战争引发的"新帝国"疑虑等，这些因素都使得冷战以来的美国自由国际主义衰落。矛盾的是，这正是美国自由国际主义扩张的结果，最终导致了上述提过的两个危机：权威的危机以及社会目的的危机。首先，在过去的冷战体系中，西方能有效地安排内部的政治与经济角色，但随着体系的扩张，新的秩序未被建立，旧的秩序已经不能应对诸如全球变暖、恐怖主义等新兴议题的挑战，这需要更多国家的参与，但目前并没有太多的共识和一个领导核心。

其次，冷战期间的自由国际主义是一个追求安全与自由的共同体，但新的国际秩序缺乏任何一个基础。相反地，伊肯伯里认为，新时代的国际主义反而处处都透着风险主义，社会的不安定性越来越高。除了中国崛起和第三世界对于旧秩序的无法认同，伊肯伯里也指出，新的形态对于原本的自由世界成员国而言也是充满危机的：中产阶级的停滞和工人的失业问题无法得到解决，传统自由主义、国际主义的"嵌入"特征已经慢慢消失。

## 结论

自由国际主义已经深入到战后的美国霸权秩序中。这是一个以经济开放和安全合作以及集体努力为标志的秩序，以维持和平、促进法治、维持一系列国际机构来管理相互关系的问题。这种自由主义秩序的新版本出现在20世纪，并在 20 世纪开始扩张开来，并一路经历了二战、冷战和各种经济危机的洗礼。但如今，这个体系似乎正饱受指责并可能落幕。伊肯伯里认为，自由国际主义能否续命，取决于两个关键问题。一是现今世界是否能认同美国的自由主义及其所提出的相关主张与内涵？而如果美国想做到这点，就必须信守对资本与市场的承诺，保持开放的多边贸易体系，并向其他国家证明自由民主能在当前的环境中有效运作。二是美国及其盟友是否愿意继续扮演领导者的角色？是否愿意为了这个体系承载更多的责任？

（编译/蔡敬贤）

# 世贸组织会终结吗？

[**编者按**]　2017 年 12 月，于布宜诺斯艾利斯召开的世界贸易组织第十一次部长级会议的多边结果再次落空引发了世界对于世贸组织的怀疑。但卡托研究所研究员詹姆斯·巴克科斯表示，世贸组织并没有终结，多边主义的逻辑依然存在。他在 2018 年在《政策分析》上发表的《布宜诺斯艾利斯会议：世贸组织的终结还是开始》文章中认为，通过诸边主义的解决方案最终实现多边主义是世贸组织现在的选择，也意味着世贸组织初始阶段的结束。[1] 首先，他指出了诸边谈判作为多边主义的次优选择的历史实践和现实意义；其次，他又讨论了反对诸边主义的代价；最后，他结合布宜诺斯艾利斯会议的成果，提出在世贸组织下通过诸边谈判逐渐实现多边主义的建议。

2017 年召开的世界贸易组织第十一次部长级会议预期目标很低并且基本得到了实现，但是这次会议未能提出当今世界急需的解决长期恶化问题的办法，因此此次会议根本没有多边结果。会议后的媒体评价总体比较悲观。一家媒体写到，"世贸组织可能已经到了瓦解的边缘"。《经济学人》的评论也许是最乐观的："世贸组织仍然墨守成规。"在政界和公众舆论中，世界贸易组织在全球贸易体系中的核心地位饱受质疑。

---

〔1〕　James Bacchus, "Was Buenos Aires the Beginning of the End or the End of the Beginning? The Future of the World Trade Organization", *Policy Analysis*, *No.* 841, May 8, 2018, https：//www.cato.org/publications/ policy-analysis/was-buenos-aires-beginning-end-or-end-beginning-future-world-trade，最后访问日期：2019 年 5 月 30 日。

## 诸边谈判，多边主义的次优选择

从 1947 年的《关贸总协定》逐渐演化成 1995 年全球贸易体系的核心——世界贸易组织，多边主义作为该组织的首要原则发挥了关键性作用。在多边主义逻辑下，世贸组织的目标是各成员采取共同行动，减少全球贸易壁垒，并且通过最惠国待遇（MFN）实现，即每当一个世贸组织成员给予另一成员商品或服务贸易优惠时，就必须对所有其他世贸组织成员作出同样的优惠。这种贸易互惠的"多边化"意味着所有世贸组织成员都能从贸易优惠中受益。通过这一机制，减少贸易壁垒的目标仅用了 70 年就在全球范围内得以实现。

继续采用多边途径促进贸易自由化的做法可能带来巨大的全球经济红利。但随着世贸组织成员的增加，参与贸易谈判成员的多元化和谈判利益的复杂化，使得按照他们长期遵循的程序进行多边谈判变得越来越困难。自 1947 年以来，多边贸易谈判坚持的原则是达成"单一承诺"，谈判议案需要所有成员达成一致意见才可以通过。这也意味着，在所有的事情达成协议前什么也做不了。因此，在缺乏全球共识的情况下，2001 年开启的多哈回合谈判在经历了 14 年的挫折和僵局之后，几乎没有达成任何目标。

作者认为，随着多边谈判停滞不前，世贸组织为成员提供了一种非强制的新多边主义的选择，即世贸组织成员在成员小组内部进行谈判以设定新的诸边贸易义务。这种选择是"超世贸组织"的，即通过成为协议签订方增加现有义务并获得附加利益。诸边贸易协定产生的"超世贸组织"利益可以通过以下两种方式之一实现。其一，这些协议可以是最惠国待遇的，这意味着它们的利益可以提供给包括那些尚未接受多边协议附加义务的成员在内的所有世贸组织成员，如《世贸组织信息技术协定》（ITA）。其二，这些协议可以是非最惠国待遇的，这意味着它们的利益只能提供给那些谈判并同意遵守新协议中附加义务的成员，如《世贸组织政府采购协定》（GPA）。对于渴望更深层次的自由化和经济一体化的世贸组织成员来说，在世贸组织框架下采取诸边方式具有更广泛的适用性。

《关贸总协定》向世贸组织的演变过程就曾显示了诸边主义的智慧。世贸组织下几项多边贸易协定，比如涉及反倾销、保障措施、补贴和技术法规的协定，最初都是由《关贸总协定》的部分缔约方接受的诸边关贸总协定。随着世贸组织的成立，这些准则才变得完全多边化。同样，这种渐进的法律路径适用于当前的世贸组织，从最初《政府采购协定》被纳入世贸组织条约，再到《信息技术协定》和《基本电信服务和金融服务协议》的缔结。由此来看，诸边主义是逐步实现多边主义共同目标的重要途径。

## 反对诸边主义的代价

世贸组织内不乏反对诸边主义的呼声。部分世贸成员对诸边主义的反对成为世贸组织框架外谈判发生的催化剂，寻求更自由贸易和更深入的经济一体化的发达成员从世贸组织转向世贸组织之外的双边、地区和大型协定，比如《跨太平洋伙伴关系协定》（TPP）和《跨大西洋贸易与投资伙伴关系协定》（TTIP）。自多哈回合谈判陷入僵局，自由贸易协定蓬勃发展。目前，世界各国正在考虑建立 35 个新的双边和区域贸易协定。寻求世贸组织之外的大型协定的趋势显然不符合绝大多数世贸组织成员的利益，其中包括一些发展中国家，这些发展中国家在世贸组织理事会中越来越有发言权，并且从世贸组织在全球贸易体系的核心地位中受益匪浅。一个由大型协定所维系的竞争性贸易集团组成的世界将会对处于世界经济边缘的国家不利。贫困国家往往被排除在大型协定之外，但是如果在世贸组织框架内达成此项协定，贫困国家在接受协议义务的情况下也有权从中获益。如果继续放任大型协定在世贸组织之外达成，将导致现在就是世贸组织终结的开始；而将其纳入世贸组织框架之内，则现在就是世贸组织起始阶段的结束。

另外，作者分析了美国对于世贸组织多边化的态度。在特朗普的领导下，美国目前仍在出席世贸组织的会议，提出 WTO 改革的方案和建议，但并没有足够的迹象表明，美国会回归世贸组织所体现的多边主义。特朗普政府的重要贸易目标之一是捍卫本国贸易政策制定的主权。这与世贸组织把分享主权作为国际合作的有效手段来解决共同的全球问题的理念并不相符。随着美国在世贸组织中传统领导地位的丧失，世贸组织在贸易政策制定方面的主权干预正在成为美国延续全球贸易霸权的阻碍。特朗普和美国贸易代表莱特希泽在公开场合多次表示过，退出世贸组织可能使美国利益最大化。美国对多边主义的抵触也体现在他的贸易保护主义和单边主义行为上。在特朗普政府退出《跨太平洋伙伴关系协定》之后，继续威胁着要废止《北美自由贸易协定》（NAFTA），同时实施了非法的单边贸易限制，并且在贸易政策方面没有连贯或者一致的立场。但是，特朗普在整体政策制定上的反复无常和朝令夕改的品性，又难以预估特朗普政府在何种程度上致力于美国贸易战略从开放到紧缩这一限制性转变。

## 走向起始阶段的终结

布宜诺斯艾利斯会议虽然没有达成多边结果，但可能引发了一种心理和战术上的转变，世贸组织成员转而倾向于寻求诸边贸易解决方案。多年来，拥有共同目标的成员一直担心发展中的多边协商机制走向瓦解，而现在他们可能会成为愿意推进世贸组织规则框架现代化的盟友。在美国领导地位丧失的情况下，欧盟、日本、中国、加拿大、澳大利亚、智利、新西兰以及其他国家可以填补这一空缺。在不同的问题上，可能会出现不同的领导者或领导者的组合。

从布宜诺斯艾利斯会议的谈判情况来看，数字贸易、服务贸易、渔业补贴、产能过剩等议题都有望被纳入到诸边协议当中。比如一个由 71 个世贸组织成员组成的联盟（包括欧盟成员）宣布，他们将开始对电子商务贸易的未来谈判进行探索。除此之外，一些议题已经被纳入双边、区域、大型贸易协定的创新之中，包括监管一致性、技术法规、卫生和植物检疫措施、知识产权保护、国有企业纪律和贸易救济。这些议题的解决将帮助世贸组织在一个新的机遇和挑战并存的新国际经济环境中扮演更多的角色，制定更多的规则。

作者总结道，诸边解决方案不是世界贸易组织唯一的解决方案，包含多边规则的多边协定始终是世贸组织的最终目标。多边国际合作的必要性与日俱增，但实现多边主义的方法不止一种。如果在经历了二十多年的历史成就和挫折之后的现在是世界贸易组织的初始阶段的结束，而不是终结的开始，那么世贸组织成员就不能再幻想着仅仅是协调各方同意谈判、安排会议或者在日内瓦讨论议程中提出议题就可以算是有所进步，这是不行的，解决问题才是进步。现在就是行动之时。

（编译/蒋雨璇）

# 如何重启全球化

[**编者按**]　全球经济和政治倾向保守，国际秩序发生转变。美国不再愿意为全球化买单，欧洲内部也出现了分裂，中国能否成为新秩序的领导者？对此，春华资本集团创始人胡祖六，纽约大学教授、2001 年诺贝尔经济学奖得主迈克尔·斯宾塞一同在《外交事务》上发表了题为《如何重启停滞不前的全球化》的文章。[1] 即使目前欧洲和美国表现出内向化的倾向，中国也尚未成长为足以取代美国的力量。本文作者分析了当下全球化的困境，并提出重启全球化的必要性和可行方案。作者指出，虽然目前全球化面临着巨大的挑战，但是也不应因此悲观地认为全球化时代即将结束。改革现有的全球化模式使之更加可持续化，已经成为各国必须思考的问题。

## 全球化的衰颓

二战后的几十年是全球化发展的黄金年代。多数国家在此期间接受了开放的全球贸易体系。然而，时至今日，全球化经济的每个方面都备受质疑。人们抨击自由贸易和不受限制的资本跨境流动。信息自由流动的理想情况与日益增长的对隐私权、知识产权保护和网络安全保护的呼声相冲突。发达国家充斥着强烈的反对移民的情绪。同时，在战后几轮成功的多边贸易谈判后，

---

〔1〕　Fred Hu and Michael Spence, "Why Globalization Stalled And How to Restart It", *Foreign Affairs*, 2017 年 7/8 月刊，https：//www. foreignaffairs. com/articles/world/2017-06-13/why-globalization-stalled，最后访问日期：2019 年 5 月 24 日。

新的多边贸易协议已经变得越来越少。在过去的二十年里，发达国家没能减轻国际贸易和技术迅速变化带来的负面影响。西方国家的国内人群对全球化产生了消极情绪。

在美国，特朗普的不走寻常路总能霸占头条新闻；在欧洲，全球化经济也面临激烈的挑战——英国脱欧代表着反全球化、本土主义和民族主义的胜利。与此同时，欧洲其他地区除了难民危机之外，备受低增长率和高失业率等因素的困扰。这也加剧了民众对欧洲大陆上民粹主义政党的支持。反全球主义者赢得了选票，走上全球政治舞台。在二战后的秩序中发挥着关键作用的多边组织被边缘化，全球经济体系将更容易受到地区和系统性金融危机的影响。

## 技术变革的阵痛

从长远来看，关注全球化时应注意，塑造劳动力市场和收入不平等的最重要的力量将不是贸易或政治，而是技术变革。自动化和数字技术消灭了蓝领工作和一些低收入的白领工作。最近在传感器、机器学习和人工智能方面取得的突破使得更多的职位变得岌岌可危。发达经济体的中等收入的工作都在减少，而低薪和高薪的职位正在增加。各国对此做出了不同的政策回应以减少不平等。北欧国家将培训项目与各种形式的收入支持和再分配政策相结合，并关注被技术替代的中等收入工人，而不仅是失业者。劳工团体有强大的议价能力，企业和工会相互信任，个人和企业财富对政治影响有限，平等文化观念深入人心——上述因素为国家政策的成功提供保障。但在这些因素缺位的国家，尤其在英国和美国，收入、财富和机会的差异急剧扩大。政策上缺少积极的回应，同时，这些国家中的精英群体态度冷漠。这激起了那些因全球化和技术进步带来的变化而被淘汰的人们的愤怒。为了更好地掌控自己的生活，人们往往选择强调本国利益、国家主权，相应地也就趋于内向化，从而将全球化推得更远。

技术发展的影响也蔓延到了中等收入国家，并最终到达收入较低的国家。随着资本密集型技术产业取代劳动密集型制造产业，处在发展早期的非洲国家和东南亚地区的国家将不再享有由较低工资和生产成本提供的相对优势——全球化的红利不复存在。

## 中国特色的全球化

美国和欧洲趋于重视内部问题，维护全球化的自由经济秩序的大部分责任将归于中国。在达沃斯世界经济论坛上的讲话中，习近平主席重申了中国对全球化的坚守。通过支持包括亚洲基础设施投资银行（AIIB）、"一带一路"倡议和"金砖国家开发银行"在内的众多经济举措，以及进行大量的海外投资，中国已经表示出对包容、多边形式的全球化的支持。

作为世界第二大经济体，中国无疑将助力塑造全球经济的未来。中国正处于具有挑战性的国内产业结构的转变中。它正从由出口和投资带动的经济转向更有赖于消费和服务的经济，所面临的挑战包括产能过剩和企业高债务。即使美国让出领导地位，中国也没有能力为世界经济提供一个庞大而便利的市场来满足各国出口、深度资本市场，或者像建立美联储、国际货币基金组织那样让华盛顿在几十年里一直维护全球金融体系稳定的强有力的机构。如果美国转向保护主义，中国经济体量还不足以支撑全球的经济增长。中国最近加紧了资本管制，试图阻止资本外流，至少就目前来看，是为了防止人民币国际化。

但是，北京对多边机构的支持是向前迈出的重要一步。双边关系架构可能适用于大国关系，但多边主义能够让较小、较贫穷的国家也参与到全球经济中，并获得帮助。中国对多边主义的支持已经增强了其在经济规模较小的国家中的地位。许多国家加入了由中国领导的 AIIB，其中包括美国的盟友。

## 重启全球化

我们尚不清楚美国的贸易保护政策会走到何种地步，全球政局也在变化之中，而中国尚未成长为足以取代美国的新秩序领导者。但贸易的迅速扩张、跨境资本流动的不断增加，以及最重要的是，新技术的扩散，已经使全球经济改头换面。各国要继续应对挑战，努力持续增长和提高生产力，同时减少不平等，并创造好的工作机会。决策者应该向北欧国家学习，进行职业培训投资，从而加速技术、经济和社会转变，缓解转变阵痛。技术发展可能使实体贸易减少，但服务贸易可能会增多。因此，发展中国家应该寻求发展服务业。对科创事业投资也可以填补消失的制造业岗位。进入中等收入水平的发展中国家不再能够提供廉价劳动力。这些国家应该跟随中国的领先地位，大力投资高科技产业，摆脱传统制造业，在诸多新兴产业上赶超竞争对手。

挥舞保护主义和民族主义的旗帜至少可以暂时地吸引民众的支持。但历史表明，这最终可能威胁到全球和平与繁荣。如果可能的话，找到一条更加可持续的全球化的道路，改革现有的全球秩序而不是把它彻底摧毁，将会使美国、中国甚至整个世界发展得更好。在一个快速、破坏性技术变革的时代，全球的政治家和决策者需要亡羊补牢，推动那些能够保护全球化成就的改革，并解决因全球化缺陷带来的问题。

（编译/陈默涵）

# 如何拯救全球化

[编者按]　过去几十年中，全球化促进了世界范围内的经济增长，推动了贸易和投资自由化的发展，也为参与国际贸易的各个国家创造了大量财富。但是，全球化同样带来了一些问题，例如，贫富差距日益扩大、发达国家产业空心化和就业岗位流失等，并由此引发了美国国内民众对于全球化的抵制情绪。针对这一问题，斯坦福大学教授斯切夫与达特茅斯学院教授斯劳特共同在《外交事务》上发表了《如何拯救全球化？》一文〔1〕，提出了一项"就业机会阶梯"的政策。他们指出，联邦政府应当投入大量资金，开展覆盖美国普通工人终生的系列教育和培训项目，通过培养工人的实际工作技能，提供更多的就业机会和更高的收入。如此，美国民众便可从全球化和国际贸易中获得实实在在的好处，消除他们的不满和失落感。

## 针对全球化的抵制情绪及其内在原因

如今的美国似乎已经进入了贸易保护主义大行其道的时代。特朗普总统发动了针对中国的贸易战，退出了北美自由贸易协定（NAFTA）和跨太平洋伙伴关系协定（TPP），并坚持在美国和墨西哥边境修建一道隔离墙。这些举动

---

〔1〕　Kenneth F. Scheve and Matthew J. Slaughter, "How to Save Globalization?", *Foreign Affairs*, October 15, 2018, https：//www.foreignaffairs.com/articles/world/2017-06-13/why-globalization-stalled，最后访问日期：2019 年 5 月 29 日。

乍看离经叛道，但却隐隐地体现出近年来美国国内愈演愈烈的反全球化情绪。

美国民众对于全球化的抵制情绪，与不平等现象的大幅上升是密切相关的。如果对美国过去四十年的国民收入情况做一个简单的统计，会发现许多工薪阶层的实际工资在这一期间并没有增长，但是最富有人群的收入占国民收入的比重却有了大幅上升。这表明增加的国民财富并不是平均地分配给不同的社会阶层，而是大部分流向了富人群体。而根据大型研究机构的调研结果，全球化和技术变革在客观上起到了加剧不平等的作用。例如，从 2000 年到 2007 年间，美国制造业从业人数减少了约 40%，原因是美国从中国进口了大量商品，这就造成原本依赖制造业生存的群体收入持续下滑。从 2000 年到 2016 年，大多数美国人剔除通货膨胀因素后的货币收入出现了下降趋势，只有两种人的收入上涨：有高等职业资格和博士学位的工作者。

对于许多美国人来说，全球化导致不断恶化的劳动力市场并不仅仅意味着工资和工作保障的下降，同时也深深地挫伤了他们的尊严和成就感，破坏了他们对国家的信任和信心。人们不仅在意自己的绝对收入水平，还关注随着时间的变化，收入是否能达到预期以及与父母的收入相比较的结果。在如今的美国，长大后收入能够超过父母的孩子越来越少。许多陷入失业的美国人甚至干脆不再找工作了，而靠领救济金维持生活，这严重挫伤了他们的成就感和身份认同感。就业率下滑带来的负面影响已经从经济问题演变为社会问题。例如，根据研究，美国许多就业率最低的社群长期怀有绝望情绪，并面临着严重的健康问题，例如酗酒、吸毒、自杀等。

作者指出，要想解决就业率下滑及其带来的其他问题，不能仅依靠通常的政策解决方案。如果只是动用财政手段给予这些全球化进程中的失败者经济补偿，并不能真正解决问题，因为单纯的经济补贴对重建美国人的安全感、尊严和目的感无济于事。只有敦促美国政府彻底改变投资和培养人力资本的方式，才有可能解决这个问题。

## 促进全球化的对策：就业机会阶梯

虽然对全球化的抵制情绪自有其来由，但是作者认为，并不应当放任这种抵制情绪继续发酵。原因是全球化（及其带来的贸易和投资自由化）在根本上仍然是利大于弊，为美国创造出了大量财富。如果切断与世界的联系，美国将变得不再繁荣。

研究表明，全球化与技术创新密切相关，而技术创新可以提升生产效率，并创造出更多高收入岗位。与人们的固有观念相反，随着美国公司在海外扩张、建立子公司，它们会为美国母公司带来更多的就业岗位，而不是削减就业。

继续推进全球化的意义除了经济方面的益处外，还有国家安全方面的考虑。开放的全球市场会提高军事冲突的潜在代价，从而促进国家间的和平关系。国际贸易在推动经济发展的同时，还有助于提高国家治理能力和政治稳定性，防止内战和国家动乱、恐怖主义等。此外，美国还通过组织和管理国际机构将本国的权力和价值观传播到世界各地，对全球各国具有极大的影响力。

具体到就业领域的政策，作者认为，应当建立一个终生的"就业机会阶梯"。这个阶梯并不一定保证每个人都获得成功，但是通过加大政府对公民在人生每个阶段的技能资源的投资，人们将更有机会通过自身技能获得合适的工作机会。

这个就业阶梯的第一环是为每个孩子从出生到幼儿园阶段提供一系列儿童早教项目。这些项目的具体内容应当以实证研究的结果为依据。已经有证据表明，投资儿童教育可以带来巨大的个人和社会收益。这些教育项目有利于提升儿童的认知能力、语言潜能，并提供高质量的学龄前教育。

就业阶梯的第二环是由联邦政府出资为每个不想进大学的高中生提供两年社区大学的学费补贴。这项政策将带来惊人的经济效益。在如今的美国，一个拥有副学士学位（即两年制社区大学毕业后的学位）的人一生会比仅有高中学历的人多出 40 万美元的收入，投资回报率非常可观。而对于很多急需人才的工作来说，就更是如此了。

就业阶梯的第三环是为没有取得四年大学学位的美国人提供终身的培训基金。20 岁至 50 岁的美国人应当每十年获得 1 万美元的补贴，作为雇主对其工作技能进行培训的税收减免。符合条件的培训包括在线课程、本地大学的线下课程、雇主组织的内部培训等。这一措施的出发点在于，与其依靠政府或教育机构来确定美国工人最需要哪些技能，不如利用企业自身的经验和见解来决定具体的培训内容。而企业出于税收优惠和市场竞争压力的考虑，也会愿意为工人组织这些培训。

根据作者的测算，这三项措施将使联邦政府每年支出约 2500 亿美元，将是美国历史上为人力培训投入的最大投资。如何为这些支出筹集资金将是一个很大的挑战，作者给出了一些可行的方案选择，例如，取消 2017 年的个人减税政策，以及取消医保支出在应税收入中扣减的政策等。

## 结　语

我们有充分的理由认为美国人会支持建立终身的机会阶梯，因为这既能解决眼下的问题，也与美国一贯的目的和价值观相符，同时也有助于重建推动全球化发展的政治共识。作者在美国各地对 5000 多名成年人进行了一次线上调查，要求他们选择能够为美国带来更好就业机会和收入的政策：第一种是"建墙"，即抑制国际贸易和移民。第二种是"安全网"，即对从全球化中受益的私人企业征更多税，再将资金用于普惠性的政府项目。第三种就是"机会阶梯"。在这三种政策当中，机会阶梯成了压倒性的首选策略。

在文章最后，作者再次强调：如今，许多美国人认为美国的经济和政治体制不再能够提供足够的工作机会了，事实上他们是对的。但应对之策并不应当是忍受现状，或者放任反对全球化的抵制情绪继续发酵。通过对就业机会阶梯进行投资，美国可以为所有公民提供技能资本，让他们参与到不断变化的经济当中——这不仅能拯救全球化，而且能切实地确保美国人从中受益。

（编译/刘子琦）

# 走向"帝国主义"的自由主义

[编者按]　当代西方社会中，自由主义思潮不断占据舆论和政治的制高点，并期待在其世界观下，通过推倒旧桎梏、团结全人类来建立新的和平与繁荣。但赫兹尔研究所主席约拉姆·哈罗尼敏锐地观察到，自由主义者就像历史上的帝国主义者一样，他们对敢于反对他们关于繁荣与和平愿景的人们表达了厌恶、蔑视和愤怒；自由主义者认为他们的反对者必须顺从自己的观点。他在《民族主义的美德》[1]一文中阐释了民族主义在现代仍然具有不可取代的价值；同时，他也梳理了当代自由主义引导整个西方社会不断向左的历程，并进一步表达了对自由主义不再包容其他思想以及不断走向极端的担忧。

## 自由主义者的共同信念——普世主义价值观

约拉姆·哈罗尼敏锐地发现，而今不断前进的自由主义社会是另一种形式的帝国主义。当今的自由主义者和古埃及法老、巴比伦皇帝，直到今天仍然存在的罗马天主教会一样，都拥有一套关于如何在他们的世界观下，通过推倒旧桎梏，团结全人类来建立新的和平与繁荣的宏伟理论。自由主义者痴迷于这种愿景的清晰性和严谨性，蔑视与他们认为应该接受其是非观点的大

---

[1]　Yoram Hazony, "The Virtue of Nationalism", *National Review*, September 6, 2018, https://www.nationalreview.com/2018/09/liberalism-as-imperialism-dogmatic-utopianism-elites-america-europe/amp/, 最后访问日期：2019 年 5 月 27 日。

多数国家进行协商的艰苦历程。自由主义者就像其他帝国主义者一样，对反对他们关于繁荣与和平愿景的人们会迅速表达他们的厌恶、蔑视和愤怒；自由主义者认为，他们的反对者只需要顺从自己的观点就能极大受益。

当然，哈罗尼也认为，自由主义式的帝国主义内部并非铁板一块。当他回顾历史，发现当老布什宣布"共产主义集团覆灭"、"新世界秩序"到来的时候，他内心中有这样一个世界——在这个世界里，由美国提供军事力量向各国强加来自联合国安理会的"法治"观念。但随后继任的美国总统们拒绝了这个设想，一方面，他们更倾向于一个与欧洲及其他盟友共同协商的、由美国单边行动主导的世界秩序；另一方面，欧洲国家更倾向于谈论"跨国主义"（transnationalism）的设想，这种设想认为包括美国在内的独立国家的力量都必须服从设立在欧洲的国际行政组织的决定。这些关于自由主义的帝国应该如何运行和统治的观点间的分歧，在人类历史上被认为是新颖而未曾有过的，但是事实上却并不是这样。对大部分这些观点而言，他们只不过是之前皇帝和教皇关于国际天主教会应该由谁统治的意见分歧的再现——只不过皇帝的角色被那些坚持统治权威应当集中在作为政治和军事中心的华盛顿的人（其中大部分是美国人）代替了；而教皇的位置则是被希望有着世界最高权威和掌握着国际法的最高解释的那些人（最主要是欧洲人，也包括一些美国的学者）重新演绎，也就是说，最高权威应该是由联合国司法机构和欧盟所掌握。

哈罗尼发现，支持自由主义世界建设的人都认同这样一个单一的帝国主义的设想：他们希望看到一个能由普世价值解释的自由主义原则，然后把这些原则强加于世界各国，在必要的情况下甚至可以使用武力。因此，哈罗尼认为，这些在自由主义阵营内部的争论引发的即将到来的西方自由主义世界秩序的棘手难题并非问题的关键。自由主义者相信自己的"普世价值"才是能够带给世界普遍和平和繁荣的不二法门。路德维希·冯·米塞斯（Ludwig von Mises）为所有不同的自由主义派别发声，他写道："人类面对最大的意识形态问题是……我们能否成功地在全世界创造一种思想框架，在这思想框架中，任何事物都必须完全地、无条件地接受自由主义。如果希望创造和平的条件，消解战争的动因，自由主义思想必须渗透所有国家，自由主义原则必须遍布所有政治机构。"

## 普世主义价值观的兴起与异化

哈罗尼观察到所谓"普世主义价值观"的兴起与异化。他认为，普世主义的价值观不仅是自由主义者的共识，而且普世主义的政治秩序正在不断侵蚀传统秩序，强迫所有人接受其观点，否则就会遭到批评甚至羞辱——这一切都昭示着一个专制的自由主义"帝国"正在形成。

哈罗尼认为，自由主义内部仍然存在一些贴近实际的温和声音，但这些温和的自由主义已经逐渐被独断教条的极端自由主义取代。在英国和美国，很多自由主义者的观点仍然受到其他因素的影响，比如，不同社会的民族认同、对上帝虔诚的信仰、历史上的帝国主义思想以及那种在英语国家被称作"常识"的思想。所有这些事情仍然可以被英美国家的自由主义者触及。但就像这些自由主义的对手一个接一个地被征服，一个自由主义的帝国似乎即将到来，这些缓和的因素已经被淘汰，只在自由主义阵营中留下一个独断教条的帝国主义思想独自发声——这种独断教条的声音迅速采用了中世纪天主教会最糟糕的特点，自由主义在不知不觉中模仿了这种特点，包括绝对正确的教义和宗教裁判这类模式。

哈罗尼列举了当前政治中出现的种种现象，透过这些现实，他发现西方正在被极端自由主义的公开羞辱和异端迫害运动折磨着。这些运动的目的就是让一个人或者一个群体中能对自由主义理论产生任何有意义抵抗的观点和政策蒙羞，或者让这些观点或者政策非法化。对这些运动的记录集中在关于大学中言论自由的恶化。在西方大学里，对教授们的观点和对诸如伊斯兰教徒、同性恋和很多其他群体的个人看法进行官方或者非官方的审查已经屡见不鲜。但大学并不是展现对反对自由主义观点的愤怒的主要场所。现在，很多公共场所经常被诋毁运动占领，这些运动通常和大学联系在一起。确实，随着针对自由主义合法性的分歧逐渐减少，对自由主义的异端观点的惩罚也越来越重。西方民主社会似乎正在变成一个巨大的大学校园。

在一个普世的政治秩序中，强制一种观点在任何地方都绝对正确的做法，无疑将会损害对政治和宗教观点多样化的容忍和接纳。在新自由秩序上持相同观点的西方精英们发现，越来越难以认识到对不同观点和宗教给予宽容的必要性，这种容忍的态度在民族自决的原则下曾经是不言自明的。与民族主义一样，宽容的态度正变成一个过去时代的遗迹。在英国决心寻求独立于欧盟之后，诽谤和谴责就纷纷落在英国民众及其选举的领导层身上，这是对整个西方的一个明确无误的警示。

## 对自由主义建构的反思

哈罗尼指出，新兴的自由主义无法尊重和接纳偏离自己想法的、其他国家独特的法律、传统和政策，而包括西方在内的整个世界都深受这种极端自由主义的困扰。

美国对国际刑事法院审判自己士兵的拒绝，对签署保护环境国际公约的反对，以及它的伊拉克战争——所有这些都在国内外引发了相似的愤怒。这种愤恨长期以来也针对以色列——以色列轰炸伊拉克的核设施或者在东耶路撒冷建设定居点的做法都受到攻击。东欧国家也因为不愿意接受中东难民而饱受谴责。而这些自由化的运动在西方国家通常被政府保护，或者说至少是被政府容忍和接纳的。稍有远见的人都会发现，这只是开始，随着自由主义的逐渐发展，天主教和犹太教的传统形式将会变得更容易受到攻击。

在今天的西方世界有一个信条，那就是，关于有争议的事项不能再被公开地谈论。稍有远见的人应该已经意识到，而今我们在说话或者行动之前必须三思而行，就好像清教的严苛政治仍然在运行着一样。在西方国家，对真正的宪法和宗教多样性的坚持，只会让那些坚持自己真正自由想法的人付出代价。

（编译/钱若凡）

# 帝国主义是如何运作的

[**编者按**] "帝国主义"常常与殖民地和地缘政治等词一起出现，使人联想到"支配"与"霸权"。人们对"帝国主义"的态度也总是讳莫如深、闭口不谈，渐渐地，很多人错误地以为帝国主义概念已经过时了。与此同时，一个新的概念"全球化"登上了历史的舞台，其内涵指人、物资、货币以及信息的跨国界移动，表面上看似乎与帝国主义完全没有关系，但是有人认为今天的"全球化"不过是把19世纪的"帝国主义"换了一个说法罢了。伦敦大学亚非学院的中东政治学教授卡里里接受了《观点杂志》的采访[1]，主要探讨了他对当代帝国主义如何运作的看法。在其看来，当代帝国主义的焦点不再是控制领土，而是强调自由贸易与物流，主要利用贸易和金融手段将世界各个角落与资本主义生产和控制体系联系得更加紧密。最重要的是，各种与贸易和金融相关的标准仍然是由北大西洋国家定义。另外，他还提到半国营复合体与港口罢工等问题。

## 现代帝国主义的概念

卡里里教授首先对现代帝国主义下了定义。现代帝国主义不再以控制领土为目标，而是为资本流通扫清一切障碍，必要时可以动用武力。以美国为

---

[1] Laleh Khalili, "How Empire Operates: An Interview with Laleh Khalili", *Viewpoint Magazine*, February 1, 2018 Issue, https://www.viewpointmag.com/2018/02/01/empire-operates-interview-laleh-khalili/, 最后访问日期：2019年6月2日。

例：首先，现代帝国主义游戏的规则仍然由美国设立。美国的机构建立了商业所需的法律基础设施、贸易和会计规则、商业和投资框架以及融资途径，并通过仲裁法庭和惩罚性财政措施等形式维持其霸权地位。其次，美国仍然是世界上最大的军事力量，虽然美国更倾向于将军事力量隐藏在他国的基地内。最后，现代帝国主义不仅在政治经济领域运作。贸易和金融手段将世界各个角落与资本主义生产和控制体系联系得更加紧密，但资本和金融循环路径依旧主要指向北大西洋地区。

卡里里指出，帝国主义与特定民族国家的"外交政策"存在区别。帝国主义含有经济榨取和剥削的意味，譬如存在不对称的资本积累形式、军事管制方式，以及利于剥削的法律和行政机构。

## 海上自由贸易中显示出的帝国主义倾向

葡萄牙人到达印度洋后设置了深海商船的许可证，英国人利用"海上航道"的概念来控制亚洲贸易，而国际法的出现则是荷兰为了霸占印度洋的海洋空间的产物。格劳秀斯在《海洋自由论》中指出，海洋必须是一个"自由"的贸易空间。在卡里里看来，这不过是欧洲帝国主义自由地榨取和剥削印度洋人民的资源，以达到积累资本的目的。殖民化不仅是寻找新的地方投资剩余资本、替代国内枯竭的自然资源，同时也是为了确立战略统治和政治霸权，在海内外树立威望。

## 半国营复合体

半国营复合体是一个企业和政府部门相互关联的机构，主要参与安全、物流和全球监视方面的工作。卡里里认为其边界十分模糊，因为它同时由政府和私人投资者所有。譬如黑水公司等安全公司的员工往往是前军事、情报或安全官员，而这些公司的职责又是向美国政府机构提供服务。这些公司通常会进行跨国界运作，比如安全公司 G4S 承包了以色列的监狱工作，黑水公司也为中国和东非的私人投资者提供物流保障服务。

## 港口罢工： 21世纪新兴的斗争形式

卡里里称，物流不仅是运输货物，也可以构成一种遏制战略。在海湾地区，可以通过动员港口工人起到遏制效果。但一般来说，在缺乏工会和公平的劳动法的情况下，抗议的工人无法抗拒被驱逐的命运。作为物流建筑中心的港口可以看作国际团结和协调的杠杆。全球团结可以通过在全球协调港口动员来实现。卡里里列举了两个例子，一个是南非码头工人通过罢工来支持欧洲码头工人，另一个是奥克兰码头工人拒绝卸载以色列船只。

（编译/胡晓雪）

# 特朗普决策连连出错，美利坚帝国拱手他人

[**编者按**] 2018年，对于未来的国际形势，美国外交政策学者与官员忧心忡忡。特朗普总统任期内，美国七十年来一直努力建设并精心维护的全球权力体系遭到巨大破坏。美国与传统盟友疏远，将本国与世界分隔、对立。政府在军事、外交、经济和保密方面的决策连连出错，美国的全球力量难以维系。历史学家艾尔弗雷德·W. 麦考伊准确地分析了美国全球力量的崛起与衰落。他发表在 *TomDispatch* 网站上的文章《发发推特，帝国覆灭》[1] 分析了传统全球权力体系的构成，详述了特朗普担任总统期间的战略和个人政治素养上的种种错误，并提醒人们注意一个事实——美国正在丧失全球影响力。

## 理想与现实并存的全球权力体系

二战末期，美国带头组建了国际组织和常设机构，意图促进国际社会和平与共享繁荣。这些机构包括联合国（1945）、国际货币基金组织（1945）和关税与贸易总协定（1947）（世界贸易组织的前身）。美国因此获得了国际声望。为了通过法治来管理这样一个世界秩序，美国还协助建立了国际法院，并寻求促进人权和妇女权利。

---

〔1〕 Alfred W. McCoy, "Tweeting While Rome Burns", *TomDispatch.com*, January 16, 2018, http://www.tomdispatch.com/blog/176373/tomgram%3A_alfred_mccoy%2C_tweeting_while_rome_burns/, 最后访问日期：2019年5月28日。

在现实政治方面，美国政府建立了一个四级结构来严格推进其全球统治：军事、外交、经济和保密部门。美国拥有逡巡于全球的军事力量（多亏了数百个海外基地）、全球最强的核武库、庞大的空军和海军，以及所向披靡的雇佣军团队。此外，为保持军事优势，美国国防部大力推动科学研究，不断创新，创造出各种先进技术，如世界上第一个全球通信卫星系统，有力地增加了施展全球实力的空间。美国的外交使团补充了硬实力，致力于促进与盟友以及多边联盟的密切关系。在此过程中，美国给新老国家分配经济援助。受到这种全球霸权以及美国敲定的多边贸易协定的帮助，整个冷战期间，美国的跨国公司在国际市场上盈利颇丰。美国国家安全局（NSA）在全球布局监控，中央情报局的秘密行动跨越五大洲。美国因此得以操纵选举并推动政变，以确保无论谁领导下的国家都将仍然对美国友好、从属于美国。

此外，美国主导的全球力量也依赖于地缘政治。美国通过军事基地和互助安全条约，成为历史上第一个控制战略性轴心点"欧亚大陆两端"的力量。同时，美国在东部还受到四个共同防御条约的保护，这些条约涵盖区域从日本和韩国再到菲律宾，沿着太平洋沿岸直通澳大利亚。所有这些条约反过来又由环绕着庞大的欧亚大陆的战备部署来维系。

## 特朗普其人其事

如果说所有伟大的帝国都需要靠出色的核心领导能力才可以维持恒久脆弱的全球势力均衡，那么特朗普在这点上显然相当失败。国务院权力遭到重创，国务卿蒂勒森（Rex Tillerson）不受信任，特朗普独占了对外交政策的控制权。然而，姑且不谈政策能力，人们甚至怀疑他的智力水平。迈克尔·沃尔夫（Michael Wolff）在关于特朗普白宫秘事的畅销书《火与怒：特朗普的白宫内部》（Fire and Fury: Inside the Trump White House）中这样评论新总统："比你能想象的还要糟糕。一个被小丑包围的白痴。"

总统的个性特点在政府最近发布的《国家安全战略报告》中表露无遗。这是一份内容空洞的文件，满是误解和妄想，声称美国面临着强敌环伺的局面，而在短短的 12 个月里，特朗普单枪匹马地把美国从毁灭的宿命中拯救出来。撇开细节不谈，文件本身反映出，总统（及政府官员）放弃了几十年来对国际社会充满信心的领导方式，而正试图离开"这个非常危险的世界"，退回到名副其实的美国堡垒模式中。这种概念令人毛骨悚然，让人不由得联想到希特勒第三帝国时期为其失败的欧洲堡垒打造的海滨掩体"大西洋长城"。很明显，这是一份短视的外交政策议程，真正维持美国全球力量的关键因素仍然大量存在，只是被特朗普忽视了。

特朗普在《国家安全战略》中提到了对美国全球力量的核心支柱——军事力量的"历史性投资"。然而，美国国防部的预算资金大部分将直接进入巨型国防承包商的口袋，实际效用并不大。与之相对，实在难以想象，美国将削减如"人工智能"等战略领域的基础研究资金，而"人工智能"恰恰可能在十年内成为自动化武器系统的关键。特朗普政府将资金注入传统军备，忽视了全球统治的基本常识：正是尖端技术使得美军立于不败之地。

从2016年的竞选活动开始，特朗普也打击了美国力量的另一支柱——全球贸易体系。他不仅退出了跨太平洋伙伴关系协定（TPP），还威胁说要取消与韩国的自由贸易协定，并一直坚持为了他的"美国第一"议程而重新起草北美自由贸易协定，以至于目前的谈判可能也会失败。

尽管情况已经很严重，特朗普还对美国全球力量的地缘政治基础造成了最严重的损害，一个个国家与美国分道扬镳。特朗普谴责欧洲盟友没有支付联盟军费的"公平份额"，与此同时他还拒绝重申北约集体防御的核心原则。在亚太经济合作会议上，特朗普又发起了反对多边贸易协定的"激烈争论"，并坚称他总是做到"美国第一"。这样的言论无疑与国际交流合作的场合格格不入。在特朗普上台后一次礼节性通话中，他无缘无故地侮辱了澳大利亚总理。这一行为只能表明澳大利亚正在疏远美国，并且越来越倾向于将其主要战略联盟转向中国。菲律宾总统杜特尔特就职后，该国外交政策突然转向，在诸多问题上都开始偏向中国。在朝鲜半岛，特朗普的局限性最为明显——特朗普一心一意地想尽一切手段遏制朝鲜的核计划，2017年8月甚至威胁要朝鲜见识一下"闻所未闻的战火和怒火"。然而，他的威胁不过是推特上的空话。这在现代外交史上几乎没有先例，其推动了韩国与朝鲜抛开美国直接进行对话，并削弱了一度坚如磐石的美韩联盟。

# 美国帝国主义的覆灭

特朗普上台前，已经有迹象表明，全球权力体系正在不断衰落。当特朗普环游世界、发推特和制造烂摊子时，他无意中向我们展示了全球权力体系的基本结构。特朗普几乎每天都在提醒我们，第二次世界大战后美国主导建立的世界秩序体系不仅十分复杂，而且居然极其脆弱。在特朗普就职期间，世界秩序体系衰落加剧，其中的几乎所有关键组成部分都被破坏。

美国占全球经济的比重下降，保密手段也显著减弱。俄罗斯以其人之道，利用其先进的网络战能力干预了 2016 年的美国总统竞选。最引人注目的是，华盛顿现在面临着在欧亚地区地缘政治地位的首次持续挑战。北京决定建设"新丝绸之路"，投资建设价值数十亿美元的铁路和石油管道基础设施，并准备在阿拉伯海和南海建立海军基地。这将削弱美国在欧亚大陆占据的长期统治地位。

在美国全球影响力持续衰退的背景下，特朗普特立独行的外交形式需要得到重视。失去的世界领导地位永远不会恢复，特别是当竞争对手准备填补空白时。美国在欧亚大陆两端的战略地位降低，中国正在取代美国。在这个由贸易、互联网而联系起来的全球化世界中，隔离墙将不起作用。所谓的美国堡垒，根本不存在。

（编译/陈默涵）

# 研究美国帝国主义的五个视角

[编者按] A. G. 霍普金斯是剑桥大学联邦史的名誉教授，前得克萨斯大学奥斯汀分校历史教授。他的著作包括《全球历史：世界与地方之间的互动》《美国帝国：一部全球史》。霍普金斯通过介绍研究美国帝国主义的五本书，梳理了过去一个世纪以来美国帝国研究方式的关键变化，为我们提供了研究美国帝国主义的五个视角。[1] 其推荐的五本书分别是：朱利叶斯·威廉姆·普拉特的《1898 年的扩张主义者：夏威夷和西班牙群岛的兼并》（Julius William Pratt, Expansionists of 1898: The Acquisition of Hawaiʻi and the Spanish Islands）、惠特尼·T. 珀金斯的《帝国的否认：美国及其属地》（Whitney Per-kins, Denials of Empire: The United States and Its Dependencies）、威廉·阿普尔曼·威廉姆斯的《美国外交的悲剧》（William Appleman Williams, The Tragedy of American Diplomacy）、沃尔特·拉费伯尔的《新帝国：对美国扩张的解释，1860-1898》（Walter La Feber, The New Empire: An Interpreta-tion of American Expansion, 1860-1898）、路易斯·A. 佩雷斯的《美国想象中的古巴：隐喻和帝国精神》（Louis A Perez, Cuba in the American Imagi-nation: Metaphor and the Imperial Ethos）。

在美国，帝国主义是国家建设进程的一部分。这是因为国家建设往往与领土扩张有关，而在某些情况下，扩张可能是帝国主义的。从 18 世纪开始，

---

[1] A. G. Hopkins, "The Best Books on American Imperialism", *Five Books*, https://fivebooks.com/best-books/american-imperialism/，最后访问日期：2019 年 5 月 27 日。

美国在整个北美大陆的扩张是国家建设进程的一个组成部分，在适当的时候也是州建设进程的一部分。或许这种扩张仅仅是扩张主义的，但我们也可以把它称为帝国主义。因为这种扩张意味着消灭、绕过或者征服美洲原住民，并且零补偿地夺取他们的土地。白人定居者这种武断的殖民形式，与后来在加拿大、澳大利亚、新西兰和南非发生的情况大致相同，是帝国主义推动力的表现。

在过去一个世纪，关于美国帝国的研究有很多。在霍普金斯看来，其中有五本书是值得推荐的。霍普金斯认为，这五本书十分具有启发性，经得起时间的考验，这五本书中的每一本都反映了过去一个世纪美国帝国研究方式的关键变化。

## 美西战争

朱利叶斯·威廉姆·普拉特的《1898 年的扩张主义者：夏威夷和西班牙群岛的兼并》在 1936 年出版。在当时，有一种以自我为中心的观点认为，美国是一个独特的国家，肩负着为世界带来自由和民主的特殊使命。而进步主义学派对这种观点持批评态度。进步主义学派认为自己所持的是一种脚踏实地的观点，强调了扩张、帝国主义和帝国背后的那些基本的、肮脏的、物质的因素。而普拉特反对这样一种与所谓的进步主义学派有关的历史研究趋势。

普拉特在 1936 年出版的这本书，是第一本试图为 1898 年战争做出总结并分析其动机的严肃书籍，这场战争将西班牙在加勒比海和太平洋的殖民地交到了美国手中。普拉特认为，尽管有许多因素导致了美国与西班牙的战争，但当时的扩张主义情绪对经济的影响并不大。他承认有一群滔滔不绝的扩张主义者认为美国需要更多的市场和海外投资机会。然而，在他看来，商业利益在制定国际政策时是无关紧要的。

根据普拉特的观点，对因果关系的分析应该转移到其他考虑上，特别是美国的政党政治：共和党继续掌权的需要；来自白人至上观念的推动力；把文明带到世界上不幸的地方的责任。他最生动的例子就强调了新教教会的传教活动。他展示了这些利益是如何比商业利益更有效地促使"前进党"（forward party）与西班牙作战，并在战争结束后占领岛上的领土。这种路径为进步派和其他强调经济是首要原因的人所采取的立场提供了一种强有力的替代选择。

## 美国的殖民统治

相比之下，惠特尼·T. 珀金斯的《帝国的否认：美国及其属地》没有很高的认可度，它在 1962 年出版后就几乎被完全忽略了。但在霍普金斯看来，珀金斯的研究是一项开拓性的研究，是评估美国殖民统治的起点之一。

珀金斯的书写于普拉特之后，这本书详细地记述了美国从 1898 年帝国的建立到半个世纪后的灭亡期间对殖民地的管理。珀金斯认为，美国殖民统治的仁慈意图并没有错，但他们却受到了当地的复杂性和国内政治问题的阻挠。霍普金斯指出，这种观点是可以理解的，因为当时的空气中到处弥漫着这样的思想，人们普遍相信美国有一个为世界各地带去文明的使命，美国被驱使着在世界范围内履行这样一项善意的职责——解放其他民族。按照这种观点，问题不在于计划本身，而在于完成如此艰巨任务所面临的困难。

这样的观点就导致了一个问题：一个宣扬反帝国价值观的前殖民国家发现很难接受自己已经成了一个殖民大国。因此，美国拒绝承认自己是一个帝国，同时还批评那些承认统治了殖民地臣民的其他列强。这就是这本书的题目《帝国的否认》的含义。

## 资本主义的危机

就在珀金斯出版他的书时，历史学界的情绪正在发生着深刻的变化。当代评论家们开始关注所谓的资本主义危机及其各种表达方式。威廉·阿普尔曼·威廉姆斯在 1959 年出版了他的著名著作《美国外交的悲剧》，这本书标志着当时历史研究的转变。霍普金斯认为，威廉姆斯的书无疑是 20 世纪关于美国帝国主义最具影响力的研究，是该领域的经典之作。

珀金斯认为美国是一个仁慈但被误导的帝国力量；而威廉姆斯则是从普

拉特在 1936 年所拒绝的进步主义者和唯物主义者对历史的解释中汲取灵感。威廉姆斯认为，帝国扩张的原因可能与资本主义制度的演变和矛盾有关。资本主义危机下降低的生活水平、有限的机会和失业给国内造成了严重的困难。正是寻求解决这些国内问题的办法，才导致帝国在海外的扩张。这种方法使威廉姆斯从一个更广阔的视角来看美国历史。他回到了重商主义时代，并在 1898 年战争的进步主义者的推动下，以对冷战的重新评估继续进入他自己的时代。

传统观点认为冷战是由苏联的扩张主义引起的。但威廉姆斯认为，冷战很大程度上是美国扩张主义的结果，这种扩张主义是由 1945 年后以一种新形式出现的基本经济力量所推动的。但威廉姆斯的这一观点被批评是机械且单一的。它将政治、意识形态和地缘政治的争论最小化，降低了个人行动的重要性。

## 新的帝国形式的诞生

美国历史上长期存在着扩张，但沃尔特·拉费伯尔的《新帝国：对美国扩张的解释，1860-1898》一书却以"新帝国"为题。霍普金斯指出，那是因为拉费伯尔认为 1898 年见证了一种新的帝国形式的诞生。

霍普金斯指出，拉费伯尔采用了唯物主义的观点，并特别将它应用到 19 世纪 80 年代和 90 年代许多事件的大量细节中。拉费伯尔关注 19 世纪 70 年代以来美国的工业化进程、城镇发展和随之而来的人口集中，以及经济衰退后的城市失业。拉费伯尔特别重点指出，19 世纪 90 年代的严重困难促使商业利益集团将海外扩张作为恢复国内经济健康和政治稳定的手段。

在霍普金斯看来，拉费伯尔的作品不仅非常详细，而且还在书中的每一步都展现了其独创性。这是被谨慎而清晰地论证过的。在霍普金斯看来，拉费伯尔的研究可能是威斯康星学派中关于美国帝国主义最突出和最有影响力的研究。

## 从被殖民者出发

路易斯·A. 佩雷斯的《美国想象中的古巴：隐喻和帝国精神》则提供了一个不同的视角，因为它是从一个被殖民的岛屿的角度而不是从华盛顿的角度来看的。在此之前，世界其他地区的大部分历史都是由西方国家向外延伸的权力中心汇集而成。那是当时的传统做法。在 20 世纪 60 年代和之后发生的一场革命产生了现在的区域研究。区域研究总结了非殖民化之后大量研究工作的努力成果，即不再将他们视为外国人影响和统治的代理人、受害者或幸运接受者，而是将他们作为土著或当地人民本身来描述。因此，佩雷斯代表了古巴研究的一个新维度。他的作品是一个以更广泛的进程来改写世界历史的杰出陈述。

霍普金斯认为，这本书展示了美国的存在与对古巴的看法之间的互动，这一互动产生了误导的刻板印象，并反过来影响了政策。霍普金斯认为，古巴在这段相互误解的漫长历史中已经成了一个特殊的例子，因为华盛顿认为古巴是顽固而亲近的。其他的岛屿在不同程度上已经就范，但是古巴人没有。

霍普金斯指出，即便是从世界历史的角度来看，古巴的情况也十分具有典型性。因为从 19 世纪晚期开始，所有伟大的殖民大国都持有非常相似的态度。他们都认为自己很优越，有神圣的权利来统治，而殖民地的臣民忘恩负义、阻碍他们且偶尔叛逆。但他们仍然必须要尽可能长时间地背上这个负担，尽管从中得不到什么好处。所以，古巴的例子其实是美国对其所有属地的典型态度，而这些态度反过来又与那些更大的帝国主义强国，如英国和法国，联系在一起。

## 在更大的语境下看美国帝国

在霍普金斯自己的作品《美国帝国》中，他在一个更大的语境下来看美国帝国主义。他尝试做了两件没有被现有文献完全涉及的事情。第一是将美国置于更广阔的西方背景下。霍普金斯认为，从广泛的国际轮廓来看，美国历史是更广泛的西方发展故事的一部分。为了说明这一点，霍普金斯依照国家性质的变化将关于美国的章节和关于西欧正在发生的事情的章节交错起来。二者的国家性质都发生了从农业、军事财政国家到现代化、工业化、宪法化国家的变化，随之而来的还有进步派和保守派之间的斗争。推动现代欧洲历史的主要趋势在美国也同时发挥着作用。霍普金斯认为其第二个贡献在于他考虑了那些对被殖民过的地方的土著历史所做的大量工作。他认为，这是帝国历史不可或缺的一部分，因为故事的完整性会改变历史的原始信息。

　　总而言之，霍普金斯关于美国帝国的研究反映了一些方法，这些方法被研究非洲、印度和现在已不复存在的殖民世界其他地区的历史学家视为具有重大意义。霍普金斯的这本著作是为全球化世界写一部全球史的尝试。


（编译/姚无铭）

# 民族国家面临消亡，
# 国际秩序亟待改变

[编者按]　近些年来，无论是在西方国家，还是其他国家，国内政治频频出现动乱，民族国家认同面临挑战。2018年4月，英国作家拉纳·达斯古普塔在《卫报》发表《民族国家的消亡》[1] 一文，讲述了他对世界现状的理解和对未来的建议。他认为，迸发的复兴国家主义是不可逆转的衰退的标志，民族国家面临消亡。20世纪兴起的政治结构被21世纪无管制的金融、技术、宗教等斗争及大国对抗淹没。全球的经济、资源分配已非政治机制所能抗衡。与此同时，20世纪时一些国家在它们所殖民的国家的放任行为正在爆发一系列后果。缺失的国际秩序给了人们两个选择，移民西方或者拿起武器反抗国家体制本身。从帝国到独立民族国家的转变是一个大规模且仍未停止的失败事件，要求政治上的新思想和全球经济的再分配。新的政治制度的内涵包括全球金融管制、更有弹性的民主和新的公民概念。

## 全球化时代的国家政治

民族国家的黄金时代已然逝去。那样的黄金时代基于战后政府对货币流量的牢固控制。数十年间，国家权力极大，创建了资本主义社会。但全球化

---

〔1〕　Rana Dasgupt, "The Demise of the Nation State", *The Guardian*, April 5, 2018, https：//www.theguardian.com/news/2018/apr/05/demise-of-the-nation-state-rana-dasgupta, 最后访问日期：2019年5月23日。

带来了巨变。全球化包罗万象，譬如全球金融的融合、科技的共享，不同国家的公民能够购买同一款产品，浏览同样的网页，但是国家政治却仍界限分明。许多国家的国内政治丧失了稳定性，而此间原因则是人们分离了"政治"和其他。当人们谈论"政治"时，他们指在主权国家内部发生的事。其他的事即便在全球金融、科技已然相互融合的时代，也属于"外交事务"或"国际关系"。

国家政治权威性的减弱导致民族国家的衰退。民族国家作为在 20 世纪兴起的政治结构，正被 21 世纪的金融、技术、宗教斗争、大国对抗淹没。与此同时，20 世纪时部分国家在它们所殖民国家的放任行为正在爆发一系列后果。

民族国家之所以能够取得成功，是因为在 20 世纪中的大部分时间里，国家范围内的政治、经济和信息相得益彰。20 世纪的国内政府拥有管理现代经济、思想的力量。而在全球化数十年后的今天，全球的经济、资源分配已非政治机制所能抗衡，除非有一种能够大规模运行的、包含全球金融规制，甚至跨国政治机制的政治形式。国家失去对资本的权威，角色变换为市场监管人。而下一阶段的技术—金融革命对国家政治权威而言是一场更大的灾难。新的技术带来算法主导的治理方式。大数据公司承担了许多从前由国家承担的职责，比如地图绘制、监控。网民作为去地域化的集体，是另一种形式的公民。电子货币的发展表明，新的技术将代替国家的其他基础职能。高科技公司替代陈旧的官僚体制或许是具有可行性的展望。

## 从帝国到民族国家

作者将帝国和民族国家作出了深刻的区分。他认为，帝国不是民主的，但是能够包容所有接受其统治的人，而国家建立的前提则是区分种族，因而具有种族净化的倾向。国家相比于帝国而言是不稳定的，因其净化种族的倾向总是能够被地方主义政客鼓动。

民族国家在第一次世界大战之后才成为人类政治组织的普遍模板。一战后，美国总统伍德罗·威尔逊提出"民族自决"原则，关于此，唯一还耳熟能详的内容只剩民族独立。但是威尔逊最初的想法更加雄心勃勃：以全面的国家内部民主确保全球合作、和平与正义。

作者对殖民地独立的影响和冷战的余波进行了论述。他指出，在快速的殖民地独立进程中，国家在几个月中产生。忧虑的国民陷入武力冲突之中以控制国家机器和随之而来的权力和财富。许多新生国家在铁腕人物的带领下才有了凝聚力，这些铁腕人物把国家管理交付给他们的部落或家族，通过煽动宗派敌对、将种族或宗教的差异转化成高压政治恐怖来维持权力。此外，冷战结束之后，超级大国体系的分崩离析导致了经济、政治弱国国家权威的崩塌。被摧毁的政治文化激发了暴力，如伊斯兰国。崇尚个人魅力的宗教成了他们的政治手段。再也没有一个超级大国有足够的力量来遏制这些力量的爆发所带来的影响。

假如国家不受法律约束，人们便无法在其中安全生活。在作者看来，国际社会应当拥有正式的普遍性机构，当某一国家不能约束自身而对其国民甚至其他国家使用暴力时，这个机构能够进行规制从而维持和平。在冷战时期，两个超级大国的肆意行为导致国际社会不受法律约束。冷战虽然结束，美国的不受制于国际法却得到了延续。在当今世界的许多地方，人们不再期待当下国际秩序提供一个切实可行的未来。于是，有人以移民西方国家为目标，也有人选择拿起武器反抗国家体制。譬如，伊斯兰国宣称要在中东地区抹去后帝国时代的一个世纪所产生的灾难性影响，这样的宣言吸引了大量的皈依者。

民族自决的时代逐渐变成国际秩序缺失的时代，这削弱了民族国家体制的合法性。革命组织尝试自下而上地摧毁这个体制，自信的区域大国则选择自上而下地对该体制进行打击。随着美国相对力量的进一步减弱，人类所面临危机的真实程度将会显现，且美国再也无法控制其所推动形成的混乱。

作者将危机分为三个部分。其一，富国面临威胁。在全球的武装力量对国家政治权力进行攻击之时，富裕国家受到挑战。其二，贫穷国家和地区的不稳定性。随着冷战时代的铁腕相继逝世，贫穷国家和地区的不稳定性真正体现出来。其三，"国际秩序"的非法性。"国际秩序"与遵循法治的"国际社会"相去甚远。这三个部分都植根于大规模的、国家政治无法干预的跨国武力冲突，国家内部的善意政治改革对它们无效。只有重新检视正在老化的政治制度，才可能制止全球制度的崩溃。

## 政治制度的新方向

从帝国到独立民族国家的转变是一个大规模且仍未停止的失败事件。人类只有建立一体的世界政治体制，才能够改变现状。政治想象成为此间的重要事业，如同 18 世纪时的法国和美国。为此，作者提出了三个新方向。

（1）全球金融管制。跨国避税现象层出不穷。从技术而言，全球金融管制是可行的。未来我们应当建立管制系统来追踪跨国的资金流动。在这个过程中，我们必须对全球范围内的再分配加以思考。再分配是指，为了全球安全，系统性地将财富从富国转移到穷国。

（2）全球内更有弹性的民主。假若国家建立在其他更加稳定、民主的政治架构之上，国家层面的混乱便不会导致全然崩塌。欧盟是最好的例子。

国家政府已经被证明是民族国家时代最危险的力量，它们向其他国家发动战争，压迫、杀害或者辜负自己的人民。因而国家政府自身应当受限于更高层的权威。受到压迫的一国之内的少数民族必须有高于本国政府的、可以申诉的法律机制，就如威尔逊曾设想的那样。

（3）新的"公民"概念。公民身份这个概念是不公正的原始形式，是财产继承的一种极端形式。许多国家通过福利和教育政策来再分配财富。但是，从全球层面来看，97%的公民身份是继承所得，这意味着个体命运的难以改变。个体出生地不同，受到的法律保护、经济预期、流动性均不同。但是，在一个世界系统中（而非国际系统），流动性上的极端差别没有任何正当理由。放开对人类迁徙的管制是解除对资本管制的必然结果。阻碍资本的自由流动是不公平的，禁止人类随着资本流动同样不公平。

假设公民身份可以不与领土相联系，那么当下西方公民享有的权利和机遇便不仅仅属于他们。人们可以参加其他国家或地区的政治进程，无论政治选择是否影响他们自己的生活。如果民主赋予每一个选民对他们自身条件的控制能力，那么，参与美国选举的人可能会是全球最多的。如果美国需要满足伊拉克或者阿富汗的选民，那么美国的政治演讲将会大不相同。

这三个方向均致力于民主与平等。方案的具体可行性有待论证，却不失为作者的美好愿景。

（编译/傅兰珂）

# 民族国家仍然是资本主义最稳固的基石

[**编者按**] "如果你幻想自己是世界公民，那你就不属于任何一个国家。"2016 年 10 月，英国首相特蕾莎·玛丽·梅对世界公民的一番抨击，展现了深藏在当代民粹主义运动兴起的背后，精英们所持有的世界公民意识与普罗大众的民族国家视角之间的巨大分歧。精英们对于全球主义的过度痴迷，带来了本土公民意识的削弱，也令民族国家的重要作用在极大程度上被忽视。在这种背景下，国际经济学家与政治学家、哈佛大学肯尼迪政府学院教授丹尼·罗德里克（Dani Rodrik）在其文章[1]中力图对民族国家存在的合理性进行更为原则性的辩护。他指出，尽管民族国家在知识分子之中很少有支持者，但其依然是为市场提供赖以生存的制度基础的唯一选择，是资本主义制度最稳固的基石。

当代的民粹主义运动反映出了普通民众与全球知识分子、专业精英在世界观上的巨大分歧。这两个群体生活在同一个空间，却仍然没有任何交集，对世界有着截然不同的认知。本文作者认为，这种现象更深层次的问题在于精英们所形成的世界主义意识对民族国家的打击。精英主义者和技术统治论者对全球主义的过度痴迷弱化了本土的公民意识，但本土恰恰是最需要公民的地方，这就使得经济稳定繁荣、社会和谐等目标的实现变得更加困难。与此同时，精英的全球主义也开启了右翼民粹主义的政治道路，后者操控了爱

---

〔1〕 Dani Rodrik，*Why Nation-States Are Good：The Nation-State Remains the Best Foundation for Capitalism，and Hyper-Globalisation Risks Destroying It*，Aeon，October 2, 2017，https：// aeon. co/essays/capitalists-need-the-nation-state-more-than-it-needs-them，最后访问日期：2019 年 5 月 21 日。

国主义，带来了破坏性的结果。

民族国家，作为一种由领土界定的政治实体，对于实现预期的经济发展与社会进步的目标是否仍然发挥着不可或缺的重要作用？从这一问题出发，罗德里克力图从经济层面对民族国家存在的合理性进行更为原则性的辩护。

第一，市场的繁荣需要监管，消费者安全法、金融监管规则、中央银行、社会保险等等都是监管体系中的一部分。作者认为，在这个意义上，民族国家依然是为市场提供赖以生存的制度基础的唯一选择。

市场不是自创、自控、自稳的，它依赖于非市场性的制度调整。除了邻人之间简单的物物交换之外，一切交易都需要各个方面的投资：运输、交流、执行合同、提供信息、防止欺诈、使分配结果符合社会规范的安排等。在每一个正常运行、可持续发展的市场背后，都是一系列的组织制度，提供着调整规范、再分配、财政稳定、冲突管理的核心功能。目前，这些功能大部分都由民族国家提供。

第二，从世界经济史的视角来看，二战结束后，民族国家的崛起不仅没有阻碍全球市场的发展，反而在许多方面起到了促进作用。比如，作者以布雷顿森林体系为例，指出在20世纪70年代以前一直维护、管理世界经济的布雷顿森林体系背后的指导思想：民族——不论是那些先进的民族，还是那些新近独立的民族，都需要相应的政策空间来管理其经济，维护其社会契约。资本控制、限制资金在国家间的自由流动，被视作是全球金融体系中的一个固有组成部分。在布雷顿森林体系下，贸易自由仅限于工业化国家的工业产品。当进口低成本的布料与纺织品会使相应产业和区域的工作岗位减少，从而威胁到国内的社会交易时，这种国际贸易也会同样被视作是特殊领域，被排除于贸易自由范围之外。

二战结束至今，贸易与投资大幅增长，显然并不是因为布雷顿森林体系推动产生了国内健康的政策环境。经济全球化依赖于主要的贸易与金融中心所制定的制度；金融全球化则依赖于国家货币制度、中央银行与金融监管实践。国内的政治博弈对持续的经济开放起到了更大的促进作用。

传统的世界主义的观念认为，世界经济是一种全球共同利益，因此所有国家都必须共同合作，否则它们的经济都将被毁灭。作者通过上述对于全球市场经济的发展历史的阐述，试图说明这种观念是具有误导性的。所谓的"全球经济"，即那些可以不跟特定国家挂钩的经济活动，要求跨国的规则制定机构以匹配全球市场的规模与范围。但时至今日，这样的机构都没有出现。尽管全球性管理在气候变化、流行病防治等领域仍然不可或缺，以推动建立有利于全球公共利益的制度规范，但在经济领域，实现全球公共利益的最好方式是各个国家都能规范地管理它们自己的经济。

第三，要达成全球性的制度统一是极为困难的，因为实际上并不存在一个固定的、理想化的制度样态。以市场规则为例。市场规则并不是普遍适用的。发达社会，如美国、日本、欧洲各个国家，都有着从不同的制度与客观环境中发展起来的市场。这些市场发展程度各不相同，在劳动力、公司治理、社会福利系统、制度规范方面的实践也都截然不同。但在不同的制度下，它们都创造了相当的财富。因此，对什么样的制度能够促进经济发展这个问题，没有统一的答案——市场、产权、稳定性、可预测性，都是重要的因素，但都不是唯一的正确答案。

政治理论家罗伯托·曼格贝拉·昂格尔（Roberto Mangabeira Unger）强调，没有理由认为在当今的世界所能观察到的制度就已经穷尽了所有可能的可行方案。历史和当今社会的现实也都证明，能够推动资本主义发展的制度是可以被塑造的。理想的制度功能——如在个人的逐利动机与社会最优化中达成一致，建立宏观经济的稳定性，实现社会公正等——可以以许多不同的方式来实现。这个世界上并不存在一种唯一的最完美的制度实践。

既然发展资本主义的制度与实践并不唯一，那么民族国家在关键的社会问题上的权衡也存在多种多样的方式。对于如何平衡人人平等与机会主义，经济安全与社会创新，环境、健康风险与科技进步，稳定性与动态发展，经济发展与社会文化价值，以及其他制度选择所带来的结果，并不存在一致的答案。

显然，在这样的情况下，多样化的全球性政体才是更具优势的，因为它能推动各类制度形态的试验、相互竞争与相互学习。尽管这可能会造成损失，但国家间的制度多样化是我们所能期待的最接近现实生活的资本主义制度的实验。

针对全球化规则的缺失可能带来保护主义的批评，作者认为，各个国家的政府注定要考虑国家利益，它们也有权利这么做，但这并不意味着它们在被自身利益驱动的同时，就完全不可能考虑到国内行为对其他国家的影响。在大多数经济领域，比如税务、贸易政策、金融稳定、财政管理等，从全球化的视角与国内的视角看，得出的结论是一致的。经济学指导国家应当保持经济开放，制定审慎监管与充分就业政策，并不是因为这些举措对其他国家有利，而是为了做大国内的经济"蛋糕"。比较优势的奇妙之处在于，国际贸易能够为每一个国家创造商机，不论它的经济结构或经济发展水平如何。保护主义事实上是一种政策失误，根源在于民族国家内部治理不当，而非全球化规则缺失。经济民族主义的坏名声并不是来自其对国家利益本身的追逐，而是因为其所依赖的解决方案只服务于另一特殊利益群体——保护主义与本土主义的游说组织。

最后，作者提出，制度设计与基本的政策权衡密不可分。社会需求与本土偏好的不同推动国家治理不断本土化。与此同时，市场整合的规模与范围又要求国家治理不断全球化。一个折中的可能，即多样化政体的世界，是在人们力所能及的范围内最好的结果。

（编译/陈风雅）

# 捍卫美国主权，反对全球主义

[编者按] 约翰·罗伯特·博尔顿是美国政治人物，曾任美国驻联合国大使，2018 年 3 月 22 日，被特朗普总统任命为自己的国家安全顾问。博尔顿曾在 2000 年于《芝加哥国际法杂志》第一辑第二期发表了一篇题为《我们应该认真对待全球治理吗?》[1] 的文章。博尔顿在文中指出，全球主义者抓住了冷战结束的时机在各个领域推进他们的全球治理，这极大地威胁了美国人民的主权与国家的国际力量。然而这一点并没有得到美国主义者们的重视。作为一个坚定的美国主义者，博尔顿认为应该认真对待这个问题，并阻止全球治理趋势的推进。博尔顿在文中所表达的对全球治理的观点与态度，对于我们理解当下美国政府的外交政策有着特别的借鉴意义。

美国大众对于"全球治理"存在两派观点。其中一派为全球主义者，他们大都受过高等教育，在公共领域十分活跃，努力地推进世界范围内的中央集权。而剩下的几乎所有人都是美国主义者，他们并不认为"全球治理"是一个值得讨论的问题，甚至不知道全球治理的定义。尽管后者的人数明显多于前者，但在学术论文、国际会议与国际媒体中却都不见他们的踪影。

全球主义者抓住了冷战结束的时机推进他们的议程，而此时的美国主义者却普遍不把"全球治理"当作一种现象，甚至嘲笑其庞大的学术和论战。这使得全球主义者的理论和组织在几乎没有审查、辩论与反对的情况下发展。

---

[1] John R. Bolton, "Should We Take Global Governance Seriously?", *Chicago Journal of International Law*, Vol. 1, No. 2, Article 2, 2000.

不过最近美国参议院和周边地区发生的冲突表明，美国主义者已经觉醒。美国的人民主权与宪政所遭受的损害及其国内与国际政策灵活性和权力所受到的限制，终于得到了关注。博尔顿认为，美国主义者觉醒后，美国主义者与全球主义者之间的战斗将随之而来。

博尔顿是一名坚定的美国主义者。博尔顿认为，全球主义降低了宪法的自主权，削弱了人民的主权，削弱了美国的国际力量，限制了美国的国内和外交政策的选择和解决方案。全球主义实际上代表着一种世界范围的政府和利益集团的卡特尔化。美国已经因此付出代价，而美国目前对这些代价的理解也太过有限。因此，美国应该"认真对待全球治理"。博尔顿指出，在宪法理论和外交政策的共同作用下展开的关于全球治理的争论，是美国在国际上面临的决定性问题。

## 全球主义者对武力使用的限制正在威胁美国主权

全球主义者认为，为了使"我们的全球社区"变得更加好客，必须要限制使用武力，但不是以民族国家之间传统且均势的方式，而是通过限制民族国家本身的方式。限制民族国家使用军事力量的决定或将其转移到另一个权力来源，必然意味着国家主权的减少与全球治理的推进。这正是美国主义者与全球主义者分歧最深的地方。

近年来，全球主义者在政治军事领域取得了两项重大胜利：一个是1997年12月在渥太华签署的《国际地雷公约》，一个是根据1998年7月签署的《罗马规约》成立的国际刑事法院。《国际地雷公约》虽然仅规定了禁止杀伤性地雷的条款，但它代表了对常规武器而不是通常所说的"大规模杀伤性武器"（核、化学和生物武器）的重大限制。因此，它可能成为今后限制其他常规武器系统的重要先例，而这将不可避免地使美国受到影响。《罗马规约》建立了一个潜在的、强大的新国际机构。这一机构拥有凌驾于国家司法系统之上的权力，其管辖范围甚至比现有的国际法院还要大得多。尽管它似乎为审判个别被告创造了制度和程序，但它的最终目的是控制国家的行为，这严重损害了"国家主权平等"的概念。

### 全球主义与美国主义的博弈

博尔顿指出，克林顿政府是美国 21 世纪最具全球主义的政府，上述两项措施的谈判就是在克林顿总统的大力支持下开始的。然而，即便是克林顿政府也没有签署这两项条约中的任何一项。这说明，即使是这样的一个全球主义政府，也要为了避免在参议院中被美国主义者打败而让步。

然而，尽管如此，克林顿政府在倡导美国批准《全面禁止核试验条约》方面却没有表现出任何犹豫。《全面禁止核试验条约》是美国自第一次世界大战后的《凡尔赛条约》以来在参议院被明确否决的第一个重要条约。但在参议院投票否决了这一条约后，政府却立即宣布将继续执行它的反对核试验的政策。但政府的这项政策并没有诉诸总统所拥有的公认的宪法权力，而是诉诸了一项未经批准的国际协议——《维也纳公约》。尽管没有人会质疑总统继续冻结美国核试验的宪法权威，但政府却在一个未批准的国际公约中寻找权威，毫无疑问是全球主义者在美国取得成就的体现。

### 全球主义者以"人权"的名义限制美国

所有美国人都倡导个人自由，这使得人权问题经常在国家议程中出现。但"人权"在各种层面上的延伸，成为了全球主义者限制民族国家独立行使司法和政治权的重要途径。

全球主义者建立了一个国际协定和习惯国际法的网络。他们利用这一网络取代国家的内部决策过程，将关键的政治和法律决定权从国家手中夺去。其中至关重要的是普遍管辖权的概念。人权组织试图利用普遍管辖权和它的相关概念来推进他们自己的价值取向。虽然即将诞生的国际刑事法庭将在几个方面占据重要的实质性地位，但由于罗马规约覆盖的罪行并不是无限的，因此，除非国际刑事法院的管辖范围继续扩大（目前正在进行的活动），普遍管辖权仍将是对抗民族国家的一项重要的尖端武器。

全球主义者的第二种方法是针对美国的，目的是使我们的体制更符合人权以及在其他地方被普遍接受的标准。这种限制"美国例外论"的努力与限制民族自治的更大努力是一致的，因为美国一直是这些努力的最重要的怀疑者。这一方法最恰当的例子就是美国的死刑问题。在过去的几十年里，美国人对死刑进行了严肃的审查，并对其中的人民主权进行了充分的论证。而全球主义者宣称美国的死刑是美国法律对国际规范的侵犯，并发起了一场运动以使美国使用死刑的标准国际化。联合国人权委员会等机构还就此对美国进行调查。但在大多数美国人看来，联合国利用其地位和法律权威进入国内辩论的努力是完全不合法的。

## 非政府组织对美国的威胁

许多非政府组织认为它们有责任在国际事务中增加公民社会的作用，要求公民社会与国家政府同等水平地参与国际事务的决策。这一要求几乎已经被联合国的圈子认可。加强非政府组织的外部影响力的努力，是人权组织在国际原则基础上对各种问题进行司法化的努力的补充，目的是为了使这些问题从国家政治的范围内消除。公民社会也认为自己超越了国家政治。他们这种脱离政府的态度，对于民主国家来说非常麻烦。公民社会为那些在民主选举中被击败的政治力量提供了外部游说的机会，各国政府中的少数派因而可以在复杂的全球谈判中扮演强大的角色。

公民社会的想法实际上是提出了一种"社团主义"的国际决策方法，这极大地威胁着民主理论。墨索里尼就是国家层面社团主义的主要理论家，他主张用利益集团治理来取代混乱的政党结构，并称社团主义是"法西斯主义中最重要的组成部分"。因此，墨索里尼会很乐于看到公民社会论坛，但民主的美国主义者不会愿意看到它的出现。

## 全球主义视野下的实质性政策

在 20 世纪 60、70 和 80 年代，第三世界发展中国家为了免费获取发达国家的技术与资源，主张国际经济新秩序和世界信息新秩序，并提出了大规模的多边再分配和监管方案，这极大地改变了世界经济和全球治理。但他们的努力基本上失败了。因为发达国家，尤其是美国的里根政府，都拒绝参与这个游戏。因此 20 世纪 80、90 年代，国际监管的努力逐渐消失。

然而潜在的中央集权者的监管冲动并没有消失，他们抓住了机会复活，并成为 20 世纪最后十年中出现的全球治理趋势的更大推动力的一部分。在许多方面，欧盟已经取代发展中国家，成了实质性的全球主义政策的主要来源。随着欧洲的政治精英们逐渐适应给予欧盟大量的国家能力，他们会更愿意在全球范围内提出与欧盟政策方向一致的解决方案。因此，他们并不满足于将自己的国家主权转让给布鲁塞尔，他们也决定将我们的一些国家主权转让给世界范围的机构。

（编译/姚无铭）

# 博尔顿的国际法与国家利益观

[**编者按**]　作为美国特朗普政府的国家安全顾问，博尔顿一直以其反全球化、维护美国主权的立场著称。本文是他 2000 年发表于 Transnational Law & Contemporary Problems 杂志的文章《国际事务中真的有"法"可依吗》（"Is There Really 'Law' in International Affairs?"）[1]。此文以学术探讨的方式，表达了美国国际政治领域的极端反全球化的声音。作者意图通过南斯拉夫事件、国际上废除死刑的讨论等问题，建立"国际社会意图通过国际法，限制美国的司法独立和军事力量"这一认知，而国际事务的处理中，"国际法"体系采用的事实上是政治和道德标准与规则。在表达这一观点的同时，作者提出，美国并不承认国际法在其国内的效力，并不能以国际法为由，影响国内法律的实施。最后作者强调：美国应当坚决维护宪法的至高地位，放弃这一点，就是放弃美国本身。

## 国际法不符合传统"法律特征"

作者从国际法本身出发，以常见的国内法律为标准，质疑了国际法的"法律特征"。他指出，条约和习惯法被国际法院承认为国际法渊源，国际法学者的理论也可以作为参考，但它们事实上都不具备基本的法律特征。其一，

---

[1]　John R. Bolton，"Is There Really Law in International Affairs"，10 *Transnat'l L. & Contemp. Probs.* 1（2000）.

条约本身不能成为"法律",将其比作"合约"的类比也不合理,因为民事生活中的"合约"有国家司法体系作为合约不履行时的惩罚,以保障其效果,而国际关系中的"条约"并没有真正的强制力予以保障。其二,习惯法也不能成为"法",因为习惯法是一个随时变动的体系,不具备基本的稳定性。其三,"学者理论"作为法律渊源则是不可想象的情况。

国际法维护的是欧盟精英集团利益。作者提出:国际法是欧洲积极推动的法律,欧盟法律本身就具有非常高的国际法性质,但欧洲人希望的效果与美国利益不符。在欧盟形成之后,其成员国就不再制定单独的经贸政策,在许多国家行政职能上,也逐渐与欧盟规则靠拢,或将相关权力转移给欧盟。这些权力的转移,事实上就是欧盟成员国将自身部分主权上交给欧盟,而欧盟内部民族国家自身的存续和独立性因此进入了可质疑的范围。欧盟当前的一体化进程,有美国当时促进欧洲统一计划的成果。这一结果从根本上说,是精英集团的希望,符合他们的利益;相应地,欧洲范围内的几次公投则证明了,普通民众对欧盟并不感冒。

## 国际法限制美国行动

作者提出当前国际法对于美国的效果主要是两个:一是限制美国的司法独立;二是限制美国的军事行动自主权。

在司法独立性问题上,作者以"废死审查"和弗吉尼亚州 1998 年的安格鲁·布莱德案为例子进行了说明。在安格鲁案中,经过全部国内程序,被告安德鲁被判处死刑,在审判过程中,他也没有提出人身保护的请求。但在裁决执行前,被告突然提出请愿,要求参考《维也纳公约》,保障自己的诉讼权利,同时要求国际法院对案件进行审查。美国国内的某些意见,代表了对国际条约的妥协,例如,时任国务卿的奥尔布赖特就写信给弗吉尼亚州长要求延迟行刑,否则这一案件可能被视为美国对自己签署的条约和对国际法院程序的否认。弗吉尼亚州最终并未采纳延迟行刑的意见,按时执行了死刑。虽然这一案例中,被告的目标并未达成,但作者认为,美国还有更多类似的、试图援引国际条约对国内司法程序和结果进行干涉的行为,应当引起注意。

在废除死刑审查的问题上，联合国派出报告员对美国国内的死刑制度、宗教宽容度、性别暴力等问题进行调查，都是为了推动美国废除死刑制度。这种目标和行为本身就是政治行为。一个报告员的调查行为或许影响不大，但他们进一步提出"联合国的态度逐渐转向支持废除死刑"。

无论是废死调查，影响某些个案，还是非政府组织在美国国内的活动，乃至于类似"京都议定书"这样的环保条约，都是在试图通过"国际法"来干涉国内政治事务。而这些干涉之所以选中美国作为关注中心，是由于美国具有特殊的地位，只要美国对国际法进行妥协，就会产生具有决定意义的先例。

在限制美国军事活动这一问题上，作者认为，国际法上对于军事行动的"合法性"要求，是在对美国这样的大国的自由和权限提出限制。美国有权利和能力维护国内认定的"国家利益"，并有权通过执行"集体自卫权"或类似权限，动用武力保障这些利益。在类似北约对南斯拉夫武装轰炸的事件中，国际社会认定北约未获安理会授权的行动违反国际法，这一认定无疑限制了美国的上述权利。更何况，对于"战争罪行"进行审查的国际刑事法院本身就存在各种问题，"战争罪"将目标设定在国家领袖、军事领导人和普通士兵身上，其定义过于模糊，导致没有任何顾问可以告诉总统什么样的行为会被认定为罪行；更为严重的是，国际刑事法院人员选拔程序的政治性极强，这说明了法院本身是一个政治机构，而非法律机构。

## 美国法律体系不承认国际法的域内效力

作者认为美国本身并不承认国际法的国内效力，宪法和法律应当在国际法的理念、规则之上，任何未经国会认可的规则，都不应被引入国内司法、政治决策的考量范围。从理念上讲，像国际法的条约、习惯法、观点等渊源并没有在国内被认可和适用的空间，从美国司法传统上看，类似安德鲁案、瑞德诉柯福特案等案例，建立了国际条约只有在不与宪法、国内法冲突时才能在国内得到承认的规则。

作者最后指出：美国应当放下羞愧、妥协之心，坚定地维护宪法的至高权威。国际法没有任何高于或胜于宪法的能力。这样做，国际社会肯定不会喜欢，但放弃这点，就是放弃美国。国际法不是法，而是一系列政治和道德协议，成败只与自身有关。

（编译/刘文娟）

# 联合国是维护美国核心利益的工具

[**编者按**] 1996 年，博尔顿在保守主义的卡托研究所举办的会议上发表题为《联合国的创造、衰落、崛起与衰落》的文章[1]，1997 年被收录于《大幻想：联合国和全球干预》出版。博尔顿在文章中将联合国的兴衰史与美国国内的总统更替结合在一起考察，把联合国的历史分为 1945－1985 年和 1985－1996 年两段。他高度肯定了里根政府和布什政府的联合国政策，并批评了克林顿政府的联合国改革计划。博尔顿指出，美国没有任何义务支持联合国的各项计划，联合国只有在维护美国核心利益时，才是有用的。在文章最后，从实现美国利益的工具这一起点出发，对于更好地发挥联合国的作用，博尔顿提出五项主张：（1）新的联合国秘书长必须推进改革；（2）坚持传统的联合国维和行动，但美国必须掌握领导权；（3）安理会的成员数量和常任理事国的否决权不能改革；（4）联合国应实行财政改革，会费由成员国自愿支付；（5）面向现实，把联合国看作众多可供选择的工具之一。

美国的外交政策必须以维护美国的国家利益为基础，在这一尺度上，作者肯定了里根总统和布什总统的外交政策成功地保卫了美国的国家利益，但是他批评克林顿政府以联合国为中心的外交政策削弱了美国的国际影响力，致使国家利益遭受损害。

---

[1] John R. Bolton, "The Creation, Fall, Rise, and Fall of the United Nations", Ted Galen Carpenter eds, *Delusions of Grandeur: The United Nations and Global Intervention*, Cato Institute, 1997.

为此，作者提出有必要反思联合国的历史，并将其分为1945–1985年与1985–1996年两段时期。

## 联合国的创造与第一次衰弱（1945–1985）

第二次世界大战结束后，两股对立的势力都支持建立一个国际组织以避免国际冲突，《联合国宪章》序言也指出了"免后世再遭今代人类两度身历惨不堪言之战祸"的必要性。但是，作者指出了创造联合国时的另一面考虑，即现实主义的美国起草者们通过将联合国的功能限制在处理针对"国际和平及安全"的威胁内，希望以此避免联合国插手国际社会事务。同时，美国坚持要求以在安理会的一票否决权作为加入联合国的前提，确保联合国其他成员不能凭借多数优势威胁到美国的国家利益。

尽管有着理想主义的初心，但联合国在苏联对全球霸权的争夺与其挑起的冷战中暴露出了它的局限。作者批评道，20世纪60至70年代，反西方、反美的联合国大会多数国家常常在谴责美国外交政策的决议中攻击美国的世界领导力与政治，推进全面反民主议程，与此同时，联合国的官僚主义不断滋长，辜负了最初的理想。

因此，作者认为，此时的联合国已经是一个不再被美国认可的组织，为保卫国家利益，核威慑和像北约一样的强大的政治军事同盟成了美国等国家更加现实、有效的工具。

## 联合国的崛起与第二次衰弱（1985–1996）

20世纪80年代，里根上台，美国退出联合国教科文组织，并多次拒绝支付联合国会费，作者高度肯定了这一系列外交举措，认为它们表达了美国的态度，维护了美国的利益。在这一阶段，联合国也取得了多项成就，例如，在海湾危机中，美国在安理会授权下组织国际军事联盟阻止伊拉克对科威特的入侵，实施了人道主义救援行动，要求伊拉克支付了赔偿金，找到并销毁了伊拉克的大规模杀伤性武器。基于这样的经验，作者认为，在美国的强硬领导下，联合国可以成为美国外交政策有利的工具，服务于美国的利益。

然而，克林顿并未吸取这一经验，并提出了"肯定性多边主义"（assertive multilateralism）的外交政策，相信美国的外交政策可以通过联合国的系统运作。作者批评克林顿失去了美国对世界领导权的兴趣，认为其外交政策象征着对美国全球性角色的背离，忘记了联合国只是美国政策的工具而不是政策本身。作者指出，美国不应通过联合国卷入琐碎的国际争端中去，而克林顿的外交政策却导致美国在索马里与南斯拉夫损失惨重。与此同时，联合国潜在的管理问题导致了联合国系统的浪费和瘫痪，作者因此认为，只有美国拒绝支付联合国会费才能限制联合国的支出。

## 联合国应如何改革

尽管有人因此主张美国应直接退出联合国，但作者认为仍应"最后努力一次让联合国重回正轨"。为此，作者提出以下五点建议：

1. 新的联合国秘书长必须推进改革。

应该挑选一个与美国观点一致的候选人担任联合国秘书长，并推进联合国改革，同时，必须认识到联合国秘书长只是联合国的"行政首长"，不能对他投入过多的期待。

2. 坚持传统的联合国维和行动。

传统的联合国维和行动以及联合国机构在国际人道主义救援行动中的其他活动应该维持下去，但是，美国不能将人力、物力投入到无关美国核心利益的联合国行动中去，最重要的是，不能将美国军队置于联合国的指挥之下，即使在传统的维和行动中，联合国指挥下的部队也应该由安理会而非秘书长控制。作者同时建议，应该撤销克林顿政府与联合国秘书处分享敏感情报的政策。

3. 不要"改革"安理会。

增加安理会非常任理事国、取消常任理事国否决权等安理会改革思路并不可取。成员资格与否决权制度是当下安理会有效运作的重要部分，而后者更是美国利益在联合国内的最大保障。

4. 管理和财政改革仍然重要。

克服联合国官僚系统冗余问题有待联合国机构财政支持方式的重大改革，联合国应直接取消会费分摊制度，实施由会员国自愿缴纳会费的制度，让每个政府自主判断是否从联合国那里获得了与缴纳的会费成正比的效用。

5. 面向现实。

以现实的眼光看待联合国，联合国可以成为美国外交政策有用的工具，是维护美国国家利益的选项之一。

（编译/唐亦文）

# 特朗普贸易理论背后的"疯狂推手"

**[编者按]** 特朗普政府上台以来，对华开展了一系列贸易战。在特朗普总统的幕僚中，强硬的对华鹰派——经济学家彼得·纳瓦罗的地位与众不同。他作为特朗普"疯子理论"贸易政策背后的疯狂推手，大力推进美国对华贸易制裁措施并一意孤行，其观点因过于激进而物议纷纷。《大西洋月刊》网站特约撰稿人安妮·罗瑞在2018 年 12 月号《大西洋月刊》上发表《特朗普贸易理论背后的疯狂推手》[1] 一文，对这一问题进行了阐释。作者叙述了纳瓦罗的成长经历，并指出纳瓦罗有关贸易的看法尽管有部分被认同，但受各方诟病居多。然而他的激进复仇却让他在白宫平步青云，其权力来源于愿意付诸实践，实现特朗普的疯狂想法，并相信能力挽狂澜。但是，美国盟友与美国自身的经济状况却并不如他想象的那样如意。

在过去的一年里，特朗普政府开启了一场具有广泛地缘政治目标的贸易战：整个美国政府都有一项模糊不清的任务，那就是让中国"遵守规则"，并阻滞中国的崛起。美国贸易和制造业政策办公室主任彼得·纳瓦罗（Peter Navarro）就是其中的关键人物。纳瓦罗买东西时会仔细辨别标签，以免购买中国制造的商品。这种对外国商品的警惕，不仅是其个人的消费偏好，更是美国的政策倾向。特朗普对从中国进口的价值数千亿美元的商品加征关税，并通过重新谈判和签订协议，阻止其他国家以"牺牲美国利益"为代价实现经济

---

〔1〕 Annie Lowrey, "The 'Madman' Behind Trump's Trade Theory", *The Atlantic*, December, 2018, https: //www.theatlantic.com/magazine/archive/2018/12/peter-navarro-trump-trade/573913/, 最后访问日期：2019 年 5 月 28 日。

发展。

纳瓦罗并没有在贸易谈判中扮演正式角色,他没有控制任何政策杠杆,也不属于内阁成员。相反,纳瓦罗的影响力来自于其激进的意识形态和僵化的教条主义结合体。他和特朗普有着一系列非主流的共同观念,其中包括:中国在过去二十年里一直在"掠夺"美国,特朗普政府激进的贸易政策能够把制造业就业岗位带回美国,而美国贸易赤字正在使其血本无归,甚至会危害美国国家安全。

特朗普政府的少数高级官员也持这种观点,但是,其他许多官员并不这么看。虽然他们希望中国停止"窃取"知识产权,开放市场,但并不认为中美经济脱钩是一个正确且必要的目标。然而,在纳瓦罗和特朗普的世界观中,美国并没有发动贸易战,只是姗姗来迟地加入了贸易战。与纳瓦罗关系密切的前白宫战略师史蒂夫·班农(Steve Bannon)曾对作者表示,美国现在就像是中国的附属国,卷入了中国在过去二十五年里的对美经济战争。

在这场贸易冲突中,纳瓦罗的作用是把特朗普的极端想法变成现实,确保总统的意图不会被削弱。纳瓦罗是特朗普"疯子理论"(madman theory)贸易政策背后的疯子。他让敌人和盟友都相信,特朗普总统能够也愿意竭尽所能,来让美国再次伟大。

### 纳瓦罗的成长历程

纳瓦罗是一个在美国东海岸长大的平民子弟,靠着奖学金上了美国塔夫茨大学(Tufts University),作为和平队队员在泰国待了三年,然后前往哈佛大学攻读经济学博士学位,后来又到南加利福尼亚州教书。

然而,纳瓦罗从不甘于平庸的教授生活。20世纪80年代末,纳瓦罗变成了一名斗士,反对所谓的圣地亚哥粗劣的过度开发,并多次竞选公职,包括竞选市长、市议员、县政委员、国会众议院议员和地方议会议员。结果,纳瓦罗输掉了他的每一次选举,但却赢得了"有史以来圣地亚哥公职竞选人中最残忍、最卑鄙的混蛋"的称号。早年在大学任教期间,纳瓦罗把自己重塑为一个股市智者、电视评论员,创办公司、发行周报,还写了几本关于把握市场、发财致富的书。

直到 20 世纪 80 年代中期，纳瓦罗才对中国产生了兴趣，因为他发现那些晚上攻读工商管理硕士学位的学生，开始失去白天的工作。在纳瓦罗看来，来自中国的不公平竞争是其主要原因之一。尽管纳瓦罗不会讲中文，在中国待的时间也很少，但他还是出版了三部鹰派书籍和一部鹰派纪录片《致命中国》（Death by China），认为中国政府通过向美国出口"危险品"并"无视"世界贸易规则，"骗取"了中国在全球的领先发展地位。

## 对纳瓦罗的各方评判

左翼和右翼经济学家都表示，纳瓦罗关于贸易的基本观点，已经时过境迁、误入歧途，或者说是完全错误的。事实上，纳瓦罗对贸易经济学的理解，还不如大学一年级新生。例如，纳瓦罗认为减少美国的贸易赤字，会促进美国的经济增长。在某些情况下，如果美国企业向外国买家出售更多的飞机和先进的计算机系统，美国贸易赤字的减少可能会与美国经济的增长同步。但在其他情况下，美国贸易赤字的减少，只会使美国的经济更加僵化。

此外，经济学家认为，由于企业的供应链太过复杂，根本没有办法从中国夺回就业岗位。外交政策专家们则担心，特朗普可能会在试图增加对中国影响的过程中，浪费其影响力。共和党和民主党两党达成的共识，可以追溯到 1972 年理查德·尼克松总统访华，即最好把中国视为亦敌亦友，而不是誓不两立的敌人。

纳瓦罗的复仇主义，使他在华盛顿的经济专家、贸易专家和亚洲专家中几乎没有朋友。然而，这倒为纳瓦罗进入美国政府铺平了道路，在那里，他找到了一位甚至与其最古怪的性格都相匹配的老板——特朗普总统。从纳瓦罗的政治回忆录来看，他是个粗俗不堪的人，倾向于对女性以貌取人，对政治正确不屑一顾。这些共同的性格特征，可能有助于纳瓦罗去讨好反复无常的特朗普。特朗普当然也欣赏纳瓦罗对精英意见的蔑视，以及他那种好斗公鸡般的信念。

## 纳瓦罗的政治斗争

美国总统大选期间，纳瓦罗和威尔伯·罗斯都是特朗普贸易政策的核心设计师。纳瓦罗将中国描绘成一个"邪恶"的角色，并提出了遏制这个正在崛起的超级大国的计划。特朗普上任后，成立了白宫国家贸易委员会（National Trade Council），并任命纳瓦罗为主任。有传言说，国家贸易委员会将与强势的国家经济委员会甚至国家安全委员会平起平坐。然而，正如俗话所说，人事任命即政策，美国政府从来都不是罗斯和纳瓦罗说了算。史蒂芬·姆努钦（Steven Mnuchin）和来自高盛的加里·科恩（Gary Cohn）也加入了政府，导致特朗普政府立刻陷入了有关贸易政策的恶斗。

有一段时间，主和派赢了。科恩瓦解了纳瓦罗最激进的举动，包括纳瓦罗三次试图让特朗普退出《北美自由贸易协定》。白宫幕僚长约翰·凯利（John Kelly）最终让纳瓦罗退居幕后：白宫国家贸易委员会受到削弱，纳瓦罗被置于科恩的领导之下。后来，主战派占了上风。虽然纳瓦罗被逐出白宫，但他在同僚中赢得了"声誉"，因为他经常在白宫附近鬼鬼祟祟地溜达好几个小时，希望能遇到总统，伺机进言（纳瓦罗本人并不承认这一说法）。在纳瓦罗的蛊惑下，特朗普意识到他的想法正在被自己人破坏。纳瓦罗又重新受到青睐，科恩辞职了。特朗普终于发动了贸易战。

纳瓦罗没有制定具体的贸易政策措施或谈判方案。其团队的任务，就是执行特朗普总统签署的"买美国货、雇美国人"的行政令。纳瓦罗告诉作者，他的使命是"加强我们的制造业和国防工业基础，为在美国制造业工作的男女同胞创造良好的就业机会"。然而，纳瓦罗对于自己的影响力过于自谦了，事实上他的权力来自于愿意为实现特朗普最苛刻的想法而努力。

特朗普政府辩称，包括与墨西哥、加拿大达成新《北美自由贸易协定》在内的艰苦谈判，正在把全球各国团结在一起，共同应对来自中国的"威胁"。然而，白宫内部的意识形态纷争，及其国际经济团队的经验不足，事实上，使得中国和其他国家对美国的政策和目标无从把握。纳瓦罗反驳说，美国政府的目标很明确：那就是致力于减少进口中国商品，增加出口美国商品，并直接向中国政府施压。纳瓦罗表示，这并不是试图让中美两国互相隔绝，只是保卫美国免受中国和其他国家的"经济侵略"。

也许纳瓦罗所说的是"对"的。但是，美国的盟友也被疏远了。一些国家开始等待特朗普政府下台，贸易战正在减缓美国经济增长。与此同时，美国贸易赤字正在扩大，而不是缩小。纳瓦罗表示，他完全相信，随着时间的推移和所有贸易政策的落实，这种趋势将会强力逆转。他认为，中国一直在对美国和欧洲采取"不公平贸易行为"，并无视美方交涉。

看起来，这场"战争"似乎才刚刚开始。

（编译/吴彤）

# 史蒂夫·班农的新欧洲政治秩序

[编者按] 特朗普入主白宫，不仅给美国国内政治带来了极大冲击，更对世界局势的稳定增添了不确定性。影响不仅来源于特朗普本人，其前首席战略师兼总统顾问史蒂夫·班农在 2017 年 8 月从白宫辞职后，也成了欧洲诸多领导人的忧心所在。在其重新执掌了极右新闻网站布莱特巴特（Breitbart）后，民粹主义丧失了在白宫的影响力，却大有将祸水引向欧洲的趋势。2018 年彭博社的一篇报道《史蒂夫·班农的新欧洲政治秩序》正是针对班农彼时即将在欧洲数个国家进行的巡回演讲展开的，直言民粹主义很可能在美洲外的另一片大陆上复活。[1] 一个不为联邦雇员身份所束缚的班农，可以更自由地打击他所谓的"全球主义者"，这不可谓不是欧洲政局中一个重要的不安定因素。

## 辞职的联邦雇员：向欧洲民粹主义靠拢

史蒂夫·班农（Steve Bannon）在与美国总统唐纳德·特朗普闹翻之前，曾经帮助其颠覆过美国的政治秩序。而如今他却穿梭于欧洲六个国家进行巡回演讲，试图激励民粹主义领袖及政党结成松散联盟，并助其在欧洲议会中争

---

〔1〕 Richard Bravo, Gregory Viscusi, Nikos Chrysoloras, and Joshua Green, "Inside Steve Bannon's Plans for a New European Political Order", *Bloomberg*, September 18, 2018, https：//www. bloomberg. com/news/articles/2018-09-19/bannon-seeks-european-upset-with-appeal-to-eu-s-populist-forces，最后访问日期：2019 年 5 月 30 日。

取更大的立足点。

在作者看来，此举并不令人意外。在班农动身之前，就已在采访中表达了对欧洲政党"觉醒"的欣喜，并希望大量志趣相投的候选人都能够在欧盟议会中获得席位，以阻止亲欧盟组织。这并非空口无凭，与此同时，他的盟友、比利时政治家米沙·莫德里卡曼（Mischael Modrikamen）在布鲁塞尔设立的"运动派"的组织，早已在筹划着强调国家政权、强大边境、严格限制移民以及与所谓的激进伊斯兰教的斗争的重要性，而这些都是为了在五月的议会选举中支持民族主义政党。"我们希望将斗争带到欧盟的中心"，莫德里卡曼如是说——在他看来，自己无疑是在为那些感觉被精英背弃的普通群众发声。

## 撕裂的欧洲政局：民粹主义的觉醒与遏制

等待班农的，是一个正在较量与撕裂中的欧洲。法国总统伊曼纽尔·马克龙（Emmanuel Macron）、比利时首相查尔斯·米歇尔（Charles Michel）、荷兰首相马克·鲁特（Mark Rutte）以及卢森堡首相泽维尔·贝特尔（Xavier Bettel）等自由派支持者，正准备联合起来遏制班农和莫德里卡曼支持的民粹主义组织，而这些组织已经在德国、奥地利、匈牙利、波兰、法国及瑞典等欧盟成员国都获得了立足点。这些首脑们试图通过欧盟领导人会议的形式，讨论欧盟存在的两大威胁——移民危机以及英国脱欧，这两者都是民族主义者的号召。

情况不止于此。班农与莫德里卡曼还寻求在2018年11月底在布鲁塞尔举行成立大会，并最终计划在欧盟27国建立盟友。另外，他们的计划也得到了意大利联盟党、奥地利自由党、法国"国民联盟"（National Rally）的青睐，在后者看来，班农赴欧寻求部署是出于利益和善意的举措，有助于欧洲国家恢复强大。

可以看出，史蒂夫·班农的成功，在于其为民粹主义代言，从而具有了象征意义。在同样矛盾重重的欧洲颇受欢迎，表明他超越了白宫的小圈子，成为自带体系的权力源。班农无疑身处一个政治风口，利用了欧洲内部的种种问题来发挥自己的特长。需指出的是，即便不再为特朗普服务，班农的身上依旧存在与特朗普相通的理念。为了延续自己的影响力，2020 年的班农完全可能重出江湖参与美国大选，这些都将为全球政治未来的稳定增添威胁性。

（编译/李雪妍）

# 美国需要挖掘新的"例外主义"叙述

[编者按]　自唐纳德·特朗普当选美国第45任总统以来，其"美国至上"的政策取向在美国国内引起争论。一些批评者认为，"美国至上"中的反全球化色彩与"美国例外主义"相左，美国的例外在于为全世界带来民主自由。一方面，"美国至上"，且具民粹主义倾向的政策口号获得了大多数民众的支持；另一方面，特朗普表现出的孤立主义、单边主义和贸易保护主义，以及其对推进民主的漠不关心和对移民的敌意，与传统美国人拥抱全球化的心态大相径庭——美国如何选出了一个与主流理念甚为不相合的总统？

对此，美国外交关系委员会高级研究员、乔治敦大学教授查尔斯·库普坎在《外交事务》3/4月刊上发表文章《例外主义的冲突：旧观念的新斗争》[1]，集中讨论了这一问题。他不认为特朗普的"美国至上"与"例外主义"有本质冲突。通过梳理美国以例外主义建构的国家认同的历史渊源变化，库普坎教授为特朗普找到了其在美国例外主义理念变化中的位置。

## 美国例外主义 1.0：孤立主义

作者首先指出，二战后的美国例外主义与原初之例外主义有一定区别。

---

〔1〕　Charles A. Kupcha, "The Clash of Exceptionalisms: A New Fight over an Old Idea", *Foreign Affairs*, March/April 2018 Issue, https://www.foreignaffairs.com/articles/united-states/2018-02-13/clash-exceptionalisms, 最后访问日期：2018年2月13日。

自二战以来，美国通过不断的海外动作，使其例外主义使命走向"美国治下的和平"（Pax Americana）。但在这之前，美国的例外主义并非输出自由民主。最初，例外主义的叙述划定了美国公共话语的边界，也为美国的大战略提供了政治和意识形态的基础。美国例外主义最原始的概念基于五个国家特性。

第一，地理上两边皆大洋的地理位置、丰富而肥沃的土地使美国成为西半球的主要力量。孤立的大战略尤其体现在战争年代美国的政策上。第二，美国在国内外都有较强的自治权。比起政治关系，美国更热衷于商业和贸易关系的建立。自 1793 年撕毁与法国的盟约至二战，美国都没有加入任何国际联盟。第三，美国一向相信自己有救世主的使命——美国人政治经济的自由体制定会救赎世界。但最初，干预并不是完成使命的方式。19 世纪至 20 世纪初，美国更倾向于以完美的国内政治制度为例，向世界展示自由与民主。第四，社会平等和经济灵活性在当时的美国达到空前的状态。机会平等取代了君主政体和贵族制。在经济增长的过程中，美国一直通过关税和互惠的贸易政策壮大工业基础，而非自由贸易。自由民（yeoman farmers）小城镇的店主们在追逐美好生活的过程中，从东海岸向西海岸传播着民主和繁荣的观念。若有必要，美国也会不惜一切保护其公民的经济权利。第五，美国人相信例外而特殊的不仅是这片土地，还有土地上的人民——盎格鲁-撒克逊人。美国例外主义中种族的面向在与美洲土著人的抗争中表现出来。对非裔美国人的奴役和种族隔离也体现了其反殖民倾向。19 世纪后半期，对移民的限制开始加强，并在战时得到了进一步加强。

作者认为，这一 1.0 版本的美国例外主义与特朗普的"美国至上"更为相似。尽管珍珠港事件后这一孤立的大战略被抛弃，但其一直隐藏在美国认同的深处，当美国厌倦做世界警察，并开始怀疑全球化和移民的益处时，例外主义 1.0 终于死灰复燃。当然，作者也强调，"美国至上"作为大战略是失败的——在各国交织的时代，没有联合行动的单边主义不能解决国际问题。起源于 18 世纪的例外主义并不适用于 21 世纪。当特朗普希望用"美国优先"实现二战后美国例外主义的转向时，他的政策表明需要一个新的对美国的叙述，以驾驭美国的外交政策。于作者而言，这个国家的例外使命远没有结束，这个非自由倾向不断加深的世界需要共和的理想来平衡。而美国在其中应当起着重要的作用。

## 美国例外主义 2.0：国际主义和单边主义

珍珠港事件是美国例外主义从 1.0 走向 2.0 的转折点。当"虎！虎！虎！"指导日本人偷袭了珍珠港，一向坚持孤立主义的美国从现实中惊醒。美国人不再龟缩于西半球的安逸，以美国经验为例展示自由，转而更活跃地向外输出自己的力量和价值。自 20 世纪 40 年代开始，国际主义在美国政治舞台上活跃起来。这时，一种全球参与的策略成为美国的主流。多边主义取代了单边主义。美国全副武装，在对自己领导地位的假设中加强着战后以规则为导向的国际秩序。同时，美国也通过对其他国家的占领和民主化改革继续追求着自己救世主的使命。

"美国梦"对于新版美国例外主义仍旧是中心议题，但此时，其主要叙述来自工人，而非自由民。因战后的工业发展，两党皆支持对外开放的贸易。并且，民权运动之后，战后的美国例外主义失去了种族主义的面向。取而代之的是能够融合多种人口成为一个公民国家的"熔炉"政策。多元主义成为美国方式的一部分。

作者认为，特朗普在例外主义 2.0 的框架内回归着 1.0。他不断表示对国际组织的疏远，希望击退多边主义。对于美国的救世主使命，他轻蔑地指摘美国例外主义 2.0 的推进民主的烙印。并且，他并未停留于此，而是在诋毁媒体，在赞赏独裁者的行为中表达着对共和理想的不以为然。在特朗普口中，美国梦已经让位于对美国人的屠杀（American carnage），他在选举中不断强调中产阶级的财富被世界褫夺，因此，类似美国例外主义 1.0，他承诺以贸易保护主义带回工作，带回美国梦。同时，特朗普还希望回归同质化的美国。限制不断增多的移民政策，使熔炉再一次趋向白色的美国。

于作者而言，这是美国例外主义的危机。"美国至上"帮助特朗普赢得了选举，但是作为美国对外政策的原则，这个信条只能使美国误入歧途。正像我们所看到的，各种威胁使得美国不可能回到"不卷入任何联盟"（entangling alliances with none）的时代。美国建立的以规则为导向的国际秩序限制了这个国家的行动，但抛弃这个秩序只会导致混乱和无秩序。在全球化与移民激荡的时代，保护主义既不能改善美国中产阶级的状况，也不能使美国重回盎格鲁-撒克逊的时代。

当然，对"美国至上"的倾向也暴露了美国例外主义 2.0 中的一些问题。例外主义 2.0 下的美国在海外走过了头。中产阶级每况愈下与难以控制的移民都呼唤着"美国优先"观念的重启。在海外，美国例外主义对民主的推崇也并不成功。并且，在中国崛起的态势下，美国已经无法全盘操纵多边主义的国际机构。因此，作者强调，由美国制定国际秩序的时代已然终结。

## 美国例外主义 3.0：如何寻找折中的平衡点？

最后，作者提出了关于美国例外主义 3.0 的设想。美国例外主义 2.0 受阻，特朗普希望回归 1.0 的努力亦不成功，如此形势下，美国有两个选择——放弃其例外主义的叙事，或创建新的叙事。放弃似乎很诱人，但其成本亦极高。毕竟，美国例外主义帮助这个国家在推广民主大战略之下维持着民主的共识。面对非自由主义的崛起，世界急需共和的理想，而这个使命只能由美国人来完成。事实上，在这个历史转折点，世界正潜在地呼唤着美国人对其例外主义的重新发掘。

作者指出，要建立美国例外主义 3.0，需要对例外主义叙事的五个方面加以调整。首先，美国需要找到孤立主义和过度扩张的中间点。一些学者建议美国采取离岸平衡政策（offshore balancing）——让其他国家在区域安全中扮演领导角色，而美国只负责处理一些紧急情况。但对于同时深陷中东、亚洲和欧洲冲突泥潭中的美国，这一政策也需要分类考虑。美国应当放弃其世界警察的策略，但仍应保持其维持强国间和平的仲裁人角色。这要求更多外交而非军事的交涉。同时，美国需要对其盟国和伙伴重新平衡。在特朗普的外交政策中，对美国盟国应当承担其应有责任的坚持是正确的。美国无须继续承担维护其他国家安全的义务，但也不能龟缩回单边主义。面对如今的全球挑战，只有联合行动才有可能奏效。美国可以帮助一些区域组织管理相关区域，亦可鼓励新兴国家，诸如中国、南非、巴西、印度等为世界提供更多人权、和平和发展的援助。尽管美国救世主的使命仍应当成为例外主义叙事的核心，但其需要从十字军的形象转回为世界模范。模范并不意味着放弃推动民主，而是看到在世界政治及政权多样性的基础上捍卫普世政治和人权的方式。

国内的复兴对美国人信念的重建意义重大。美国人在内战与大萧条中的坚韧表现说明了美国信念的重要性。重塑美国梦将是克服政治两极分化的关键一步。而这需要现实的重新激起上进心的计划，并非一个将美国带回全盛期的虚假承诺。仅从贸易出发而忽视社会需要，并不能解决国内的问题。

最后，新的美国例外主义应当接受美国不断趋向多元的人口能够融合为以公民价值为基础的共同体的信念。美国应当同时展示多样与团结。无论政治经济还是教育方面，建立认同的事业都大有可为。

在文章最后，作者总结道：特朗普的崛起证明了美国例外主义 2.0 的发展趋势。然而，回到 1.0 模式只会带来灾难。超越特朗普的政策，美国需要一个新的例外主义以指导其大战略，并为美利坚在世界自由理想的实现过程中制定独一无二的角色。

（编译/王静姝）

# 去自由霸权的兴起

[**编者按**] 　自竞选至当选美国总统，唐纳德·特朗普一直将"美国至上"的口号挂在嘴边。无论是在外交政策上批评美国的盟国搭便车，还是经济方面不断涌现的贸易保护主义，特朗普都在带领美国远离当今的主流世界秩序，一股反全球化的思潮在美国兴起。不少学者认为，美国正在放弃自己自二战以来费心建立起的全球领导地位，并逐渐将重点转向国家内部。担心和不满的声音一浪高过一浪，一些人将特朗普的政策描述为"孤立主义"。

　　对此，麻省理工学院政治学福特国际讲席教授、麻省理工学院安全研究项目主任巴里·波森表示反对，在其最近发表在《外交事务》上的文章《去自由霸权的崛起：特朗普让人吃惊的大战略》[1]中，他指出透过表面的"孤立主义"，特朗普的政策比奥巴马更加宏伟且雄心勃勃，这一点在军事力量等硬实力方面尤其突出。

回顾冷战后的美国对外政策，可以看到，冷战后，共和党和民主党在大战略方面达成了一致，学者们称之为"自由的霸权（liberal hegemony）"。霸权方面，美国致力于在很广范围内成为世界最强的力量；而自由方面，美国寻求为现有国际体系建立一个以多边管理为基础的秩序，同时实现其他国家的国内民主化及国际市场导向的转型。作者指出，特朗普与之前的不同之处主要在于其剥离了"自由的霸权"中自由的成分——在保持世界上最高政治经

---

　　[1] 　Barry R. Posen, "The Rise of Illiberal Hegemony: Trump's Surprising Grand Strategy", *Foreign Affairs*, March/April 2018 Issue, https://www.foreignaffairs.com/articles/2018-02-13/rise-illiberal-hegemony, 最后访问日期：2018 年 2 月 13 日。

济实力及全球大部分地区安全仲裁人角色的同时，特朗普放弃了民主价值观的输出及自由的多边贸易协议。因此，作者将特朗普治下的大战略称为"去自由的霸权"。

## 鸽派不再

观察特朗普近一年的全球政策，能够发现，尽管大多数评论皆称其龟缩国内，避免海外冒险主义和纠缠海外事务，然而，他仍然继续着与世界几大军事力量的地缘竞争，以及正式或非正式的海外联盟。除了继续通过战争威胁试图阻止新核武器的出现和全球反恐战争的加强，特朗普还计划增加国防部的预算，尽管其已超过所有与美国竞争国家的军事预算总和。

在盟国方面，首先能看到特朗普对传统政策的背离。上台前，特朗普便表达对美国联合防御下其他盟国的不满，并认为这些国家应当承担联合防御的负担。过去二十年，北约的欧洲国家一直没有在联合防御中取得足够的话语权。在话语权不平等的情况下，大西洋两边都不愿意承担联合防御过多的负担。与将美国与欧洲粘合起来的政治目标相比，北约战斗力的建设显得苍白无力。因此，从特朗普在 2017 年 5 月北约峰会上的言论来看，美国也许不再保持其欧洲冲突最终裁决人的角色。但是几周之内，特朗普的政策便出现回转。事实上，美国一直在继续其不为人知的盟国安抚政策。"欧洲再确认倡议"（European Reassurance Initiative）最初因美国全球反恐战争获得国会通过。这一倡议为美国在欧洲部署的军队武装及军事设施提供了大笔经费。目前，美国已经为此拨款 1000 万美元，并且这一倡议还在有条不紊地实施着。因此，美国在欧洲的霸权一如既往。

在亚洲，在军事上特朗普比奥巴马更加活跃。其将朝核问题置于关注的中心，以武力威胁朝鲜停止发展核武器。尽管朝鲜的态度还不明朗，但华盛顿和五角大楼早已做好了战争的准备。同时，美国还不断向朝鲜和对朝援助的中国施加经济压力。在太平洋地区，美国海军依旧昂首向前，每年都有近160 场双边或多边的军事演习。无论是对中国南海更加频繁的进入，还是第七舰队的多次活动，美国在太平洋的军事行动不减反增。同时，在 11 月份对亚洲的访问中，特朗普与日本继续着其防卫协定。鉴于特朗普对美国在亚洲面临不公平国际贸易的不满和经济上对中国的疏远，人们可能会惊讶美国在亚洲的盟国为何与特朗普如此亲密。作者指出，对日本来说，军事超级大国提供的免费防卫并不容易取代，相比于建立力量自行防卫来说，与一个热衷零和博弈的国家搞好关系的成本低许多。

中东方面，特朗普也加强了其军事行动。除了回应奥巴马在叙利亚化学武器裁军方面的不作为外，特朗普政府还加速了打击伊斯兰国（ISIS）的战争。炸弹和美军一同向中东飞去。尽管特朗普在竞选时批评了美军在他国的种种行为，但他却放任阿富汗驻军的将军不断激化战争。对伊朗，特朗普也表现得更加强硬。在美国对沙特的进一步支持下，伊朗与沙特的战火更旺。除了在朝鲜的发力，伊朗似乎成为美国今后的另一个着力点。

特朗普不断增加的国防预算也流露出美国将继续其世界警察的角色。他曾发出推特说："我将使美国的军队足够强大有力，以至于没有人能干涉我们。"

同时，他还进行着奥巴马时代开始的万亿美元的核现代化项目，更新导弹、轰炸机及核潜艇三位一体的核武体系。这建立在冷战时期对全球核战的假设之上，美国需要有足够的核武以确保一次完全的核打击，而这也意味着美国需要首先使用核武器并击毁敌国的全部核武器库。然而，面对只有极少数国家能够对美国进行核打击的世界，作者认为这一项目无用且弊大于利，甚至有可能引发新一轮核武器的军备竞赛。

## "自由霸权"的失败

相比历史上其他霸权，作者认为美国在冷战后实行的自由霸权有其独特之处。自由霸权对软硬实力的正确结合，使这种霸权成为可能且可持续。诸如国际安全、自由贸易、人权和民主等价值观，不仅能在美国霸权区域被重视，也会吸引其他国家关注并学习。如果这个目标达成，美国将建立一个美利坚领导的自由世界秩序，塑造一个与美国完全一致的世界，在这种情况下，美国自身的安全便无需担心。但特朗普放弃了这条路。无论是诋毁国际经济组织，还是退出《巴黎协定》，作者将这些举动归结于其对美国主导国际经济秩序能力的不自信。民主方面，特朗普也放弃了在海外推崇民主化的目标。高喊"美国第一"口号的总统完全不关心其他社会的自由化改革。

这激怒了自由霸权主义的支持者，也在美国引起不小的讨论。远观这些讨论，作者认为，在国家为海外政策赋予合法性的路上，美国的所谓"自由之光"并没有成功地实现霸权主义及其持续。从近三十年的实践来看，自由霸权主义是失败的。中国和俄罗斯没有按照美国的设想走向民主，却不断挑战美国的全球地位。美国在中东几国扶持的代理人也并不成功。而北约内部，匈牙利、波兰等国都在向专制主义靠拢。新一波身份认同政治诸如民族主义、宗派主义、种族主义等席卷了全世界，也影响着美国。无论国内国外，美国的自由霸权主义都宣告失败。

## 克制战略

但这并不构成作者认可特朗普政策的原因。相反，作者认为，特朗普的政策是对武力威胁傲慢的推崇。如此政策终会酿成大祸。如果这位总统真的想达成一些竞选中提出的愿景，应该在世界安全问题上有更集中的作为。在此背景下，作者重申了自己提出的"克制战略"[1]。指出，克制的大战略应当建立在美国本身是一个安全国度的基础上，再关注那些极少数能够威胁美国安全的因素。因此，解决潜在威胁的政策应当缩小其面向的国家和领域。

在实践上，克制战略应当小心翼翼地建立亚洲的权力平衡以确保中国不会寻求主导此区域；应当与其他国家通力合作（尤其在情报领域），以限制无政府主义恐怖分子的大规模破坏。美国仍然面临方方面面不小的威胁，因此，美国在欧洲相对富裕的盟国也应分担联合防御的负担，以使其能够专注于自己面临的威胁。当然，军事力量代价极高，不能被过度使用，但适当地保证美国世界范围内自由贸易的军事力量却是必不可少的。

---

〔1〕 具体可参见其中文译著，巴里·波森：《克制：美国大战略的新基础》，曲丹译，社会科学文献出版社 2016 年版。

尽管特朗普放弃了自由的国际主义，但其安全政策依然充满霸权主义的色彩。这一去自由的霸权主义是否会比之前的政策更持久，仍待时间的检验。但特朗普的政策确实回避了美国外交政策的实质问题：美国的霸权主义能够以任何形式持久保持吗？如果不能，应寻求怎样的替代品？

（编译/王静姝）

# 置世界于地缘政治灾难边缘的五位学者[1]

**［编者按］** 受制于地理与社会经济发展等因素，一直以来"地缘政治学"都在学术界处于一个微妙的位置。但毋庸置疑的是，作为西方政治学中创立较早且影响较大的理论，"地缘政治学"对世界局势的形成有着不可磨灭的影响，乃至在今日的国际冲突中，我们都能看到它的影子。近日，威斯康星大学历史学教授阿尔弗雷德·麦考伊撰写了《置世界于地缘政治灾难边缘的五位学者》一文。在此文中，麦考伊叙述了"地缘政治学"在历史上留下的足迹，以及它在近年来的影响。通过描述五位地缘政治学家以及他们的思想与观点，麦考伊向我们展示了不同时期的地缘政治学者，如何在关键时期左右着本国做出的抉择与他们最终的命运。

随着华盛顿的影响力在新秩序尚未形成的今日逐渐萎缩，新一代的大国领导人纷纷登上政治舞台，试图在这场赌局中为自己的国家分得一杯羹：中国耗资千亿美元的"一带一路"倡议正在为其占得欧亚大陆的主导；试图恢复苏联往日荣光的普京则采取信息战与军事恐吓牵制着美国与东欧；而特朗普政府也正利用关税胁迫异心的盟友向华盛顿屈服。更为重要的是，这或将对东亚的中兴力量——中国——造成实质的经济打击。尽管这些手段在细节上存在一些差异，它们在概念上都或多或少存在"地缘政治"的影子。

在过去的一个世纪中，无数学者都曾通过引用"地缘政治学"等概念加

---

〔1〕 McCoy, Alfred W., "These 5 Academics Have Brought Us to the Brink of Geopolitical Disaster", *The Nation*, 3 December 2018, https：//www.thenation.com/article/geopolitics-peter-navarro-china-trade-war/，最后访问日期：2019 年 5 月 28 日。

强其论点的可信度。然而，只有极少数人能够领悟这晦涩难懂的概念背后蕴藏的要点。作者指出，本质上，"地缘政治学"仅仅是一套政治家管理帝国的方法论：与传统国家不同，受制于广袤的国土，帝国通常拥有脆弱的政治体系。而帝国的领主则需要一套战略体系以不断将新的领土与资源归为己用。若自此深究，"地缘政治学"存在的时间恐怕与帝国本身一样久。在20世纪前，无数征服者的地缘政治嗅觉帮助他们构建了自己的帝国，亦构成了今天我们对历史的认知。

在近代，地缘政治学者的指导对帝国的扩张起到了更多的影响。在他们眼中，"地缘政治学"不过是地理学与政治学的有机结合。在19世纪末，一位美国海军历史学家指出，海上力量是一个国家保证其国土安全与国际影响力的关键所在。仅十年后，一位英国地理学家指出，铁路正将全球霸权的中心向广袤的欧亚大陆转移。一个世纪后，"新生代"学者们基于这两个观点向各国领导人提出了各种激进的战略。纳粹德国、冷战华盛顿、后苏联莫斯科、甚至今日的特朗普政府皆受到了他们的蛊惑。

作者讽刺道，这些学术"神棍"无一不通过他们的论点改变了他们的学术生涯，真正地做到了"咸鱼翻身"。在他们的帝国处于危机时，他们略显离经叛道的主张，诱惑着一代又一代领导人进行大胆的执政尝试，哪怕这些尝试最终被证明不过是饮鸩止渴。作者解释道，诚然，无数"大国师"的地缘政治计策为他们的宗主国在冲突中占得了先机，但同样的计策也导致了许多失败。因此，作者将目光转向下列五位现代地缘政治学家以及他们的主张。

## 马汉的蓝水战略构成了今日华盛顿的太平洋霸权

1890年，美国战略思想家、海军上校阿尔弗雷德·马汉（Alfred Mahan）出版了《论海权对历史的影响》（*Influence of Sea Power Upon History*）一书。在书中，他指出：国家的海军力量是其能否持续发展的决定因素。在西点军校出生的马汉自幼便展现出对战略学习的天赋。在1886年，马汉成了海军战争学院的院长，也正是在那里，马汉提出了一系列围绕海权的概念，并借此改变了他略显平淡的海军军官生涯。

在马汉进行关于海权地缘政治的研究过程中，他成为了国际名人，而他的理论影响了无数的海军将领，使后者将精力投入了无止境的军备竞赛中：当时的德国海军司令下令印刷了多达八千份的马汉的研究，并在 1898 年推行了德国的第一个海军法案。这一举动也注定了它们将与老牌海军强国——英国——在二战期间决一死战。

随着欧洲帝国在 19 世纪末不断向外扩张，马汉提出的组建蓝水海军，以及在太平洋与加勒比海驻扎军事力量的想法受到了华盛顿的重视。在他看来，建立海外军事基地，无论是从军事的角度还是贸易的角度考虑，都会在很大程度上减轻欧洲对美国的威胁。如许多地缘政治的鼓吹者一样，马汉习惯使用简洁的战略概念，而这也使得以他的研究为蓝本的实际防御线——从巴拿马延伸至菲律宾——在 1898 年建成时显得无比脆弱。

遵循着马汉的概念，美国海军在 1898 年占领了马尼拉湾。然而，仅仅五年后，日本对俄罗斯海军力量的压倒性胜利迫使华盛顿撤回了几乎所有驻扎在西太平洋的军事力量。九年后，西奥多·罗斯福总统下令在珍珠港，而非马尼拉湾，修建新的海军基地。在他看来，马尼拉湾已然成为美国的阿喀琉斯之踵。更为糟糕的是，一战后的凡尔赛条约将马里亚纳岛割让给了日本，这打乱了美国在太平洋的海军部署。二战初期美军在太平洋吃到的苦头也与此有关。当然，作者亦指出，华盛顿在二战后迅速将日本收入自己的囊中，并借此巩固了从马尼拉湾到珍珠港的军事支撑。无可否认，这一举措也奠定了美国在太平洋的主导地位。

### 麦金德对俄罗斯的预测令英国丧失 20 世纪初的先机

就在马汉发表他的研究后不久，伦敦政治经济学院院长哈尔福德·麦金德爵士（Sir Halford Mackinder）发表了一篇文章，将学界对地缘政治的关注重新拉回到陆地。该文撰于 1904 年，麦金德将当时正在修建的西伯利亚铁路视作连接欧亚大陆与西欧的桥梁。当西伯利亚铁路建成之时，俄国若与其他强国联手，将拥有对西伯利亚"中心地带"的控制权以及无尽的资源供其发展军事工业。这对其他国家的威胁不言而喻。

麦金德提出这一理论时亦处在他学术生涯的低谷期。在牛津教了十年地理后，麦金德并未得到终身教职，而他的婚姻也在那一年破裂了。在进行了一系列失败的尝试后，麦金德就任伦敦政治经济学院院长，并在那里发表了上面介绍到的那篇论文。在一战结束后，他将论文扩充成了一本书，并强调："控制了东欧的人拥有对'中心地带'的控制权，而控制了中心地带的人将拥有整个世界。"

在俄国革命激战正酣的 1919 年，丘吉尔授意内阁任命他为驻南俄公使，帮助英国政府向反布尔什维克的保皇派运送军火。为了测试他的"中心地带"理论，麦金德秘密会见保皇派将军，并提议与波兰结盟。在返回伦敦后，他还向内阁上交承认并援助保皇派政府——尽管后者屠杀了超过十万犹太人——的提议。不出意外，内阁拒绝了他的提议。

此后，麦金德迅速从权力中心陨落。在卸任公使后，他很快丢掉了议会席位。从伦敦政治经济学院退休后，他仅仅在皇家运输委员会挂了一个闲职。若不是他的想法在纳粹德国与俄罗斯死灰复燃，恐怕他的名字将消失在历史的长河中。

## 麦金德的理论带领纳粹德国走向了末路

由一战参战国在 1919 年签署的凡尔赛条约对德国造成了灾难性影响：它不仅使德国丧失了所有的海外殖民地，还将莱茵河畔的领地划为他国。在这个微妙的时间点，卡尔·豪斯霍弗（Karl Haushofer）辞去了他的军职，并在慕尼黑大学担任地理学教授。在那里，他重新思考了麦金德的想法，并逐步将其带入现实。

在麦金德仍在央求内阁的关注时，豪斯霍弗已经向纳粹高层成功地灌输了他的地缘政治理念。通过将"中心地带"与德国内部所鼓吹的"生存空间"概念相结合，豪斯霍弗将希特勒和他的军队送上了一条通向失败的不归路：在 1942 年，希特勒派遣多达百万士兵向伏尔加河畔推进，试图将斯大林格勒——麦金德所吹嘘的"中心地带"——收入囊中。在这场失败的战役最后，第三帝国损失了超过 85 万名士兵。在震惊之余，豪斯霍弗的儿子加入了反对希特勒的德国地下党，并最终被党卫军枪决。在行刑前，他讽刺地将"地缘政治"形容为"在父亲将其释放前……一只深埋在地底的恶灵"。几个月后，卡尔·豪斯霍弗与他的犹太妻子在战后公审的压力之下选择了自尽。

## 布热津斯基打开了极端伊斯兰主义的潘多拉魔盒

在美国输掉了越战后，兹比格涅夫·布热津斯基（Zbigniew Brzezinski）离开了哥伦比亚大学，成为卡特政府的一名高级国家安全顾问。在苏联入侵阿富汗之后，他略显激进的地缘政治主张在华盛顿受到了许多政客的注意。

作为麦金德的精神门徒，布热津斯基将"中心地带"概念视为扭转国际平衡的关键。但他显然没有重蹈麦金德在南俄的覆辙——他将这一概念巧妙地运用于东欧，帮助北约在 1980 年代扭转了颓势。然而，他在阿富汗的策略最终促成了本·拉登和基地组织的崛起，为 21 世纪以来的反恐战争埋下了种子。利用中央情报局留下的巨额经费，布热津斯基将极端伊斯兰圣战分子送到了由苏联控制的中亚地带。通过这一步，布热津斯基使东欧脱离了华约的控制，损耗了苏联的元气，也加速了苏联日后的衰败。当被问到此举对中东地区的长远影响时，布热津斯基在 1998 年反问道："什么将会对世界造成更大的影响——是塔利班还是苏联的解体？是少数穆斯林群体的愤怒还是冷战的结束？"

退休后，布热津斯基继续着他对麦金德理论的研究。在 1998 年的著作中，他再次将欧亚大陆形容为"制霸全球的核心所在"。他坚信，"为了保住美国的全球霸权，华盛顿必须保证从西欧到太平洋的军事部署。如果这个大前提出现变动，其他地区强国或将成为美国的潜在对手"。

## 普京背后的智囊重蹈麦金德的覆辙

苏联解体后不久，俄罗斯右翼理论家亚历山大·杜金（Alexander Dugin）再一次将麦金德的理论搬上了舞台。在此过程中，他的想法奠定了弗拉基米尔·普京的执政基调。在 20 世纪 80 年代中期，杜金还只是一个右翼的无名小卒。随着镰刀铁锤旗从克里姆林宫徐徐落下，杜金成了"新布尔什维克党"的首席战略家，参加了 1995 年俄罗斯杜马立法委员的选举，以百分之一的选票率惨淡收场。

在他的政治事业逐渐走向低谷时，杜金以麦金德那早已被人遗忘的学术主张为蓝本，撰写了《地缘政治的根基：俄罗斯的地缘政治未来》——一本后来成为 1997 年畅销书的著作。在成名后，他前往俄罗斯总参谋学院教书，最终成了莫斯科国立大学的教授。在他最火的几年中，莫斯科的书店甚至为地缘政治学开辟了一块专区，而俄罗斯高层领导也将杜金的扩张主义学说奉为圭臬。

借鉴豪斯霍弗的观点，杜金认为，俄罗斯应当成为欧亚大陆上反对北约"大西洋主义"的急先锋。为了达成麦金德对"中心地带"的预测，杜金坚持说："俄罗斯有必要将欧亚大陆收入囊中——吞并乌克兰与格鲁吉亚，与芬兰合作，并重新控制巴尔干三国。"在 2005 年，杜金成立了"俄罗斯欧亚青年联盟"，试图以此阻挡西方文化霸权对年轻一代的"心灵腐蚀"。

在过去的十年中，杜金一直是俄罗斯扩张主义的坚实拥簇者。在 2008 年的南奥塞梯冲突中，他在战乱地区手持火箭筒的动作被记者拍了下来。而他公开支持乌克兰俄罗斯族人独立的举动最终导致了 2014 年克里米亚冲突的爆发。虽然激进的地缘政治观点为杜金乃至普金赢得了极高的声望，但这种扩张主义仍有可能为俄罗斯带来长期的恶果。

## 纳瓦罗点燃了华盛顿反制中国的第一把火

在特朗普赢得 2016 年美国大选后，彼得·纳瓦罗（Peter Navarro）——一位失意的右翼经济学家，将他对中国的敌意完美地融入到了特朗普的执政方针中。与上述学者一样，纳瓦罗的地缘政治战略拯救了他的职业生涯。出生于单亲家庭的纳瓦罗在 19 岁那年收到了塔夫茨大学的全额奖学金，并在哈佛大学取得了经济学博士学位。尽管如此，他依然以"普通人"的身份自居，并屡次对富人阶级进行抨击。纳瓦罗在 1992 年踏入政坛，以民主党候选人的身份参选圣地亚哥市长。但他很快输掉了那场选举。在接下来的十年中，纳瓦罗在参选公职的道路上屡战屡败，屡败屡战。

在他最近的一次竞选以失败告终后，纳瓦罗花费了十年时间撰写他的新作，并将矛头对准了中国。从 2006 年到 2015 年，纳瓦罗共出版了三本书，在其中将中国对美国的潜在威胁一一道出。在纳瓦罗看来，既然美国是中国最大的商品出口对象，采取贸易战必将破坏中国的进出口行业。纳瓦罗相信，通过削减中国的出口利润，中国不得不减少国防预算在下一财年中所占的比例，这将会在长期对中国的军事研发造成打击。

在他得出此番结论的一年后，纳瓦罗加入了特朗普的竞选团队，并在共和党获胜后进入了白宫。虽然他的言论使他在多边贸易支持者林立的内阁中难觅知音，但两年后他依然成了特朗普的特别助手。作为特朗普贸易战的坚定拥护者，纳瓦罗对中国的仇恨与特朗普的关税战不谋而合。

在 2019 年 3 月，特朗普下令向中国生产的进口钢铁征收重税，并向各种中国商品追加了 500 亿美元左右的关税。作为回应，中国政府也向美国商品施加了一定数额的关税。尽管联邦储备委员会主席向华盛顿指出了贸易战对全球经济的负面影响，特朗普在 9 月又向中国进口商品追加了 2000 亿美元的关税。中国亦不甘示弱，向美国商品追加了 600 亿美元的关税。在此之后，令人惊讶的一幕发生了：截至 2019 年 9 月，美国与中国之间的贸易赤字达到了惊人的 3000 亿美元，而中国进口商品的增长也达到了 8%。这证明纳瓦罗对中国的关税敲诈显然没有达到预期的效果。不管这种贸易冲突将以何种方式结束，我们都无法预知它会为这个不安的世界带来什么样的后果——显然，特朗普的"大国师"纳瓦罗也做不到这一点。

## "大国师"们的雄心

作者总结道，尽管地缘政治学者的大胆预测往往能为它们赢得关注，他们的理论长期来看往往伴随着致命的缺陷。马汉的太平洋霸权战略为美国的海军防御制造了一个长久的难题；布热津斯基在中亚地区的如意算盘打开了伊斯兰极端主义的潘多拉魔盒。而今天，杜金和纳瓦罗的战略也加速了国际局势的动荡，为全球经济发展埋下了一枚定时炸弹。无论这些理论存在着何种缺陷，不容置疑的是，它们曾经影响着历史上帝国的命运，亦对现在的世界产生着深远的影响。或许，下一个左右世界命运的地缘政治学者正蛰伏在某个角落，静静地等待着属于他的时刻到来。

（编译/吴启涛）

# 美帝国终将衰落，未来将形成
# 以中国为中心的统一"世界岛"

[**编者按**]　历史证明，帝国的强大和脆弱是并存的，"眼看他起朱楼，眼看他楼塌了"。苏联在两年内就垮台解体，法国在 8 年内急速衰落，统治半个地球超过两百年的大英帝国在不到二十年的时间里"泯然众人"，而在历史学家阿尔佛雷德·麦考伊看来，美国会在 2030 年前完成自己的衰亡。在其所著新书《美国世纪的阴影：美国全球势力的兴衰》(In the Shadows of the American Century: The Rise and Decline of US Global Power) 中，麦考伊揭露了美国行使霸权的工具：秘密军事干预、培植地方代理、酷刑获取情报以及全球监控等，这既是帝国暴行的证据，也是帝国陷入疯狂和衰亡的表现。在接受《国家》杂志的采访[1]中，麦考伊更是直言不讳地表示，随着亚欧非的经济一体化进程加快并形成一个以中国为中心的统一"世界岛"，贸易的浪潮和地缘政治的力量都将从华盛顿涌向北京。他甚至为美国的帝国终结设想了四种具体情境，但同时也表示，未来的实际情况也可能出乎所有人意料，21 世纪的帝国崩塌并不需要流血漂杵，而往往由看不见的经济溃败和网络战争促成。

---

[1]　Alfred McCoy & Nick Turse, "The Future of the American Empire", *The Nation*, November 24, 2017, https://www.thenation.com/article/alfred-mccoy-the-future-of-the-american-empire/，最后访问日期：2019 年 5 月 29 日。

## 美国全球势力的阴暗面

历史学家阿尔佛雷德·麦考伊第一次深切领教到帝国的威力，是在他出版自己有关调查中情局秘密行动的书稿之时。因为这本《海洛因政治：中情局共谋全球毒品交易》(The Politics of Heroin：CIA Complicity in the Global Drug Trade)，还是研究生的麦考伊经历了种种审核、调查、监视，帝国的秘密机构如此强大，既能够轻易摧毁地球另一端的某个国家，也能够任意入侵普通人的私人生活。

麦考伊并未因挫折而放弃调查，在后来四十五年的时间里，他致力于揭露美国全球势力的阴暗面：秘密军事干预、培植地方代理、用酷刑获取情报以及全球监控等。二战后，美国在崛起成为世界强国的过程中，建立起强大的秘密机构以解决这个时代的中心矛盾，即面对主权国家对外来强权的抵制，大国在后殖民世界如何行使全球霸权。曾经，这些秘密行动"效果卓群"，通过操纵选举或军事政变，大量新兴国家的领导人臣服于美国；通过与犯罪集团的合作，美国控制着非洲、中美洲和中亚的"深渊"。但是，随着时间的推移，美国行使霸权的工具也显现出不受控制的一面：新兴国家为收入争夺不休，跨国犯罪集团激增，大量人力、物力甚至是法外力量的投入也难以实现掌控，例如，塔利班组织控制了阿富汗地区的毒品运输，并以此维持其反美国的持久战；酷刑虐囚等丑闻，不仅没有取得预期中的大量有效情报，还越来越使美国在全球范围内丧失作为领导者的声誉；斯诺登事件等的爆发，暴露了美国对全球监控的真相，大大增加了美国实现"控制"的成本，尽管该行动迅速转向了网络空间。

## 特朗普加速了帝国的衰落

麦考伊认为，特朗普现象更多的是美国势力衰落的副产品，而不是原因，但是特朗普本人确实加速了帝国的下沉。削弱西端的北约联盟，破坏与东太平洋沿岸的四个主要盟国——日本、韩国、菲律宾和澳大利亚——的关系，特朗普对维持美国全球影响力长达七十年的支柱造成了严重损害，美国对欧亚大陆的控制岌岌可危；退出巴黎气候协定，撕毁伊朗核协议，取消《跨太平洋伙伴关系协定》，特朗普置美国长期以来的国际领导者地位于不顾，大国信誉濒临破产；而且，这位总统先生不是在局势不稳的朝鲜半岛掀起军事风暴，就是发动一些暴露美国实力局限性的失败的反导弹袭击，麦考伊极为担心特朗普的出言不逊可能铸成大错，对国家安全造成严重威胁。

## 中国将取代美国

美国政府的最高分析机构——国家情报委员会（National Intelligence Council）在一份有关未来形势的周期性报告中表示：美国霸权将在 2030 年之前结束，但同时表示并不知道谁将取代美国，而麦考伊将目光对准了中国。在他看来，中国投入了万亿资金进行基础设施建设，计划将欧亚大陆整合成一个超强经济体，又投入另一个万亿用来发展和主导非洲以及组织起一套技术精湛的军事力量，瓦解美国对其大陆的包围之势，迫使美国海军从太平洋撤回关岛或夏威夷。麦考伊进一步推测认为，到 2030 年，中国超过美国的可能不止经济，中国目前已经拥有全球近一半的新专利、世界上最强大的计算机以及受教育程度最高的年轻一代。这些人将推动中国的军事、工业和技术在 2030 年前领先世界。与此同时，美国正处在老龄化的长期不利趋势中，帝国统治内外都出现了严重的问题。

## 帝国终结的四种可能

在麦考伊看来，美国是世界历史上最强大、最繁荣的帝国，同时也是研究最少、了解最少的帝国。因为沉浸在美国例外主义的优越感中，直到 9·11 事件和美国灾难性地入侵伊拉克后，关于美帝国的讨论才大范围地展开，并且话题中心是探讨美国的霸权是否正在衰落。麦考伊认为，答案是显而易见的，美国的世界版图正随着帝国的衰落而崩溃，他甚至为 2030 年前美国的衰落设想了四种可能：第一，最良性的情况是地缘政治的力量涌向中国，美军从欧亚大陆撤退，美国成为世界几个大国中的普通一员。第二，最糟糕的情况是特朗普或是之后某个不称职的继任者错误地发动了类似英国对苏伊士运河那样考虑不周的军事打击，从而暴露出美国实力的局限性。第三，美中两国爆发第三次世界大战，但麦考伊并不认为美国能够打赢这场战争。第四，应对气候变化的巨大成本将会使美国不得不拿出原本用在全球防务上的5%的GDP来复苏国内经济。每个帝国或多或少都有一个5%的难题，20世纪50年代，英国将这5%的支出用于国内社会项目，加上在苏伊士运河事件中的最后一次帝国式的冒险，最终将其货币推向了崩溃的边缘，从而造成这个庞大帝国的最终衰落。到2040年，气候变化有可能对美国造成同样的影响，迫使美国放弃海外基地，重整国家。

（编译/江涵）

# 欧亚世纪的回归与新世界秩序的曙光

**[编者按]** 欧洲和亚洲在许多维度都被视作是相互区别、对立的存在，以至于人们忘记了它们其实处于同一块大陆之上，而两者之间并没有明晰的地理分界线。在《欧亚世纪的回归》[1] 一书中，师从哈佛大学著名保守主义思想家哈维·曼斯菲尔德，曾任葡萄牙欧洲事务大臣、卡耐基欧洲高级研究员，现为哈德逊研究所高级研究员的布鲁诺·玛萨艾斯（Bruno Maçães）指出，欧洲这一概念，在出现之时就区别于纯粹的地理定位，而具有宗教和文化上的意义。欧亚之间的边界是无法确定的，甚至可以说是虚无缥缈的。他认为，欧亚之间的划分并非基于空间，而是基于时间。欧洲因为启蒙运动、工业革命等率先开启了现代化进程，而与此同时亚洲仍停滞不前，沿用着古老的生产技术。但是，随着亚洲国家开启现代化进程，这一划分就逐渐失去了意义，而欧亚大陆又将被作为一个整体来对待。

## 大陆间的纷争

要描述欧亚之间日渐趋同，似乎理所当然应当从欧亚之间的分裂开始写起。布鲁诺·玛萨艾斯认为，欧亚之间的分裂可能是在大约四五百年前才开始出现的。1453 年 5 月 29 日，君士坦丁堡的陷落和奥斯曼土耳其人的胜利，

---

〔1〕 Bruno Maçães, *The Dawn of Eurasia: On the Trail of the New World Order*, Yale University Press, 2018.

标志着统一罗马帝国时代的结束，为欧洲伊斯兰教的最终确立奠定了基础，并使其一直延续至今。这或许可以被视作欧亚分裂的一个起点。

当时，神圣罗马帝国皇帝的主要发言人恩尼亚·席维欧·皮可洛米尼（Enea Silvio Piccolomini）发表了当时最杰出的演说之一《君士坦丁堡的陷落》。他说："许多世纪以来，基督教联邦都没有遭受过比今天更大的耻辱。诚然，我们的祖先经常在亚洲和非洲遭遇打击，但那是在其他地区。今天，我们在欧洲、在祖国、在自己的家园，遭受了重创。"

皮可洛米尼呼吁的不是欧洲人，而是"基督教世界"。作者指出，当"欧洲"最终成为一个固定的语词时，它所取代的是"基督教世界"——尽管"欧洲"看起来可能更像是一种地理上的定位，而不是一种世界性的宗教信仰，但"欧洲"的概念实际上是以一种更具迷惑性的方式在全球范围内扩张了基督教世界。一个大陆的名称，却在之后成了生活方式的象征，并且证明了其能像之前的宗教信仰一样，吸引忠诚和仇恨，带来传教士和烈士。

一个观念越是根深蒂固，其起源就越是久远。著名的历史学家阿诺德·约瑟夫·汤因比（Arnold Joseph Toynbee）认为，把欧洲和亚洲作为一对对立但互补的地理概念使用，是古希腊的水手们所创造的。他们在爱琴海河口到亚速海口的内陆航道上向北航行，连续渡过了三个海峡。每一次，他们都进入了一个新的内海——从爱琴海到马尔马拉海，从马尔马拉海到黑海，再到亚速海。最终，他们沿着顿河，追溯到乌拉尔山脉，结束征程。由此，顿河成了两大洲的边界，并被沿用了长达一千多年。但这个边境或许只对那些古希腊的水手才有意义。直到16世纪，人们才意识到，神秘的顿河不过是一条起源于莫斯科南部的河流，完全无法承担起标记欧亚大陆界线的重任。

## 欧亚大陆的边界

欧洲和亚洲之间的边界在本质上是不确定的，无论是地理上的，还是文化上的。早在18世纪，伏尔泰就曾说，一到达亚速海，就再也无法分辨出哪里是欧洲，哪里是亚洲。在文艺复兴时期的地图上，地图制作者将波罗的海尽可能远地向东延伸，将黑海尽可能向北推进。这样，欧洲的东部边界看起来就像一条窄窄的地峡，而欧洲看起来则更像是一片独立的大陆。但是，事实是，欧洲不仅与亚洲联结，并且还是它的延伸——就像印度这样的大半岛或次大陆一样。

然而，欧洲和亚洲这两个概念都发展成了几乎形而上学的范畴。作者提出了一个可能的解释：欧亚之间的区分不是空间上的划分，而是时间上的划分。

"亚洲"的概念不是亚洲人创造的，而是欧洲人创造的——将那些除了被欧洲排斥之外、毫无共同之处的文化和文明捆绑在一起作为语义上的共同概念。在西方列强到来之前，甚至没有任何一种亚洲语言中有"亚洲"的概念，也没有任何一个生活在人们现在称之为"亚洲"的民族，认为自己是某个单一共同体的一部分，承担着团结同心的义务。

欧亚大陆之间的分割并不是亚洲民族自然产生的想法。相反，它源于欧洲在特定历史时期出现的某种思维方式，是科学进步所带来的启蒙思想以及启蒙思想在社会秩序上的逐步应用所带来的历史产物。一些亚洲思想家，或像泰戈尔或贾拉尔·艾哈迈德（Jalal Ahmad）这样的辩论家，甚至提出了一个有趣的说法：这种对峙并不是亚洲人与欧洲人之间的，而是亚洲人和欧洲机器之间的。在欧洲优越的科技水平背后，是欧洲人对科学的新认识：自然界是能够被无限度（或几乎无限度）地改变的。

亚洲社会时常被看作是一个落后的社会，自远古以来就一直停滞不前。正如当代中国政治哲学家汪晖所写的那样，欧亚之间的分裂具有许多鲜明的特点：亚洲政治帝国与欧洲民族国家的对立；农耕、游牧社会与城市社会的对立；政治专制与追求个人自由、法律制度发达的对立。基于这些区别，欧亚也发展出了对科技发展的作用不同的观点。在欧洲拥抱科技的时候，亚洲却似乎注定要停滞发展，成为一个永恒"静止的大陆"。

在欧洲社会开始迅速转型、进入现代化进程的 17 世纪，人们才开始频繁提到"欧洲"这个词，这并非巧合。欧洲和亚洲不再仅仅只是地理概念；它们是两种不同的文明形式，代表着不同的历史时期：在现代欧洲之前，就有一个截然不同的世界——一个亚洲社会所在的世界。

然而，这种区别从一开始就是暂时性的。即使是那些敢于宣称欧洲社会比亚洲社会更先进的人们也不得不承认，基于这种衡量标准，亚洲能够通过科学和工业革命、学习借鉴科学基本方法和原则而及时赶上。

欧洲人对待亚洲的态度有一定的矛盾。一方面，亚洲似乎代表了现代性所对立的一切，像是欧洲在自我界定时所参照的反面形象。另一方面，欧洲人又对亚洲充满好奇和向往。更加具有反思性的人们可能会将亚洲视为一种遗迹，代表着那些欧洲所遗失的、真实鲜活的场景，令人反思的是：最初选择现代性是否可能是一个错误？欧洲从亚洲出走，或许象征了一种大胆和解放，但也带来了两个危险。首先，欧洲人的生活与其起源脱离。其次，欧洲回归亚洲的危险将持续存在。大陆之间的再结合成了一个恐怖的幽灵，一旦发生就可能彻底摧毁欧洲的独特性。

另一方面，如果亚洲像欧洲一样朝现代化发展，就表明，现代化是人类历史发展的一条普遍道路。当过去被视作不可改变、意义非凡的自然秩序也能够被不断地操纵、改造时，现代社会就出现了。这就是现代的科技精神，将自然改造成新的形式和结构，带来了那些意想不到的新事物，既使得人类的生活更加愉快，也更接近了那永恒不变的宇宙核心。

## 回归欧亚大陆

对欧亚历史和政治的二分法已经不能再合理适用，原因有很多，但所有的原因都可以追溯到日本、韩国和中国等国家的快速现代化上。

现在，环顾四周，现代生活已经无处不在：现代城市的街道、摩天大楼的外墙、智能手机的像素化屏幕、电脑内部的电路、报纸和杂志的封面、商业计划和组织的电子表格、远洋的集装箱运货船。而这背后的原因，当然是现代生活就是一个自由空间，其中的内容不断变化，而相信人类有无穷的力量改变现实的信念已经传播到了世界的每一个角落。

欧洲和亚洲之间的区别仅仅在于，几个世纪以来，欧洲是现代的，而亚洲仍然是传统的——区别并不是关乎欧洲和亚洲本身，而是关乎两种类型的社会，或者，两种时代的观念，那么，随着欧洲以外的国家也不断进入现代化进程，这种区别注定即将消失。

对历史的理解迫使人们淘汰那种将世界划分为不同的民族和陆地的视角，从一种更为系统化的角度去思考各大陆、各民族之间的关系，"欧亚大陆"的概念由此出现。像过去"欧洲"概念的出现与发展一样，如果人们最终会将"欧亚大陆"的概念投射到历史中去，那么发现它在过去始终存在，也就不是一件特别令人惊讶的事情了。

（编译/陈凤雅）

# 欧盟：欧洲大陆上的下一个"失败帝国"？

[编者按] 在大多数人的记忆中，特朗普的胜选仿佛还在昨天，但这之后发生的一系列事件大大超出了人们的意料：英国通过了脱欧公投，而其他欧洲国家亦对日渐高涨的民粹之火无能为力——欧洲共同体或许已到了它"最危险的时刻"。近日，《彭博新闻》旗下的"观点"专栏刊登了一篇由詹姆斯·斯塔夫里迪斯撰写的《欧盟：欧洲大陆上的下一个"失败帝国"？》[1]。斯塔夫里迪斯是一名美国海军的退役准将，并曾在北约担任高级指挥员。身兼塔夫茨大学弗莱彻外交学院院长与凯雷私募基金执行顾问等职的他，从一名退役美国军人的视角对今日欧洲的局势发表了自己的看法。出于一个职业军人的地缘政治嗅觉，斯塔夫里迪斯坚定地认为：基于当前民族主义日益膨胀的趋势，美国有必要出手援助欧盟，以制衡俄罗斯即欧洲分裂的"始作俑者"，在欧洲大陆日渐增长的政治势力。

沿着多瑙河岸行走在布达佩斯的大街上时，一个人很容易随着沿途景色，被往日奥匈帝国的荣光感染。那些宏伟的建筑很难让人不去想起那个曾经一统中欧，却最终在一战后解体的政治实体。如今，我们有幸见证了另一个略显古怪的联邦政体——欧盟——的崛起；然而它内在的离心力，却使欧盟本身与其统一欧洲大陆的梦想渐行渐远。

---

〔1〕Stavridis, James, "The EU Is Looking Like Europe's Next Failed Empire", *Bloomberg Opinion*, September 20, 2018, https://www.afr.com/opinion/columnists/the-eu-is-looking-like-europes-next-failed-empire-20180925-h15uvt.

作为曾日夜提防苏联钢铁洪流的北约军官，作者斯塔夫里迪斯亦从最近匈牙利的政局动荡中嗅到了一丝不安的气息。在匈牙利度过了一个悠长的周末后，作者对目前欧盟面临的一些不稳定因素建立了一些初步的认识。这个拥有约一千万人口、坐落在欧盟与俄罗斯之间的国家，在历史上备受沙俄帝国的压迫，而两国之间的关系也一直难称友好。但在近些年，这种情况似乎在改变：匈牙利总理与俄罗斯领导人普京在莫斯科的会晤，昭示着两国关系在政治方面逐渐转暖——最坏的事情或许真的要发生了。

## 欧洲目前的民族主义情绪有利于普京抬头

在与当地的匈牙利人进行讨论后，作者注意到，这些采访者——从商店店主到政府官员——都对匈牙利与莫斯科的互动反映强烈。而普京会将匈牙利领导人视作他在北约和欧盟内部的有力支持者，出于以下原因：匈牙利总理奥尔班正因控制媒体、打击政治反对势力等违背"自由民主"政治理念的举动处在欧盟内部的责难之中。而无独有偶，类似的趋势在波兰也有所体现。由于怀疑受到了本国政府的干预，波兰的司法系统在前一段时间被排除出欧盟的管辖范围。在意大利，对财政管辖与移民政策不满多时的"反欧盟"政府已成功地稳定了他们在本国的根基。

当然，受欧盟影响最大的要数在 2016 年通过脱欧公投，表达人民内部对欧盟不满情绪的英国了。出于对可预见的结构不确定性的恐惧，由特蕾莎·梅领衔的英国政府在"退出欧盟"这件事上始终摇摆不定。尽管一些政客正积极推行新一轮的英国脱欧公投，但这个世界上第五大经济体在 2019 年脱欧这件事几乎已成定局。而对于从欧洲一体化中获利多年的美国来说，上述新闻算不上是利好消息。一个统一的欧洲大陆能够为全世界提供规模最大的市场，而一只强大的联合军队，仅次于美国的国防预算，以及相同的民主自由价值观，更使得欧盟成为美国不可多得的有力盟友。尽管法国与德国在促成欧盟的长久发展上尽心尽力，破坏欧盟统一的暗流亦在涌动。俄罗斯，自不必说，将会是这种局面的最大受益者，在可预见的将来，普京政府将尽一切可能促成这种情况发生。

## 美国——逆转欧盟颓势的关键

根据多年的北约工作经验，作者表示，除了过度的干涉与宣扬，欧盟依然需要美国的领导与帮助。在作者看来，美国不仅需要与欧洲国家的政府高层互有来往，更需要进行一些微观层面的互动，比如，对欧盟和欧洲议会的援助与互动，进行贸易与文化宣传，与世界银行以及国际货币组织协调对欧洲的政策。上述举措，在作者看来，都能对欧盟的制度起到保护作用。

作为统一欧洲的军事战略核心，北约与欧盟国家的互动为欧洲地区的安全构成了基本的保障。美国对北约的任何援助，最终都会对欧洲大陆的统一起到帮助作用。即使在作者认为一些对欧盟产生敌意的国家，例如匈牙利，北约依然是它们不可多得的保护伞——在与匈牙利人的交流中，作者对匈牙利人给予北约的信赖印象深刻。而且，退一万步说，即使匈俄关系在现任政府的驱动下有所转暖，匈牙利人依旧无法忘记冷战时陈兵于边境的苏联带给他们的恐惧。作为连通大西洋两岸军事交流的一座桥梁，北约无疑是推动欧盟发展的一个重要环节。因此，作者指出，基于欧洲国家对北约的信赖与依赖，美国政府不仅需要在匈牙利加强北约对欧洲安全方面的影响，更需要在其他对欧盟持怀疑态度的欧洲国家提升北约的存在感。而作者也相信，通过军事演习、提拔当地军官进入北约高层、推动军事交流等方式，美国政府可以轻松做到这一点。

同时，作者指出，美国与欧盟应持续进行广义上的经济贸易合作。一套跨大西洋贸易与投资协定或许能够帮助美国重新建立与欧洲国家之间的贸易纽带。尽管特朗普政府对多边贸易协定不甚感冒，但在作者看来，考虑到俄罗斯近期对欧盟进行的破坏性举动，建立跨大西洋贸易协定势在必行——作为欧盟多年来的盟友，美国有义务对欧洲各国在此节点施以援手。

（编译/吴启涛）

# 欧洲需要推进"欧非一体化"进程

[**编者按**]　随着非洲人口的爆炸式增长，移民热刚拉开帷幕，随之而来的人口压力和安全问题使得欧洲人不堪其扰，"欧洲堡垒"（Fortress Europe）与"欧非一体化"（Eurafrica）两种策略摩擦对峙。大卫·帕金斯（David Parkins）于2018年9月在《经济学人》杂志上，发表了《欧洲需要推进"欧非一体化"进程》一文[1]，系统介绍了《世界报》前非洲部主编、杜克大学教授斯蒂芬·史密斯（Stephen Smith）撰写的《涌向欧洲》（*The Rush To Europe*）。该书视"欧非一体化"为不可阻挡的自然进程，并聚焦于"欧非一体化"进程之后的疑难破解，为欧洲频发的移民热和恐怖袭击开出一剂良方。

非洲移民热只是刚拉开帷幕。斯蒂芬·史密斯在其所著的《涌向欧洲》中以墨西哥人移民美国为模型试图阐述2050年非洲裔欧洲人可能将从目前的900万人攀升至1.5亿至2亿人之间，约占欧洲总人口的1/4。地中海沿岸的安全形势随之日益恶化。阿拉伯之春引发的混乱促使毒品和武器走私源源不断地流入欧洲，而2015年和2016年在巴黎和布鲁塞尔爆发的恐怖袭击，则进一步触动了欧洲人敏感的神经。2018年9月19日和20日，欧盟领导人在萨尔茨堡就边境管制和北非"登录平台"（Disembarkation Platforms）建设问题展开的会晤集中体现了史密斯所称的"欧洲堡垒"战略，旨在不惜代价减少来自北非的移民。而史密斯则在书中提出了接受欧非一体化的另一种战略，理

---

[1]　David Parkins, Why Europe Should Focus on its Growing Interdependence with Africa, The Economist, September 20, 2018, https://www. economist. com/europe/2018/09/22/why-europe-should-focus-on-its-growing-interdependence-with-africa, 最后访问日期：2019年6月1日。

由如下：

## 观点一：欧非大陆的历史羁绊

两千多年来，各种文明借由地中海海域交织在了一起。罗马、迦太基、摩尔和威尼斯帝国沿着海上航线开疆拓土。撒哈拉沙漠尽管阻隔了地中海沿岸的欧非大陆与非洲南部地区之间的某些联系，但并非全部。尽管跨地中海的行动一度被遏制，但是从长远来看，非洲可能相比亚洲具有更为重要的战略地位。

## 观点二：欧洲对亚非的现实依赖

地中海五大港口主要得益于亚洲贸易（以希腊的比雷埃夫斯港为代表），当然非洲的份额也在提升。欧洲正愈发依赖尼日利亚和利比亚出口的矿藏，而德国则有意在撒哈拉沙漠建成大型发电站为欧洲注能。正如塔夫斯大学的非洲籍专家亚历克斯·德瓦尔（Alex de Waal）所述："目前的挑战在于认清现实并使其规范化，以实现双赢"，并主张加强欧洲作为同非洲多边关系中支持和模范的作用。

这就意味着建立规范的双向移民路线。正如德瓦尔所言，非洲移民将成为欧洲劳动力的重要组成部分，因此需要关注的是构成劳动力的哪一部分以及提供何种类型的培训。同时，欧洲企业家、政治家将不断涌入非洲的拉各斯、卡萨布兰卡、内罗毕和金沙萨。欧洲一体化已经成为欧洲人口和文化宿命中的一部分，"欧洲堡垒"（Fortress Europe）终究是妄念，"欧非一体化"（Eurafrica）才是现实。

（编译/杭佳佳）

# 作为阶级事业和帝国战略的欧盟

[编者按] 作为当今世界上最具有影响力的政体之一，欧盟自创立伊始便担负着复兴欧洲国家的重任。然而，近年来，欧盟对其加盟国各自为政，甚至试图脱离的态度力不从心。无可否认的是，随着 20 世纪 70 年代的新自由主义经济改革，欧盟加盟国政府对本国资本的调控愈发无力；而欧盟作为欧元区的政策制定机构，对欧洲国家之间的发展差异亦难咎其责。最近，《观点杂志》的帕纳吉奥蒂斯·索迪里斯与斯派罗斯·萨克拉罗波罗斯撰写的《作为阶级事业和帝国战略的欧盟》[1] 一文，对欧盟目前面临的困境提供了一个全新的解读视角。在两位作者看来，欧盟并非一个合格的多国国家政体；相反，它更像一个以资本家主导的阶级体系。

虽然与欧盟有关的讨论在左派学者中屡见不鲜，但关于欧盟本身是否带有阶级色彩一事，却并未在当今的学界受到应有的关注。与大多数人趋于将欧洲一体化视作多国政体相反，作者在本文重点突出了欧洲国家在实现自我整合的过程中，对阶级划分的看法与实践。通过这种视角，我们可以得出以下结论：欧盟本身并非以标准的多国政体形态而存在——它更像是一个以欧洲资本家为主导的，阶级色彩浓重的阶级体系；而欧盟对其加盟国政府的主权削弱，则顺势降低了资本家进行剥削的难度。作者认为，上述解读不仅在分析方法上具有重要意义，它在政治学的范畴内也具有一定影响——这种解

---

〔1〕 Panagiotis Sotiris and Spyros Sakellaropoulos, "European Union as Class Project and Imperialist Strategy", *Viewpoint Magazine*, February 1, 2018, https://www.viewpointmag.com/2018/02/01/european-union-class-project-imperialist-strategy/，最后访问日期：2019 年 6 月 1 日。

读指出了"统一化欧洲"与阶级分裂这两个看似无关的概念之间的潜在关联。

作者通过回顾欧盟的发展过程分析欧盟的阶级特性,阐释了为什么欧盟在成为"帝国主义专制体系"的道路上越走越远。基于此观点,作者对"欧洲一体化"以及"欧洲计划"目前面临的挑战进行了简短的评估。

## 欧洲一体化在开始阶段便困难重重

20 世纪 60 年代末到 70 年代初,欧洲统一经济与货币联盟的问题逐渐暴露了出来。虽然欧洲一体化这个想法早在布雷顿森林体系瓦解之前就已经被提了出来,但加快欧洲一体化进程的决定,实则是对 60 年代的政治激进主义以及"福特主义"的应激反应。货币联盟被视作增进欧洲国家之间经济来往的一种方式,但对汇率的非理性调整不仅对弱势国家提升竞争力无益,更会加剧欧洲资本加速"逃离"本国市场。作者指出,改变这一现状不仅需要各国政府协力解决通胀问题,更需要将产能保持在同步的水平。而 70 年代末的资本危机显然使得改变本身变得更加困难。

## 从"单一欧洲法案"到"欧盟":
## 以新自由主义为纲领的一体化过程

尽管法国和希腊的社会民主党在 1981 年的选举中取得了胜利,但新自由主义政策在全球范围内的崛起,均改变了欧洲经济共同体的发展方向。"欧洲单一市场",是一个为提升欧洲资本主义经济竞争力而生的策略。它的主要目的,是去除对商品及资本流通产生阻碍的因素,以此增加资本流入与市场竞争。对于上述策略来说,在 1986 年被采纳的"单一欧洲法"(Single European Act)是一个重要的转折点:它意味着"大欧洲"的崛起必将导致私有化的崛起,以及社会权力的式微。

但作者同时指出,"单一欧洲法"并非仅仅为促进贸易和资本的流通创造了契机,它也为各国竞争力低下的产业贴上了催命符:新兴科技的引入,以及为提高产业竞争力而废除的福利政策,与欧洲民众所熟知的经济模式越来越远。此外，通过引入多数票决等概念，"单一欧洲法"巩固了新自由主义共同体的地位，同时也在其成员国的头上施加了不少压力。

1991年签订的《马斯特里赫特条约》为欧元标准化奠定了基础。作者在此引用了意大利经济学家古列尔莫·卡切蒂的结论："在货币联盟大行其道的环境下，为了跟上市场的节奏，技术落后的国家必须放弃通货膨胀等补救措施，剥削劳动力的绝对剩余价值。"与科技转让和利润再分配等补救政策相反，《马斯特里赫特条约》的条款主张对财政与通胀指标实行严格的控制，使得政府不得不向财政紧缩的方向靠拢，而福利制度等公共开支也被大幅削减。

尽管在成立初期遇到了一些挫折，且时间节点与全球性的汇率机制问题重合，欧元最终还是步入了正轨。但这或许并非结构性市场调整所致，而是通胀机制与财政积累的功劳。作者讽刺道，对于欧盟的核心成员国来说，欧盟的扩张，充满了帝国主义的味道：在成熟的基础设施与劳动力、低廉的劳动成本、垦待开发的市场以及对新自由主义的欢迎态度面前，欧洲资本家们完全无法拒绝这样的剥削机会；而对于东欧的寡头们来说，入欧所带来的新兴资本和福利削减政策，能够为他们的利益提供必要的保护。

然而，欧元的引入最终没能导致更加激烈的市场竞争——欧盟在2000年提出的"里斯本战略"，并未将欧盟打造成一个将经济/就业率增长与市场竞争力有机结合的经济体。这种现象并未触及所有欧盟成员国——欧盟核心成员国，尤其是德国，实现了经济总量与市场竞争力的双重提升。

## 欧盟的政治属性薄弱

在作者看来，欧盟并非一个合格的"超国家政府"。相反，它依旧是一个由各国社会资本与政治代表合作而构成的政治体系，一个阶级分层明确的妥协产物；多层社会互联网络以政府或利益集团的形式混织于其中——资本集团的私人利益和政府保护本国资本的决心与举措，共同捍卫了这个国家在欧盟内部的地位。从这个意义上来说，欧盟预示了社会资本关系与生产形势国际化的大趋势。巧合的是，这正是现代帝国主义的一个重要组成部分。

尽管这样的发展进程并不足以导致欧盟成为一个"超级国家"或者超越

国家的存在，但它将会产生出一个为阶级所左右的妥协物。在日益激烈的国际化竞争与阶级冲突的双重施压之下，欧洲的资产阶级将通过协调阶级策略以保全他们的利益，而欧盟则充当了这种利益协调的媒介。但是，作者指出，欧盟行政机构的扩张并不仅仅是对民族国家的否定——欧洲一体化对主权的放弃，事实上对欧洲下层阶级产生了负面影响；而主权对资本的需求却被保留了下来。因此，欧洲一体化并不是对民族国家政府的肉体消灭，而更像是资产阶级对中下层阶级的独裁统治。

此外，利益协调并不意味着阶级对抗能够被完全阻止——在全球范围内，对资本主义国家的敌视情绪四处蔓延。作者警告，若我们低估这些敌视情绪，现有的体系将面临成为"超帝国主义体系"的危险。"超帝国主义"在理论与分析上的矛盾与"超国家政府"体系的理论矛盾相重合：它们一方面都或多或少地高估了欧盟体系和官僚组织的扩张，却又在另一方面低估了欧盟内部的冲突与资本敌视对现行体系能够带来的负面影响。因此，作者认为，从欧盟与其他国际资本和其敌对势力的关系，以及欧盟对其加盟国的区别对待上来看，欧洲一体化本身就是一个微妙的"帝国主义计划"。

大多数关于欧盟"超国家政府"的讨论，往往忽视了政府在经济职能以外的作用：它同时承担着外交、国防、教育、医保等责任。而欧盟本身根本无法代替加盟国政府承担上述责任。虽然欧盟加盟国在一些公共领域（如教育上）取得了进展，但在大多数领域中各国差距依旧明显。如伊拉克战争所示，欧盟的加盟国甚至无法在国防与外交政策上达成一致。而且，作者一针见血道，就英国脱欧一事，不管欧盟在经济领域如何使加盟国之间互相依赖，它都无力阻止任何一个成员行使自己的主权，尤其是对其欧盟成员身份的定夺。综上，欧盟与成为"超级国家"之间还有很长一段距离。

### 货币联盟、受限主权与新自由主义为加盟国离心埋下了种子

在实现欧洲一体化的过程中，欧盟对成员国行使主权的限制最为重要。欧盟成员国在货币政策、借贷事宜、开支制定，以及政府采购方面均没有话语权，此外，一些重要的基础设施也早已在 20 世纪 90 年代被欧盟逐渐外包

给了私人企业。除去"共同农业政策"，欧盟成员国甚至得不到任何来自布鲁塞尔的补贴。作者总结道："欧盟事实上是一套行新自由主义之实的超国家政府"，而成员国政府的决策权力也在近年来被悉数转移到了欧盟这一边。

作为欧洲的统一货币单位，欧元在主权限制中扮演了一个重要的角色：欧元本应促进商品和资本在欧洲市场自由流通，以此实现地区经济平衡，但它却在流通伊始便出现了不同地区的产能与竞争力问题。此外，在理想化的经济体系构想中，欧盟成员国能够通过放弃部分主权获得欧盟的财政保护，以抵御外国市场与资本的冲击，避免恶性通货膨胀。在此过程中，资本重组与劳动成本的降低最终将使欧洲经济更为平衡。货币联盟本应利用这股压力为这些国家扫清产业升级之路上的障碍，但欧盟的边缘加盟国并不具备核心成员国的产能与竞争力。它们将在巨大的竞争压力面前原形毕露。即便货币联盟对欧洲社会本身有益，它却并不能帮助到陷入生产力泥潭中的后发国家；相反，更加激烈的竞争以及由新自由主义驱使的积累体制令这些国家的处境愈发艰难。

欧盟采用单一货币的初衷在于保持统一经济区内货币的稳定性，进而使资本与商品能够在欧洲畅通无阻。事实上，它也为20世纪90年代的金融化起到了促进作用。从这个角度看，"经济与货币联盟"对欧洲的金融化至关重要。理论上，如1997年亚洲金融风暴所示，拥有独立央行的欧元国，相比于货币与美元挂钩的亚洲国家，能够更好地抵御汇率攻击的对本国货币的影响。然而，为了在抵御汇率攻击的同时降低通货膨胀的概率，欧洲央行需要对公债和赤字等方面进行严格的控制。然而，货币联盟对通胀和技术官僚式管理的依赖最终成了腐蚀欧洲民主制度的第一把火。作者在此引用德国经济社会学家沃尔夫冈·斯特里科的结论："'货币联盟'正在将欧盟变为一个联邦制国家，而这个'国家'的主权却并不掌握在人民的手中。货币一体化正在慢慢影响着欧盟的财政政策，而国际市场的自我限制——金融资产所有人的自我觉醒——正在使欧洲一体化的最终产物与我们所熟知的政治民主体系愈来愈远。"

通过建立强力的反通胀机制与削减对国内产品的保护，欧洲货币联盟为现代资本阶级建立了一个最大化自我利益的保护机制。而对于竞争力不如核心国家的欧盟国家来说，它们唯有通过降低劳动成本与提高产能，方可与前者勉强保持在同一水准上。

但是，对于边缘国家来说，上述做法将使他们持续丧失竞争力。在此契机之下，国际货币组织的首席经济学家奥利佛·普兰查尔德提出通过内部贬值——同时降低名义与实质工资——使欧元区重获竞争力："鉴于葡萄牙的欧盟身份，贬值并非一个可取的选项。但至少我们可以通过降低名义工资与其他非交易性商品的价格实现相似的目标。这样做将会在提升交易性商品的基础上降低实质上的消费者工资。"

有趣的是，这个想法恰好在葡萄牙显示出对欧元的不适时被提了出来。然而，只有迫于经济危机压力的希腊真正地落实了普兰查尔德的想法。因此，在作者看来，这一波由新自由主义驱使的经济架构调整不应被欧盟核心国与边缘国视作双赢的举措——这恰恰代表了资本阶级在欧盟内部对下层阶级与边缘国家的压迫。欧元区内部的资本积累本身便称不上平均，而欧元本身对欧盟边缘国竞争力的破坏也使得它们与核心国家之间的差距越来越大。

此外，作者亦提到，欧洲法律对一个国家的文化核心没有定义，因此，对加盟国的社会经济调节便顺理成章地落在了欧盟的头上。这项立法使欧洲的资本阶级以及他们的政治代表不必理会下层人民对私有化、退休金与劳工改革的诉求。同时，议会制民主制度的衰落、行政分支对政府决策的包揽，以及决策本身与民主控制的分离，在欧盟内部屡见不鲜，甚至愈演愈烈。从反恐政策到反移民甚至难民政策，欧盟本身"威权"的一面昭然若揭。

## 为了自身的权益，与欧盟分裂势在必行

近年来，欧洲一体化进入危机的迹象越来越明显。英国脱欧的公投就是最好的例证——当世界第五大经济体决定脱离一个本应该是最为先进的经济体系时，这个经济体系一定存在严重的问题。首先，"一体化"本身使得欧盟成员正统性的判断上先天模糊。我们不打算就民粹主义或民族主义进行长篇累牍的论述，但我们认为，"欧洲一体化"并不会使欧盟演变成一个类法西斯式的政体——但它一定富含多重情绪的混合。这种混合充斥着欧洲人民对自

己生活失去掌控的恐慌，对上层阶级的愤怒，对新自由主义的怀疑，以及对民主、团结与正义的渴望。

众所周知，对主权的讨论往往牵扯到民族主义、种族主义与殖民主义等问题，但作者认为，在此谈论的主权与资产阶级的"主权"不同。在这股力量下团结在一起的人民，无论人种与国籍，拥有共同的阶级利益，以及对资本阶级剥削政策的反对态度。这股团结的力量来源于他们共同面临的苦难，及对美好生活的向往。为了达成目标，它可以通过多种形式被实现：国有化产业、民主参与、资源再分配、一切能够使欧洲人民从现行的财政紧缩政策中解脱的方式，都值得尝试。通过与欧盟和欧元体系决裂，欧盟本身的解体速度将会被加快。

作为阶级策略的产物，"欧洲一体化"本身充满了阶级矛盾。但是，改变阶级力量关系并不会从内部根本上改变欧洲，因为欧盟的存在，本身便代表了欧洲下层阶级与现行体系的矛盾。这也使决裂政策成了推行社会变革，与创立新的合作体系的必然条件。但是，作者指出，"欧洲一体化"并不是不可逆转的——它本身是一个资本主义阶级策略下的产物。在越来越多人意识到"欧洲美梦"有可能成为"欧洲噩梦"的今天，若想夺回本应属于它们自己的主权与财政支配权，欧洲国家有必要与欧盟决裂。

（编译/吴启涛）

# 欧洲一体化的困境与出路

[**编者按**]　近年来，欧洲的极右翼势力在各国的选举中普遍兴起，给欧洲一体化的进程带来了极大的困境。佩里·安德森在《为什么欧洲体系仍会赢》[1] 一文中指出了欧洲一体化的两大困境：困境之一是反建制力量与右翼话语的结合。这一困境的背后是新自由主义政策在欧洲的后遗症；困境之二是英国脱欧带来的挑战。针对上述困境，前诺贝尔经济学奖得主让·梯若尔在《欧洲工程需要长期视野》[2] 中建议，为了维持欧盟体系，欧洲各国应该让渡主权，共担风险。而《21 世纪资本论》的作者托马斯·皮凯蒂给出的建议则是，通过欧洲民主化条约 [The Treaty for the democratization of Europe (T-Dem) ] 建立一个欧洲议会 (European Assembly)，并通过这个强有力的新机构实施一项公共资产投资的长期预算，从而帮助纠正过去十年欧洲治理中存在的偏差，应对欧洲所面临的危机。[3]

---

〔1〕　Perry Anderson, "Why the System Will Still Win", Le Monde diplomatique, March 2017, https：//mondediplo. com/2017/03/02brexit，最后访问日期：2019 年 5 月 20 日。

〔2〕　Jean Tirole, "The European Project Needs a New Long-Term Vision", https：//www. bloomberg. com/view/articles/2017-10-30/the-european-project-needs-a-new-long-term-vision，最后访问日期：2019 年 5 月 20 日。

〔3〕　Thomas Piketty and Antoine Vauchez, "Manifesto for the Democratization of Europe", *Social Europe*, November 12, 2018, https：//www. socialeurope. eu/manifesto-for-the-democratization-of-europe，最后访问日期：2019 年 5 月 20 日。

## 困境之一：反建制

在佩里·安德森看来，欧洲一体化的困境首先体现于反建制与右翼话语的结合。反建制这一术语通常用来描述左翼力量对资本主义的反抗。在今天的西方，这一术语仍然很重要，但其内涵已有所改变。目前，右翼的力量全面胜过左翼，无论是在其占据主导地位的国家的数量还是选举权利上都是如此。这场运动所反抗的不再是资本主义，而是新自由主义。

新自由主义政策在现今的欧盟身上体现得最明显、最集中，欧盟的建立有三大基础：公共服务部门的减少和私有化、民主控制和代表制的废除、生产要素监管的放松。这三个特征在欧洲各国的国家层面都是存在的。在安德森看来，欧洲对新自由主义已经形成了路径依赖，要改革这一新自由主义架构已经不太可能了。

在难民问题上，右翼的反建制运动对难民厌恶至极。如果说左翼对难民还保留了一丝人道主义的温情，那么右翼则在民族主义的煽动下走向了极端的排外。历史上，没有一个欧洲国家曾正式处理过外来人口大量涌入的问题。难民问题增强了反建制的声音，进一步推进了欧洲一体化的困境。

## 困境之二：英国脱欧

英国不愿意受到欧元的约束，转而追求一种比欧洲大陆国家更为极端的国家新自由主义：首先，金融化了的工党导致英国比其他欧洲国家都更早地陷入银行业危机，随后，保守党自民党执政联盟采取了更为严格的财政紧缩政策。这一系列组合产生的经济后果是，英国的地区分化比其他欧洲国家都严重：一边是被金融泡沫包裹着的高收入的伦敦地区和英国东南部地区，另一边是去工业化的、贫穷落魄的英国北部和东北部地区，这里的选民认为，无论伦敦城和外国投资发生了什么，脱离欧盟也不会对他们造成什么损失。绝望胜过了恐惧。

此外，几个世纪以来，英国不仅是一个在文化上超越欧洲其他国家的帝国，并且在两次世界大战中从未像德国、法国、意大利和其他欧洲国家一样遭受过战败、入侵或被占领的厄运。所以将国家主权交给一个比利时的官僚机构（即欧盟）这一做法在英国激起了比其他地区更强烈的反弹。在英国，身份问题超越利益问题的程度比欧洲其他国家更深。所以在对经济状况的绝望和民族自尊心的双重作用下，其他地区适用的道理——对经济崩溃的恐惧胜过对外来难民——在英国失灵了。

## 出路一：让渡主权，共担风险

在让·梯若尔看来，欧元区当前面临两个选择：一个是继续现有战略，完善《马斯特里赫特条约》，构建一套统一多国汇率的财政制度；另一个是更有野心的改革进路，建立联邦制，这要求各成员国分担更多的风险。

马斯特里赫特方案的重点在于控制政府的债务和赤字。为实现这一目标，要求在各成员国内引入独立的财政委员会，以帮助政府识别内部问题。为了提升工作效率，需要迅速采取行动的权力；为了保持独立，委员会组成人员的选举权应当由欧洲人民而非当事国国民享有。但这些措施，与强化国家主权的浪潮相冲突。

联邦制的方案更为激进。美国式的联邦制方案意味着欧元区国家要分担高于当前意愿风险水平的风险。它要求各成员国发行共同担保债券、制定联邦预算、拟定共同存款及失业保险计划，这些措施能够帮助暂时陷入困境的国家渡过难关，自发地稳定社会状况。联邦主义方案的实现以下列两项要求为前提：第一，各成员国须在罗尔斯"无知之幕"的假设下签署保险体系的各项协议；第二，各成员国须制定出一套用于遏制道德风险的共同规则。其中应让·梯若尔认为，欧洲人想要和谐共生，就必须再放弃一些主权。然而，在一个民族主义情绪高涨的时代，修复大欧洲理想并保持团结并非易事。

## 出路二：欧洲民主化宣言

在托马斯·皮凯蒂看来，欧洲已经无法应对它所面临的挑战：整个欧洲大陆的不平等加剧、全球变暖的加速、难民的涌入、结构性公共投资不足（尤其是在大学和研究领域）、税收欺诈和逃税问题，等等。

因此，他和几名法国学者提议，授权那些希望解决欧洲政治和社会危机的成员国提出一项欧洲规模的公共资产长期投资预算，以消除欧盟层面的社会不平等，并确保欧洲真正的社会性、公平化和可持续发展的政治模式的长期可行性。

上述资金预算必须基于财政统一，并设立四种欧洲税收（高收入税、财富税、碳排放税和统一的企业利得税）。迄今为止，欧洲一体化主要使最强大和最具流动性的经济和金融代理受益，他们是大型跨国公司、高收入家庭和大量资产持有者。欧洲只有证明自己有能力实现真正的欧洲团结，使全球化进程的主要受益者为欧洲迫切需要的公共物品融资公平地做出贡献，才能与其公民重新建立联系。

托马斯·皮凯蒂认为，通过成立一个负责审议和表决这项预算的欧洲议会，成员国可以使自己能够公平地向最富裕者征税，从而为拟议的共同预算提供资金。由于包括各主权国家议会成员和欧洲议会成员，欧洲议会也将具有合法的地位，可以平衡欧洲的经济治理对国家社会契约日益增长的影响。

（编译/吴蔽余）

# 德国与欧盟：通过自由主义构建帝国

[**编者按**]　德意志帝国在 1871 年实现统一后，借助第二次工业革命迅速崛起为欧洲强国，进行了一系列扩张和争霸，改变了欧洲大国力量的对比，自此走上了军国主义和种族主义的道路，直至纳粹德国土崩瓦解，但帝国的影响还没有消失。东欧的民族国家在经历了 1989 年的民族解放后在寻求自由与独立的道路上探索，并在欧盟与具有帝国传统的欧洲强国相遇。德意志在延续传统的帝国形态和推进欧洲一体化之间如何平衡，欧盟内部自由主义与帝国的冲突如何解决，都是当今世界面临的问题。《纽约时报》专栏评论员罗斯·杜萨特在 2018 年发表于该报上的文章《德意志帝国的陷落》[1]中论及了德国的帝国性，并指出，欧盟既是一个自由国际主义建设项目，也是由德国主导的第三帝国项目，二者构成欧盟政体的表面和实质。他提醒人们，如果欧洲在应对当下危机过程中，仅仅将注意力放在有关自由主义的讨论上，就容易忽略欧盟背后的帝国性问题，由此导致的恶果，可能是导致帝国和自由主义双向建构的同时失败。

---

〔1〕　Ross Douthat, "The Fall of the German Empire", *The New York Times*, May 16, 2018, https://mobile.nytimes.com/2018/05/16/opinion/germany-europe-populism.html, 最后访问日期：2019 年 5 月 31 日。

## 德意志的新路径与帝国性

第一个近现代德意志帝国于 1871 年由俾斯麦宣告成立，终结于 1918 年的西线战场；纳粹德国因希特勒的独裁统治而兴起，随着纳粹势力倒台而衰亡。在本文作者看来，与前两者发展路径完全不同的是，在那以后，德国放弃了军事主义和种族主义，通过与法国等曾经的敌对国家合作，利用民主和官僚相结合的手段，在三代人的时间中缓慢而艰难地建构起来。如今，德国的发展超越了欧洲大陆，但其权力的行使是温和、间接、含蓄的。当需要施加压力时，它会采取财政最后通牒的形式，而不是军事恐吓或种族统一主义。即便如此，它的体制在许多方面仍然是帝国性质的，因此，在将欧盟视为一个自由世界主义的项目同时，也将它视为一个德意志帝国，将有助于我们理解它最终如何衰落。这种衰落的可能性自"大萧条"以来一直困扰着欧洲大陆。经济危机、解体的威胁已经从巴尔干半岛的外围国家蔓延到了一个日益民族主义的东欧国家，以及一个追求"脱欧"的英国。现在，随着一个民粹主义联盟对意大利政府的接管，它已经到达了最初的欧盟项目的核心。

## 欧盟内部的矛盾：自由主义与帝国性的冲突

作者进一步指出，由于这场危机已经超越了经济层面，还引起了对移民和民族的身份认同的不满，它被越来越多地作为自由主义与反自由主义之间的冲突、自由与专制的矛盾。从当前的局势来看，从唐纳德·特朗普的选举开始的书写自由主义衰亡的浪潮中，欧洲和美国经验趋向于交叉为一个民主价值观受到民族沙文主义和准强权者威胁的故事。作者在此借用了一个常见的比喻，"用自由民主制度中的民主部分作梯子，然后毁掉自由的部分"。

但是，对欧洲团结的考验不仅是对自由民主的考验。从欧洲小国和民粹主义政党的抵抗行动来看，这也是一场各国对抗帝国的斗争。而且，欧洲体系的自由主义的一面之所以承受着如此大的压力，很大程度上是因为德意志帝国的核心领导人对帝国性的错误利用。同样的境况在移民问题上也反复出现。安格拉·默克尔制定移民政策，对难民和移民敞开大门，意在为德国过去的种族罪行赎罪，同时也希望振兴老龄化的社会。而其他欧洲人对此的强烈反对促成了民粹主义者赢得脱欧公投胜利、赢得意大利政权以及在布达佩斯和华沙掌权等诸多胜利。作者试图用世界银行前首席经济学家布兰科·米拉诺维奇（Branko Milanovic）撰写的一篇短文进行佐证。米拉诺维奇在文中描述了大部分经历了民族解放的东欧国家都很高兴加入了欧盟，然后却发现它们与欧盟存在着核心矛盾，从这些艰难取胜和不稳定的独立国家的优势来看，很奇怪的是，它们似乎应该去屈从于另一种形式的帝国。

作者认为，不能将此种情况简单地比喻为启蒙主义与权威主义的相对。政治规范与主权一样重要，政治分歧的实质也是如此。民粹主义者对柏林和布鲁塞尔问题的反对，欧洲和周边地区的人口经济失衡预示的尚未结束的移民危机，以及欧盟如何管理民主赤字等种种问题，都不能简单地在抽象的自由主义中得到回应。

## 出路：对领导者地位和自由主义选择定位的再认识

在分析了德国和欧盟所面临的帝国性困境后，作者对其出路提出了自己的设想：如果德意志第三帝国还想走得更远，就需要改变现有的领导者对自己地位的认知。但矛盾的是，这可能要求他们对帝国有更确切的认识，即意识到他们目前所管理的这个复杂体系不可能从松散的帝国演变为欧洲联邦，有成效的统治只能寄托于一个更谦虚的、会自我反省的、无私的社会精英。与此同时，自由主义的拥护者用是否支持自由主义来描述欧洲中心与外围国家之间的紧张关系是一个严重的错误。因为这种表述容易变成让人们在支持或放弃自己主权问题上选边站，这样做不仅将加速德意志第三帝国的衰落，而且会终结自由主义本身。

（编译／姚静宜）

# 法国正面临着"文明的挑战"

[**编者按**] 2016 年底，历任国家教育部、国防部、内政部等部门部长并且于 2002 年参与法国总统竞选的法国政治家让-皮埃·舍夫纳蒙出版了《文明的挑战》[1]，引发了许多争议和讨论。在该书中舍夫纳蒙写道，法国正面临着一场"内战"。近年来频频爆发的恐怖袭击事件昭示着这个国家正处于危险的境地，如果法国人不能承认和直面现存的社会问题，法国的民主、共和体制，乃至由法国首倡和主导的欧洲文化共同体，都将面临崩溃的命运。

舍夫纳蒙指出，如今恐怖主义在法国的蔓延，根源在于半个世纪以来精英阶层在法国推行的自由放任政策。法国在经济繁荣时期从中东、北非等地吸收了大量的移民以充实劳动力，但是 20 世纪 70 年代以后法国经济走向了"空心化"，导致了大面积的失业和各种社会问题。无法融入法国社会的移民子女成为潜伏的不安定因素，加上伊斯兰原教旨主义在全球范围内的兴起，这些成长于法国本土的年轻人走上了恐怖主义的道路。与此同时，法国国内的不安情绪也在蔓延，极右政党的崛起成为一个危险的信号。舍夫纳蒙呼吁法国政坛改变一贯的自由主义立场，团结起来建立一个更加有力的政府，维护法国的共和体制和国民安全。

2015 年以来，法国境内频频发生恐怖袭击，造成多起平民伤亡事件并引

---

[1] Jean-Pierre Chevènement，"Un défi de Civilisation"，*Fayard*，2016，http：//www.fayard.fr/un-defi-de-civilisation-9782213693699，最后访问日期：2019 年 5 月 29 日。

发广泛的恐慌情绪。法国国内主流政客对此的反应是"法国应当对恐怖主义宣战","法国面临一场与恐怖分子的战争"。但是本文作者舍夫勒蒙指出，法国真正的敌人并非恐怖主义，而是那些人们每天目睹却从未说出口的社会问题：工业的衰落、大规模失业和对此束手无策的当局、失去控制的移民、城市贫民窟化、犯罪率攀升、公立教育水平良莠不齐，还有事实上的社会阶层隔离。

### 角度一：法国如何成为恐怖主义的目标——移民问题的起因

法国社会内部的分裂与衰落为恐怖主义入侵提供了绝佳的环境。大面积的失业现象虽然不是年轻人投奔恐怖组织的正当理由，但它毫无疑问对恐怖主义的发展起到了推波助澜的作用。当年轻人发现自己无法在社会当中找到一席之地，个人的价值无法得到实现，就有可能走上恐怖主义的道路。

那么，为什么法国比起其他国家显得尤为脆弱呢？舍夫纳蒙尖锐地指出，20 世纪 70 年代起，代表精英阶级利益的法国政治家选择了大力发展金融与服务行业，而抛弃了工业发展。这种经济政策上的转向导致了产业空心化，随之而来的是大规模失业潮，而年轻人则首当其冲。随着欧洲整体实力的上升，法国的国家地位悄然下滑，而新自由主义的兴起又使法国政界对政策干预和调整抱着顽固的拒绝态度。这些因素的共同作用导致年轻一代的爱国情感、身份认同和公民责任感显著下降；随之而来的是社会问题的不断涌现，其中之一就是移民问题。

移民问题在法国可谓是由来已久。最早的移民一般被称为外来务工人员，他们并非自发来到法国，而是国家移民局应某些大公司的要求从非洲国家招募来的。当时法国劳动力处于短缺状态，市场需要大量的劳动力，这些移民一般被安排从事普通法国人不愿做的低端工作。但从来没有人思考过这些移民是否能够融入法国社会，更没有人想过，一旦就业出现下滑，他们的生活又该如何保证。

随着失业现象的大面积出现，犯罪率上升和治安状况恶化等问题变得突出，普通法国人对待移民的态度也变得微妙起来。虽然大部分理智的公民知道，这些社会问题本质上应该归咎于精英阶层而不是外来移民，但事实是这些移民越来越难以被法国文化吸纳，而他们本身也很难在一个排斥他们的国家中寻求到身份认同。例如，法国奉行的政教分离政策不要求穆斯林改变他们的生活方式，但穆斯林群体的某些宗教习惯（如妇女佩戴面纱）却与普通法国人的认知（如男女平等等思想）产生了分歧，导致不同群体间的排斥情绪上升。

由于法国社会无法顺利地同化这些移民，一群特殊的年轻人诞生了：他们夹在原籍国和法国之间，难以融入社会，难以找寻到身份认同。这些躁动的年轻人于是便成为各类"圣战"组织策划恐怖主义袭击的理想人选，例如，基地组织就通过社交网络招募非洲的穆斯林移民后代，借他们之手制造恐怖袭击。舍夫纳蒙指出，法国人不应该低估极端主义的传播范围，而应当对伊斯兰教极端化的趋势、伊斯兰国的策略和宣传等一系列因素进行深入的分析和研究，直面问题并解决问题。

### 角度二：伊斯兰教与激进主义——互为补充的两种学说

对于恐怖主义问题，相关研究者和社会学家提供了两种不同的解释：有的人认为问题在于"激进主义的伊斯兰化"，而另外一些人认为这是"伊斯兰教的激进化"。例如，支持前者的奥利维·罗伊（Olivier Roy）认为，实施恐怖袭击的年轻人是典型的激进主义者，被盲目的仇恨和虚无主义支配，而伊斯兰教只不过是他们情绪宣泄的一个出口。这些年轻人往往是第二代移民，通过宣扬已被父辈抛弃的"圣战"等思想，建立起个人的身份认同。另一种理论是"伊斯兰教的激进化"，认为"圣战主义"是一种宗教现象。这种学说具有一定的逻辑自治性，但也非常危险，因为它把矛头对准了伊斯兰教，忽视了恐怖主义的其他成因，而且这种理论可能会抹杀不同文化间对话的可能性。

在舍夫纳蒙看来，这两种学说并不矛盾，而是互为补充。"圣战主义"正在取代20世纪一度大行其道的反帝国主义、反父权思想，成为新一代激进主义年轻人的行动指南。这两种看似矛盾的学说其实有内在的一致性，它们都体现出对西方的反抗精神，尤其是对美国的反抗。舍夫纳蒙警告称，目前许多研究者有低估"圣战"恐怖主义威胁的倾向，但是伊斯兰国势力的扩张是不容乐观的。并且，虽然不能将恐怖袭击归咎于伊斯兰教本身，但也应当意识到穆斯林群体的封闭排外特性已经对打击恐怖主义形成了一定的阻碍（典型例子如袭击者的家人拒绝站出来作证），这意味着这些人将自己的宗教身份认同置于法国公民身份之前，而这对于法国的共和政体是不利的。

## 结语

舍夫纳蒙指出，在经历过多次恐怖袭击的法国，新的袭击将会进一步加剧社会内部的紧张和冲突，可能引发暴力和仇恨，从而威胁到国内的和平稳定。例如，根据媒体的相关调查，越来越多的法国人认为，伊斯兰教对法国社会构成一种威胁。另一个现象是国民阵线（Le Front National，法国的极右翼政党）在 2015 年地区大选中快速崛起，这种右翼势力的抬头是一个危险的信号。舍夫纳蒙警告称，政治上左右分裂的局面对法国有害无益，只有结束多年来精英阶层推行的自由放任主义，建立一个强有力的共和政府，重新培养法国人的公民精神，才可能解决目前的困境，让法国重新焕发生机。

（编译／刘子琦）

# 如何避免德国"伊斯兰化"？

［**编者按**］ 在 2018 年 9 月的德国大选中，成立仅四年的极右翼民粹主义政党德国选择党（AfD）获得将近 13% 的选票，首次成为联邦议院即议会下院第三大党，仅次于联盟党和社会民主党这两大老牌政党。蒂莫西·加顿·阿什在其发表在《纽约书评》的文章《笨蛋，问题出在文化上！》[1] 中指出，德国的民粹主义虽然与其他的现代民粹主义有共通之处，但不同于美国与英国，德国的民粹主义并非源于经济上的问题，而来自于中产阶层的高级知识分子对德国文化和身份认同的担忧，以及与德国主流文化在 20 世纪之后对纳粹历史的过度禁忌，使其难以出现在德国公众的辩论范畴，由此而带来的反弹效果。要应对这种民粹主义，德国新上任的"牙买加联盟"[2] 政府将面临意识形态上的争论与文化斗争。

德国选择党领导人的极端排外右翼民族主义，可试举一例：艾利斯·威德尔，2018 年 9 月德国大选选择党的候选人之一，在 2013 年的一封私人邮件中写道："我们之所以被来自罗马尼亚、阿拉伯等地的流民包围，是由于统治我们的宪法公敌所带来的文明社会的系统性崩坏。这些猪们，不过只是二战胜利者们的傀儡罢了。"这句话中的"猪"与"傀儡"，当然是指

---

〔1〕 Timothy Garton Ash, "It's the Kultur, Stupid", *The New York Review of Books*, December 7, 2017 issue, http://www.nybooks.com/articles/2017/12/07/germany-alt-right-kultur-stupid/，最后访问日期：2019 年 5 月 29 日。

〔2〕 德国总理安格拉·默克尔领导的联盟党、亲商的自由民主党和环保主义绿党的代表色分别是黑、黄和绿，正好是牙买加国旗的颜色，因而这三党的联盟也被称为"牙买加联盟"。

默克尔。

尽管这一邮件在大选两周之前被泄露，但其仍然拥有八分之一的德国人的支持。如今，德国选择党是第二大反对党，在德国联邦议院拥有 92 个议员席位。就像英国脱欧、法国国民阵线和它的主席勒庞、"荷兰特朗普"基尔特·威尔德斯、波兰的右翼民粹政府、美国的特朗普一样，德国选择党也不过只是德国在民粹主义常态中的一种表现罢了。

作者首先比较了德国的民粹主义与其他国家的民粹主义，指出它们有许多相同点。第一，与其他民粹主义相同，德国选择党谴责精英，以"人民"的名义建立政党——所谓的"人民"，既指代人民，也指代民族，但事实上更类似于出现在特朗普和勒庞的语境中的"人民"。在大选前夜，德国选择党在 Facebook 上已经有 362 000 个粉丝，远超社会民主党的 169 000 和默克尔的基督教民主联盟的 154 000。

第二，德国选择党对全球化的批评、对所谓"政治正确"的愤怒和谴责都似曾相识，还有在欧洲的民粹主义中，更为常见的是对欧盟和欧元的消极态度。德国选择党在 2013 年之初，就是作为一个反欧元的政党而诞生的。尽管大体上来说，德国人仍然支持欧盟，但 2017 年夏，德国伯泰尔茨曼基金会的民调显示，如果德国也启动类似英国脱欧的全民公决，五成的右翼群体会投票支持脱欧。这是一个意味深长的结果。不同于英国脱欧，德国退出欧盟将会带来欧盟的终结。

第三，同样令特朗普、英国脱欧和基尔特·威尔德斯的观察者们屡见不鲜的，是德国选择党煽动群众情绪的招数。最具有主导性的恐惧来自恐怖主义的袭击、政治上的极端主义，以及外来移民所激化的矛盾和摩擦。

但作者特别指出，不同于其他民粹主义的兴起，选择党获得选举上的成功的最直接的原因，是将近 120 万难民在 2015 年-2016 年间的突然涌入。默克尔在 2015 年 9 月向聚集在德国边境的难民们开放国门的决策，备受选择党领导人谴责。去年，柏林的圣诞市场发生穆斯林恐怖主义袭击，导致 12 人死亡，一位选择党的领导人在推特上表示："这些人都是因为默克尔而死的。"

除此之外，德国民粹主义还有一些不同于其他民粹主义的特征。在过去的 12 年里，有 8 年的时间，德国都在大联合政府的统治之下。所谓的大联合政府，就是由结为联盟的默克尔的基督教民主联盟（CDU）、基督教社会联盟（CSU）以及社会民主党组成。这就使得心怀不满的选民们转而投向小党派和极端势力。

作者认为，德国民粹主义最大的特点是：经济因素在德国民粹主义的崛起中只起了很小的作用。德国整体经济状况良好，而选择党的支持者中，受过良好教育的中产阶级男性占大多数。这完全不同于英美的民粹主义。

作者的观点是，德国的问题出在文化上。在德国大选当晚，德国电视台的一项民意调查显示，95%投票给德国选择党的选民们都非常担忧，"德国文化和语言正在丢失"。94%的人们认为，"我们在德国的生活会被改变太多"。92%的人们认为"伊斯兰教在德国的影响将变得过于强大"。

作者通过《德国末日》的例子试图说明德国正在面对的问题。2017 年 7 月 20 日下午，德国抵抗组织企图暗杀阿道夫·希特勒七十三周年这一天，亚马逊的"明镜非虚构类畅销书"排行榜上，原本排在第六名的希夫尔勒的一本名为《德国末日》（Finis Germania）的书被人为地移除了。《明镜》副主编苏珊·拜尔（Susanne Beyer）解释道，希夫尔勒的这本书是极端右翼主义、反犹太主义和历史修正主义。新闻杂志向来把自己看作是"启蒙的媒介"，而把这本书放在畅销书排行榜，或许会对读者产生误导。基于这样的理由，他们做出了将其移除的决定。

这本书大部分的章节都是关于今天的德国对其过去纳粹历史的态度的，而这些内容也是最受争议的部分。希夫尔勒认为，德国已经将其纳粹和奥斯维辛的历史冻结成一种绝对的"消极神话"、绝对仪式化，从而将其与当代德国人的生活中的其他事物分离开来。而"一个神话是一个无可争辩的真理"。这就使得犹太人免于任何批评，而使得德国人，或者至少是"永远的纳粹"，变成了"一个开明的，世俗化的恶魔形象"。

《德国末日》以一种非常尖锐的形式提出了一个问题：有八分之一的选民在刚刚结束的大选中，出于对文化和身份认同的担忧，选择了右翼民粹主义的政党，德国应如何应对这种担忧？

《明镜周刊》将希夫尔勒的书从其畅销书榜单上删去的行为，是当代德国应对这种想法所采取的措施的一个极端例子：在发现一个人的表达可能被视为右翼极端主义或反犹主义观点时，就立即将其排斥在所有正统的社会之外，并用猩红色或者棕色的字母标记。纳粹徽章，对大屠杀的否认和散播仇恨言论是为法律所禁止的（正如 Facebook 所认定的那样），但是社会对一个禁忌本身，理应有更广大的文化上的、社会上的和政治上的执行力。

这种措施是有代价的。而选择党的选举成功表明，这一代价正在变得越来越高昂。作者认为，希夫尔勒的《德国末日》不过只是一个悲伤、无序的作品，但毫无疑问，也是一位思维敏捷的人在晚年所创造出的作品。"因为你是右翼极端主义者、反犹太人、历史上的修正主义者——因此，让撒旦跟随你，撤下畅销书名单"，这样的逻辑是非常不恰当的。事实上，将希夫尔勒视作禁忌，实际上支持了他的观点：这确实是一个禁忌——超出了理性辩论的领域。而对右翼的思想家来说，这样的禁令相当于对他们进行了免费宣传，使他们成为言论自由的烈士。

作者更加认同约翰·穆勒（John Stuart Mill）的回应方式，越来越多的德国知识分子也在提倡这种回应方式，即在自由和公开的辩论中提出这些观点，让它们接受严格的审视，让真知灼见得以从糟粕中分离。正如穆勒所说，即使是一个错误的观点，也可能包含一些真理，而让真理之剑保持锋利的方法就是使其能在与谬误的对立中不断经受考验。否则，即使一个观点是正确的，它也只能作为一种"偏见"而存在。

距离二战结束已经有七十多年了，如何防止德国领导人关于纳粹历史的言论沦落为空洞的仪式？如何让那些未曾亲身经历过这段历史的人们能够从这些历史事件中吸取教训？或者，再退一步说，如果不能防止危害人类的罪行，那么德国是否至少有特殊的责任去接纳那些因为这些罪行而受难的人们呢？例如，2015 年来自叙利亚的难民。作者认为，这些问题就是德国目前正在经历的意识上的争论，但他也承认，这场意识上的争论，只是与新右派和排外民族民粹主义必不可少的斗争中的一部分，其结果很大程度上也取决于新政府的总体表现。联盟党和社会民主党迟早都会在移民和身份问题上有所右倾，以试图夺回倒向民粹主义的选票。但是，在右倾的同时，如果又想要把以穆斯林为主的移民融合进来，那么更重要的是要打赢这场思想与意识上的斗争，在积极的公民爱国主义和排外的新右派民族主义之间划出一条清晰的界限。

这就是德国未来的文化斗争。

（编译/陈凤雅）

# "文明论"成为欧洲反伊斯兰的新语言

**[编者按]** 难民危机、英国脱欧、恐怖主义、原教旨主义，这些名词近年来频频出现在欧洲政治环境的报道中，与动荡的局势相应的欧洲各国民粹主义政党都有所行动并取得了相当的进展，他们打着文明主义、世俗化、男女平等、支持同性恋权利等幌子，本质上却是反穆斯林的政党。在此背景下，加州大学洛杉矶分校的社会学教授罗杰斯·布鲁贝克在《外交事务》发表文章《欧洲民粹主义的新语言》。[1] 文章指出，欧洲新民粹主义政党以自由主义、世俗化为面具积极地采取抵制穆斯林的种种措施，这有可能反而加剧伊斯兰世界与欧洲文明的分歧而导致矛盾和冲突加剧，我们应该以真正开放、包容、发展的眼光去看待世界上的文明，而不是盲目狭隘地采取排外的态度。

## 西北欧民粹政党的衍变：从民族主义到文明主义

反移民民粹政党作为欧洲政治的常见特征而存在，至少可以追溯至 20 世纪 80 年代，但是近年来法国国民阵线、荷兰自由党、奥地利极右自由党、德国选择党和瑞典民主党各自在选举中都获得了新的显著地位。观察者们通常把他们描述为本土主义、民族主义与极右的政党。但尽管这些政党确实拥护

---

〔1〕 Rogers Brubaker, "The New Language of European Populism", *Foreign Affairs*, December 6, 2017, 载 http://www.foreignaffairs.com/articles/europe/2017-12-06/new-language-european-populism, 最后访问日期：2018 年 4 月 10 日。

本土主义和民族主义，尽管他们的宣传口号有时候确实很极端，但如果因此认为他们仅仅是欧洲由来已久的极右民族主义传统的继承人，那就错了。因为和纳粹党、两次世界大战之间的欧洲法西斯政党、战后欧洲的新纳粹或者新法西斯政党不同，这些政党并不反对体系本身，不排斥民主宪政体制，甚至也不是一贯的右翼政党。作者认为，我们不应该强行将这些反移民政党套进并不合适的旧范畴中，而应该认识到它们今天已经发展出了新的政治话语——一种作者称之为文明主义的政治话语。新的文明主义是同一性基督教教义、世俗主义、亲犹主义、伊斯兰恐惧，甚至包括支持男女平等和同性恋权利等自由主义因素的矛盾结合。它假定了一种泛欧洲的文明身份，声称这种身份受到了与之相独立并且格格不入的伊斯兰文明的威胁并且从根本上与之相冲突。这一新的话语比明确的极右运动及其政党更加微妙，但它同样对自由民主构成了严重威胁。

## 文明主义的核心：选择性地支持基督主义、
## 世俗化、亲犹主义与性别平等

遍及西北欧的反殖民民粹主义者都类似地将自己定位为犹太—基督教欧洲文明的保卫者，而不只是他们自己国家的文明。作为例证，虽然欧洲是世界上最世俗的地方之一（欧洲人去教堂的比率极低），欧洲的民粹主义者近年来却越来越多地提及欧洲的基督教基础。勒庞强调了法国的"基督教根基"，在奥地利，霍菲尔把"上帝请拯救我"写进他的竞选海报。但是他们援引的基督教文明实质上并不是宗教层面，而是标志着共同的文明和身份。这种世俗化、文明化的基督教文明与东欧国家（比如在波兰，宗教信仰和宗教活动都更加活跃，民族主义和基督教教义相互纠缠不清）截然不同。

北欧和西欧的民粹主义者们援引的基督文明—或者作者称之为基督主义，是关于一种归属感而不是信仰，一种与"他们"相关联定义"我们"的方式。如果"他们"是穆斯林，那"我们"从某种意义上讲就一定是基督徒。但这并不意味着我们必须信仰宗教，事实上，基督教的不断衰弱使得援引基督教更多的是作为一种文化和文明的身份，应该从与宗教教义和仪式少有或者毫无关联的共同价值层面对其加以理解。

在援引基督徒身份的同时，文明主义者也强调他们的世俗化，但是他们的基督教文明与世俗化之间并不矛盾，因为两者都来源于对伊斯兰的忧虑。这种新的世俗化并不针对总体上的宗教象征、宗教主张与宗教活动，它只针对穆斯林。比如在法国，世俗化被用来作为禁止公立学校中的无猪肉菜单、不经打晕而直接屠宰动物的仪式或者公共机构提供清真餐的正当理由。民粹主义世俗化也对关于穆斯林女子服装的禁令的通过产生了影响，包括 2016 年法国某些地区引入了布基尼（Burkini）泳衣和在奥地利、比利时和法国实施的针对全脸面罩的禁令。总之，文明主义者选择性的世俗化是为了将伊斯兰逐出公共领域，同时也排除并使得基督教关于同情移民和难民的主张失去正当性。

新的文明主义者强调他们的亲犹太主义和对以色列的支持，这使得他们进一步与欧洲右翼相分离。比如威尔德斯将以色列描述为贴近他内心的"西方反穆斯林第一防线"，而对于传统的极右翼来说，犹太文明代表着对民族文化同质性的威胁。如今，随着穆斯林对于犹太人的攻击日益频繁，尤其是在比利时和法国，反移民民粹主义者已经将犹太人重新定义为穆斯林的典型受害者。国民阵线等政党没有将犹太人驱逐出国民社会，而是通过将其描述为新弱势少数群体来寻求他们的支持。在 2014 年的一个采访中，勒庞主张国民阵线"毫无疑问是保护民众免受来自真正的敌人——穆斯林原教旨主义——伤害的最好护盾"。

新民粹主义者们也信奉性别平等的政治话语。在以性别平等为定义性民族价值的斯堪的纳维亚和荷兰，这一信仰具有民族主义者的维度。但在自由程度更低的国家，比如法国，右翼民粹主义者声称性别平等是具有基督教传统根源的欧洲价值，与之相对应，他们断言伊斯兰教的固有特性则是性别不平等和压迫。民粹主义者的政治话语将穆斯林妇女描绘成异域文明习俗的被害者，被强制穿罩袍、安排婚姻、忍受家庭暴力、接受一夫多妻制和割礼等，把西方女性描绘成容易受到穆斯林男人性攻击伤害的群体。这一技巧的应用使得文明主义者们能够把对穆斯林的抵制表现为对妇女的保护，并且通过将性别不平等重新定义为穆斯林独有的问题而使得欧洲得以独善其身。在荷兰以外的国家，拥护同性恋的进展就缓慢得多了。因为大多数反移民民粹政党继续推行传统家庭模式，只有挪威进步党明确支持同性恋婚姻。然而与此同时，这些政党却强调其反对歧视同性恋者，并且批评伊斯兰教抵制同性恋婚姻。国民阵线和其他反移民政党都小心谨慎地寻求同性恋选民的支持。

## 压迫性的宽容：文明主义民粹政党的虚伪面具

文明民粹主义的出现有几个方面的原因：一方面，民族差异已经随着欧洲融合与全球化而被削弱；另一方面，伊斯兰世界越来越明显的严格宗教化在原本世俗化的欧洲更加凸显了世俗化基督教与明显抵制世俗化的伊斯兰之间的对立。当然，民粹主义者对于将伊斯兰教视作无法相容并且具有威胁的文明的忧虑的观点之所以获得额外的支持，也与近年来以伊斯兰教名义在一系列欧洲国家首都实施的震惊世人的恐怖袭击有关。

文明民粹主义的崛起是一个充斥着讽刺与反转的故事。世俗化一直是左翼的意识形态之一，现在却被右翼加以援引。极度狭隘的民粹右翼声称其开化并且致力于维护亲犹主义、性别平等和同性恋权利。随着欧洲变得更加世俗化，在政治宣传上其被描绘为基督教世界。基督教教义转而又被称赞为自由、世俗化和性别平等的来源。尽管欧洲计划已经开始止步不前，以宗教和文明术语加以定义的泛欧洲身份却在欧洲大陆的政治话语中成为更重要的部分。

亲犹主义、提倡性别平等、支持同性恋权利在民粹右翼的文明话语中得到了惊人相似的运用：通过对比欧洲的现代化凸显伊斯兰的落后，并且把反移民右翼形容成欧洲大陆自由与进步价值的守卫者。在作者看来，民粹主义者们用狭隘、小气、排外的方式赞美欧洲的宽容、开化、包容，这是十分讽刺的。他认为民粹主义者选择性地支持世俗化、犹太人、妇女和同性恋并不只是宣传口号的策略，而是被用来触及新的选民并获得主流支持的选举策略。民粹主义者主张，这些团体都在所谓的西方世界伊斯兰化中受到了身体上或者文化上的威胁。他们进一步声称主流政党和文明精英们都忽略了这一威胁，于是按照民粹主义者们的说法，犹太人、妇女和同性恋者们的权利将从对于这一威胁直言不讳的人——也就是民粹主义者自己——那里得到最好的保护。有证据表明，这一策略已经帮助反移民民粹主义者吸引了更多强烈支持同性恋权利的妇女和选民。

## 自我实现的预言：文明主义民粹政党的危险

欧洲文明民粹主义的主题被主流政治话语不停地重复，作者认为其主要危险在于其可能会自我实现。通过把伊斯兰教描述为与欧洲支持的价值根本相异的"欧洲文明存续的最大威胁"，文明民粹主义者们鼓励并正当化欧洲与穆斯林之间的互相排斥。这种不妥协的反西方立场其实已经是独立于反伊斯兰的讨论之外的伊斯兰话语中的核心要素了。但是欧洲的文明民粹主义却可能使得这些激进的反西方立场对于穆斯林更加可信和具有吸引力。新文明主义用前所未有的尖刻话语宣称欧洲与伊斯兰教之间无法兼容，这只会加深欧洲穆斯林的异化以及欧洲名义上占大多数的基督教团体和穆斯林之间的不信任。从这个角度上说，它很可能会加剧其所主张的这种分歧。

作者指出，面临着这一危险，与被文明民粹主义者们所采取的通俗化的亨廷顿式的视角相对，重要的是要坚持文明并不是由具有相互间无法兼容而不随时间改变核心价值组成的统一实体。文明是庞大、多变、难以驾驭并且不断进化的实践与话语领域。我们假定文明间的冲突是忽略了更重要的文明内部冲突的做法。

作者强调，文明主义者对于伊斯兰教夸张的描绘必须受到质疑。比如说人类学家约翰·鲍文就指出过分传播关于伊斯兰教与性别不平等的言论是有缺陷的。因此，文明民粹主义者试图以冠冕堂皇的自由主义面纱掩盖其排外视野的做法就必须受到挑战。将亲犹主义、性别平等和支持同性恋作为一种宣传工具的做法，并不是真正的自由开化，相反，这是文明民粹主义者们利用对于所谓的欧洲伊斯兰化的恐惧拓宽其选民基础的可鄙行径。从这个角度上说，文明民粹主义者们的伊斯兰恐惧和美国总统特朗普的一系列标志性的煽动性言论并无二致。最终，欧洲西北部反移民民粹主义者们的文明主义和虚假的自由主义框架都是意识形态的面具而已，对于穆斯林的敌意才是最根本的。

（编译/黄梓朋）

# 面对右翼民粹主义，欧洲的保守
# 主义能否坚守阵地？

[编者按]　第二次世界大战之后，右翼民粹主义席卷欧洲，给欧洲政坛造成了巨大的动荡和冲击，乃至整个欧洲的政党体系都可能因此面临崩塌和重组。普林斯顿大学的政治学教授杨·维尔纳·米勒于 2018 年 3 月 21 日发表在《外交政策》上的《欧洲忘记了何为保守主义》[1]，以宏大而细腻的笔触，分析了中右翼党派为代表的保守势力在面对右翼民粹主义时展露出的纠结与无力。米勒在该文中指出，尽管欧洲左翼政党的表现差强人意，但真正面临抉择危机的却是意识形态迷惘的中右翼党派。面对民粹主义右翼的逼近，摆在中右翼党派面前的是三个选项：遏制、结盟还是选择性包容。米勒担忧的是，如果保守的中右翼党派最终也被彻底右翼化，那么整个欧洲将被民粹主义绑架，从而坠入极端右翼政治的深渊。

## 妥协而旗帜鲜明的社会民主党派

米勒对欧洲的社会民主党派的政治表现做了一番描述。其一，社会民主党派人士一直在努力弥补 20 世纪 90 年代末托尼·布莱尔和格哈德·施罗德等领导人因追求"第三条道路"而留下的巨大信誉漏洞。为此，他们不得不

---

〔1〕　Jan-Werner Muller, "Europe Forgot What 'Conservative' Means", *Foreign Policies*, March 21, 2018, http://foreignpolicy.com/2018/03/21/europe-forgot-what-conservative-means/，最后访问日期：2019 年 5 月 23 日。

忍受甚至还必须要积极推进金融资本主义制度，在执政期间放宽管制、任由社会差距扩大。遗憾的是，在今天看来这些都完全背离了社会主义理想，让人觉得他们似乎并不在乎社会主义理想到底是什么。其二，德国社会民主党也在大力宣扬更好的劳工保护和更普惠的医保议案。尽管上述举措可能会因德国社会民主党和基督民主党重新联合而受阻，但德国社会民主党此举将会继续深化它的左翼政党形象。

## 中右翼党派形象模糊

米勒对欧洲中右翼党派形象的日渐模糊表示了担忧，并就其原因给出了自己的理解。第一，欧洲素有"历史健忘症"。第二，中右翼政党的领袖们难辞其咎。虽然基督教民主党派和其他中右翼政党一如既往地秉承着实用主义信条，但是人们常常搞不明白，除了维护权力之外，他们存在的意义是什么。比如，欧盟的欧盟委员会、欧洲议会和欧洲理事会的三大主席都是基督教民主党派人士，但他们都未曾就欧盟一体化提出过任何富有胆识的设想。针对第二点原因，米勒还花费了相当一部分笔墨从历史进程的视角来对比分析基督教民主党派和其他中右翼党派在第二次世界大战后的表现。第二次世界大战之后，基督教民主党派顺势而为，积极将自己塑造为反共主义行为者的先锋，从而在德国、意大利和法国政坛占据上风。相比之下，其他中右翼党派却依旧保持一贯的温和态度，对此乐见其成。

然而，基督教民主党派的行为却更偏向于社会主义政党，具有更加强烈的革命思想和对统一欧洲的追求。从历史来看，19 世纪刚刚统一的意大利和奥托·冯·俾斯麦统一下的德国都曾对天主教徒展开过长期的文化战；从现代来看，基督教民主党派是欧洲一体化的设计者和推动者。追本溯源，基督教民主本身就有着与社会主义党派妥协的历史基因。教皇利奥十三世时，社会主义党派兴起并与之公然对擂，而正是在这样一场文化战争和阶级冲突中，主张在二者之间协调并寻求一致的基督教民主党派应运而生。

## 与右翼民粹主义合作是中右翼党派的机遇还是危机

无论是社会主义党派还是基督教民主党派在政党形象和发展方向上都制定并遵循着一套固有的策略，为了不落人后，中右翼党派也不得不开始考虑战略部署——是否调整自己以适应右翼民粹主义。至于中右翼党派为何考虑向右翼民粹主义倾斜，米勒也在文中给出了自己的理解——现实往往能够提供最大的经验和最优的选项。现实就是，一旦中立保守派不认同民粹主义纲领或是拒绝民粹主义候选人，后者根本不可能成功。就民粹主义势力迄今以来取得的最大胜利——促成英国脱欧来看，靠的就不仅仅是英国独立党党魁奈杰尔·法拉奇的一己之力，还同时仰赖于保守党建制派人物如鲍里斯·约翰逊和迈克尔·戈夫等对法拉奇的鼎力支持。又比如，自诩为"人民代表"的奥地利民粹主义自由党人诺伯特·霍弗为了赢得2016年奥地利总统选举，也不得不向一位胜算渺茫但有着所谓的种族传统的绿党经济学教授俯首称臣。

中右翼党派的这一策略看起来貌似可行，但米勒却指出了这种策略的潜在危险。以上述奥地利总统选举为例，并不是所有保守派人士都认同直接与民粹主义联盟这一方式。相反，他们以为可以通过在政府中纳入民粹主义政党或者选择性地接收民粹主义大纲来遏制民粹主义。事实上，他们的主张很可能是对的。奥地利的民粹主义自由党在执政期间表现出无休止的内斗、无能甚至腐败，不出意料，他在民调中一落千丈。类似的例子在欧洲也有发生。2000年，基督教民主党人士沃尔夫冈·舒塞尔与自由党结成联盟，引发了整个欧洲的强烈抗议，舒塞尔本人则被认为是高山共和国的马基雅维利。

反对的理由很简单：民粹主义自由党东山再起并可能再度成为基督教民主党政府的初级联盟伙伴。在意大利，曾在20世纪90年代被取代的民粹主义联盟（原北方联盟）却在近年击败了贝卢斯科尼的意大利力量党（名义上的基督教民主党）。在法国，尽管国民阵线党此刻处境艰难，但名为中立共和党人的新任领导瓦奎兹厚脸皮地复刻了马琳·勒庞的理念之后，该党仍然握有很大的赢面。

米勒还认为，虽然还不确定遏制战略会产生何种结果，但如果选择性地赞同右翼民粹主义政策以获得中间派选民的尊重，那么人们就会倾向于认为"如果基督教民主党都支持它，它就不可能是一件极不正确的事情"。由此一来，丹麦和荷兰等国家在移民等问题上就会转向右翼。除了遏制，还剩下另一个选择——结盟。想想与安格拉·默克尔的基督教民主联盟永久结盟的地区党——巴伐利亚基督教社会联盟，该党的领导人一直在全力保护欧洲的极右翼政客匈牙利总理维克托·奥尔班，即使奥尔班把布鲁塞尔描绘成欧洲人民的公敌这一点与传统基督教统一大陆的民主理想大相径庭。之所以结盟，原因有二：第一，德国汽车业不断从匈牙利政府那里尝到越来越多的甜头；第二，奥尔班政党在欧洲议会的大型代表团支持由欧洲人民党的派系——欧洲大陆的基督教民主党和中右翼政党所结成的超国家联盟。

## 与右翼民粹主义合作并非中右翼党派的上策

最后，米勒点评道，犬儒主义在政治上并不新鲜，中右翼党派也不例外。面对极右翼民粹主义者，意识形态迷惘的中右翼极有可能会在买断合作、复制包容或结盟三个选项中选择其一。趁着中立派们因长期联盟而逐渐丧失区分度之际，中右翼可以借此强化和突出自身形象，但这并不意味着他们必须投机取巧以及迎合民粹主义者。因为民粹主义者并不可靠，他们只会宣称只有他们才是唯一代表"真正的人民"或"沉默的大多数"的人。再者，民粹主义者运用的文化战争修辞和主流机会主义与基督教民主党曾展示的实用主义及追求和解相去甚远，也与中右翼的实际想法相去甚远。

伟大的自由派知识分子莱昂内尔·特里林在观察美国的保守主义时指出，美国的保守主义的实质不过是一种"寻求相似观点的易怒思想"，而这一论断与欧洲中右翼的现状越来越贴近。这种趋势发展下去，对整个欧盟来说就是一场噩耗。

（编译/姜文）

# 德国保守主义的危机及其化解

[**编者按**] "人心向背之机，间不容发，一或失之，噬脐无及。"身为基督教民主党左翼，默克尔的诸多政策与社会民主党甚至绿党的政策不谋而合，但其左派政策自然引起基民盟右翼的不满。如今，进入德国议会的政党由三个党变为六个党，选票分散，六个党又无法简单结盟，随着德国保守主义的衰微，默克尔 4.0 时代似乎已然接近尾声。乔治·迪斯于 2018 年 10 月发表于《外交事务》的《德国保守主义的危机》一文[1]对其衰微进行了深入分析。德国执政党在地方选举遭遇滑铁卢，表面上与默克尔和她的政治遗产有关，更深层次上是保守主义内部意识形态的分歧。

德国左派跌落神坛的同时，保守主义也日渐衰微。德国社会民主党（SPD）的没落是一个绝佳的案例，昔日获得过 40% 以上选票的政界重量级党派在如今的民意调查中仅剩区区不足 16%。而尽管默克尔所在的保守派基督教民主联盟（CDU）以及巴伐利亚姐妹党——基督教社会联盟（CSU，后文简称基社盟）已执政十三年之久，但她所在的政党目前在全民选调中徘徊于 26% 的空前低位，在两次关键的州选举中前景黯淡。

默克尔似乎愈发深陷泥潭，多人猜测她的永久总理生涯即将接近尾声。时值右翼民粹主义侵略性的种族主义、排外心理将欧洲的自由主义价值置于防御之中，德国的保守主义危机使得欧洲的跨国统一计划招致麻烦。作者在

---

〔1〕 George Diez, "The Twilight of German Conservatism, Why Angela Merkel Presides Over a Movement in Crisis", *Foreign Affairs*, October 15, 2018, 载 https://www.foreignaffairs.com/articles/germany/2018-10-15/twilight-german-conservatism, 最后访问日期：2019 年 5 月 31 日。

此归纳了以下几点原因：

### 理由一：党内萌芽的诸多不满

很多人质疑默克尔身为保守主义者的真实性。人们普遍抱怨，总理在同性恋婚姻等社会问题上的自由主义立场赶走了文化保守派选民，而她在东德的童年生活经历对其作为以西德为基础的政党领袖并不有利。

在作者看来，部分担忧恐怕言过其实了。安格拉·默克尔在一个不受规约的时代尽其所能地证明了自己是一个务实的领导人，尽管她在把握发展动向前往往会多有保留。后一种倾向在 2011 年福岛核灾难发生后默克尔力推中止核能的行为中有所体现。同样，默克尔最初对难民的开放态度也加速了右翼德国选择党的崛起——他们公然反对难民，公开排外并且成为议会中的反对派领袖。

### 理由二：更深层次的紧张，德国保守主义内部意识形态的变动

近年来出现了一种相比之下更为激进，有时甚至具有破坏性的保守主义。这种保守主义是由对价值观和民族认同的关注所驱动的，它可以回溯到埃德蒙·伯克（Edmund Burke）和约瑟夫·德·梅斯特（Joseph de Maistre）等思想家的反革命热情。德国保守派面临的战略问题是，效仿极右派的语言与政策方案是否会带来回报，还是以牺牲立场为代价从而助长极端主义分子？目前，事实更趋向于后者。美国政治理论家科里·罗宾（Corey Robin）曾写道："反动的民粹主义从一开始就像一条红线贯穿整个保守主义话语。"在德国，这条红线变得愈发清晰可见——不仅贯穿德国选择党，也借由基社盟的言论和政策显现。

作者认为，默克尔及其批评者应该反思保守主义和极右激进主义的共同起源，而不是本能地诋毁或怯懦地照搬极右派的言辞。他们将揭露的令人不安的事实是，目前的危机只是表面上与默克尔和她的政治遗产有关。在更深层次上，它是保守项目固有的，总是在"传统"价值的简单保存和国家宏伟

和文化同质性的更雄心勃勃的项目之间徘徊。德国保守主义的身份危机给欧洲中心留下了一个真空地带——这对整个欧洲大陆来说并不是个好兆头。

（编译/杭佳佳）

# 传统政党衰落，运动式竞选会
# 成为新的竞选方案吗？

[编者按]　法国前进运动由 2017 年法国总统候选人埃马纽埃尔·马克龙于 2016 年 4 月 6 日组建。2017 年 5 月 7 日，前进运动主席马克龙当选法国总统。5 月 8 日，马克龙辞去前进运动主席一职，前进运动更名为共和国前进运动。马克龙及其首创的运动形式的竞选方式，在法国政治竞争中取得了巨大成功，引发了欧洲各国的关注和思考。克劳迪娅·齐奥利斯在《卡内基欧洲》杂志上撰文《传统政党衰落：运动式竞选会成为新的竞选方案吗？》[1] 分析了马克龙及其前进运动的独特之处、此种模式对其他国家的借鉴意义，以及前进运动本身的可持续性。作者认为，马克龙的中间派政治重组的可持续性将取决于他和他的共和国前进运动能否继续贯彻其对截然不同的政治形态的调和策略。不论从何种意义上来讲，前进运动都不是一个运动，它将不可避免地成为一个具有更严格组织结构的政党。2022 年的选举才是对马克龙方法的真正考验。

## 前进运动与相似政治力量的比较

近年来，欧洲很多意识形态多样化的政治力量崛起，他们将自己标榜为运动而非政党。如意大利的五星运动（the Five Star Movement）、西班牙的我们能

---

[1]　Claudia Chwalisz, "En Marche: From a Movement to a Government", *Carnegie Europe*, April 6, 2018 Issue, http://carnegieeurope.eu/#the-eu-remains-unprepared-for-the-next-migration-crisis，最后访问日期：2019 年 5 月 25 日。

党（Podemos），甚至连英国工党（Labor Party）现在也强调其运动的性质。其中最成功的是法国总统埃马纽埃尔·马克龙的前进运动，发起一年即迅速获得了国家权力。但是马克龙创立的前进运动是一种新型的政党与运动的混合体；它是在没有归属于已有政党或抗议运动的机构的支持下成立的，并且也没有知名公众人物为其呼吁。

共和国前进运动并不符合传统政党将自己重塑为运动或更广泛的政治运动的趋势。不管是杰里米·科尔宾（Jeremy Corbyn）接管工党还是库尔茨（Kurz）当选奥地利人民党（Austrian People's Party），变革都开始于新领导人上任之前，并开始利用各自党派的长期存在的结构和稳定的资金安排以将自身重新命名为运动，并从根本上改变其政治议程。

然而，共和国前进运动不是由抗议运动自发形成的自下而上的激进主义的产物。但其与我们能党和五星运动相比，有自己的特殊之处。我们能党和五星运动都是由基层反建制运动发展起来的，而在2016年，政府部长马克龙建立前进运动专门帮助他竞选法国总统。

在国内，马克龙的前进运动与让-吕克·梅朗雄（Jean-Luc Melenchon）组建的政党不屈的法国（La France Insoumise，简称LFI）有一些相似之处，它的动员策略和非正式的组织结构都由一个强有力的领导者领导。关键的区别在于，在2016年不屈的法国成立之初，梅朗雄已经是一位著名的公众人物，可以获得各种极左政党机构的支持。相比之下，在法国总统选举中，马克龙是第一个在没有政党支持或者尚未成为久负盛名的公众人物的情况下真正具有竞争力的候选人。当他宣布参选时，除了政治专家之外很少有人知道他是谁。

鉴于它的特殊性，一个重要的问题是：共和国前进运动的崛起对欧洲的民主意味着什么？马克龙强大的领导力和基层协商的结合是否可以持续？这种模式在其他国家行得通吗？或者它是法国特色的产物？

## 前进运动的新路径

马克龙并没有提出一套预先确定的政策主张从而自上而下地建立共和国前进运动，而是采用大规模的与公民对话的方式。这项名为"大游行"（Grande Marche）的运动拥有 5000 多名志愿者，他们在全国范围内对 25000 人进行了大约 45 分钟的深度访谈，询问他们对法国的看法；自己、家庭以及社区面临的问题；对未来的希望。所有这些信息随后被整理反馈给前进运动中的政策专家团队。

欧洲没有其他领导人在成立政党或发起运动之前进行过类似的公共活动。几乎所有的政党都通过民意调查或设立焦点小组了解公众欢迎怎样的政治立场，但这通常是小规模且在幕后进行的。马克龙在竞选时使用的语言和他选择关注的问题真正引起了许多选民的共鸣，选民认为，他们在新的政治方案中获得了真正的发言权。

从一开始，共和国前进运动就不论党派归属地而对任何感兴趣的人开放。它代表了会员模式向追随者模式的转变——这也被欧洲其他一些运动和政党借鉴。共和国前进运动的正式追随者提交了他们的联系方式并同意遵守其宪章，但他们不需要像大多数政党的成员那样进行捐款，正因如此，前进运动的正式追随者人数远远高于其他任何一个法国政党。共和国前进运动开放的在线追随者模式不仅使其以低成本方式获得其支持者和潜在目标选民的数据，也使得该运动能够收获小规模捐款，以资助马克龙的总统竞选活动。美国民主党曾在 2008 年奥巴马总统竞选期间通过小额捐款筹集了大量资金，但马克龙成功地使这种方法在欧洲形成了前所未有的规模。

独立于既有政党结构的官僚机构和内部政策，以及传统资金来源的附加条件，意味着共和国前进运动可以做出更快、更灵活的竞选决策。正如共和国前进运动在里昂的协调人布鲁诺·邦内尔（Bruno Bonnell）在接受媒体采访时说的那样："我们更像游击队。我们是流动的，我们是行动迅速、决策果断的。我们出乎意料地聚合了一种巨大的……高涨的情感。马克龙的总统竞选活动不是由当地政党办公室运作的，而是由数千名无偿的志愿者进行的，比如邦内尔（Bonnell），他主要从自己的家、汽车、公寓和公共场所（如酒吧、餐厅和社区中心）来支持马克龙的选举活动。"

马克龙的方法意味着他的核心主张——更新政治阶层，可以被严肃对待。在总统选举和随后的议会选举中，共和国前进运动的部分吸引力在于其反建制言论获得了践行。一半的候选人是女性，其中一半来自公民社会，而不是政治世界。现在，国民大会的四分之三成员以前从未当选过，由此形成了比以往任何时候都更年轻、更多样化的人员组合。然而，批评人士认为，这种发展是精英主义的复兴，因为大多数新当选的共和国前进运动成员都受过高等教育，其中大部分具有商业和管理背景。

## 前进运动模式复制的可能性

马克龙和共和国前进运动出人意料的空前成功引发了一系列疑问：这种方法是否可以在其他欧洲国家复制？这种模式在法国具有可持续性吗？参与政治的企业家可以从中获得如何找到一个新的政党运动（进行资助）的经验吗？最初的公众热情能否保持到2022年及之后的法国大选？

很难想象，马克龙采用的方法在欧洲其他地方能像在法国一样有效。法国的半总统制及其独特的两轮投票安排，意味着总统候选人的个性和形象非常重要。由于法国本质上是选举一名强有力的行政人员，因此有可能发起一场围绕一个领导人的运动，而此种发起方式在其他欧洲国家实践起来更为困难。同样的情况在决定议会选举的结果方面发挥着巨大的作用，这通常发生在总统选举几周之后。然而，这并不是说类似的选举情况在其他地方不会发生。至少部分共和国前进运动的实践可能会在其他地方引起共鸣。

其他国家当然可以复制的是马克龙和他的支持者们组织的真正的公民对话。鉴于许多选民现在不太倾向于按照传统的政党路线思考，共和国前进运动能够制定一个新鲜的、有趣的选举议程和拥有融合左派右派元素的政策平台，使得马克龙在传统政党中脱颖而出。在进行深入磋商的过程中，并没有什么独特的法国式做法以使原有的、令人信服的政策平台受到民众欢迎。因此，前进运动的方法是很容易借鉴的。

此外，共和国前进运动不仅从其他政党那里获得了一些想法，而且还超越了党派分歧，在一个先前未被占领的政治空间中创建了一个新的选民联盟，这个联盟是亲欧洲的、经济自由的、致力于社会保护的，并且强烈反对民粹主义、极右翼的国民阵线（the National Front）。这对越来越厌倦陈腐的党派分歧的法国选民很有吸引力。若其他欧洲国家的选民有同样的想法，这种超越左派和右派的联盟可能会在法国以外获得支持。

## 前进运动的可持续性

在可持续性方面，目前对 2019 年欧洲议会选举的民意调查表明，共和国前进运动遥遥领先于其他政党。这表明，这一运动很可能在短期内保持其势头，而法国则给予了马克龙一个改革国家的机会，尽管没有先例可循。奥地利的塞巴斯蒂安·库尔茨的执政时间比马克龙更短，而意大利的"五星运动"也只是刚刚开始考虑如何组建一个国民政府。因为选民感到新奇而在一个强调以不同的方式进行政治运作的平台上获胜是可能的，但是赢得了国家权力后保持这种方式就很难了。从长远来看，对于马克龙和他的前进运动来说，此种新奇感也很容易逐渐减少。

自法国总统选举和议会选举以来，共和国前进运动保留了其追随者的成员模式，但在其官僚机构和地方政府方面，则正在发展为一种更为传统的政党结构。这是一种自然的发展，因为当地的支持者们以更有组织的方式聚集在一起，共和国前进运动以其议会代表制从国家获得了大量资金。这种变化对共和国前进运动未来选举前景的影响是不确定的。这可能导致其面临与其他政党类似的问题：当拥有政治野心的人加入当地团体以提高其党内地位并被选为党内代表参与选举时，他们可能自认为因其对于政党投入的时间和精力而应获得更大的选举机会，从而反对目前更公开的选举过程，而此种选举过程恰恰在 2017 年确保了共和国前进运动有很好的性别平衡和多样性的候选人。

然而，与此同时，共和国前进运动仍然是一种流动的、以志愿者为主力的运动，它保留了其竞选模式的某些方面。地方团体可以被创建并轻松地运行。志愿者们将构成另一场"大游行"的人力资本的很大一部分。大游行开始于 2018 年 4 月，是一场旨在为 2019 年欧洲议会选举拟定政治宣言的后续大规模的共和国前进运动促进磋商活动。该党正寻求再现其总统竞选的成功。为共和国前进运动的政治宣言集思广益的专家团体似乎依然活跃，他们的长远观点是在未来的选举中竞争，并与更广泛的公众保持持续的对话。然而，这些团体是否能对政策产生切实的影响，还有待观察。

这些对可持续发展的挑战，将与欧洲各地密切关注共和国前进运动的其他运动和政治家关系巨大。这些问题表明，高水平的政治成功需要不断努力以保证一项运动的民众支持和参与。

## 政治重组与调和策略

马克龙的统治风格与先前法国政治统治方式的紧张关系和他的政党对基层协商的强调引起了越来越多的关注。两者能调和吗？这种协商方法是马克龙为其政府的行为寻求一种自下而上的合法性并开展竞选活动的方法吗？或者，被政治参与机会所激励的民众是否会对法国2022年的选举感到失望？

在依靠公众参与和运动的力量自下而上的协商和宣传活动之后，因为获得了国家权力，马克龙已经转向为一种更传统的、自上向下的方式。当然，这在一定程度上是因为法国是世界上拥有最集中的、自上而下的政府体系和最大的总统权力的国家之一。这种现实导致了传统法国政治文化与运动自下而上的思维方式之间的紧张关系。然而，此种统治风格可能需要在一些领域取得巨大的进展，特别是重振经济。但在马克龙的任期内可能并不能实现；在其总统任期的第二阶段，可能会有更多的管理创新，以便共和国前进运动为下一次选举做准备。

竞选和执政风格之间的紧张关系最终反映了选民们相互矛盾的愿望，他们同时想要快速的政策结果和深刻变革的执政风格。马克龙的方法似乎旨在平衡这些目标，他在协商、竞选、计划实施和重建之间摇摆不定。马克龙可能正在通过对中间派和中左派进行平衡重塑法国的政治方向。在2018年11月的另一项民意调查中，49%的受访者称马克龙正在克服政治分歧，53%的人说他进行以一种不同的方式进行政治运作。值得注意的是，在第二轮总统选举投票给他的选民中，有三分之二的人认为他已经克服了现有的分歧，并以不同的方式处理政治问题。这似乎表明，他的大多数选民认为目前为止他信守了他的政治承诺。

关键的问题是，如果中左派和中右派这两大主要政党在2017年的选举失败后进行调整，马克龙的政治重组和选民满意程度能否持续下去。对共和国前进运动的最大威胁在右翼，共和党的新领导人劳伦瓦奎兹（Laurent Wauquiez）正在通过对右翼政策进行一种更能为人所接受的包装，从而试图在战略上削弱国民阵线。如果奏效，马克龙将面临来自保守派的强烈反对。在中左派，社会党（the Socialist Party）正在处理一场事关生死的危机，因此至少在不久的将来，似乎不太可能构成严重挑战。现在，梅朗雄和他的不屈的法国用一种类似于马克龙的运动方式获得了极左派反对党的支持。

总而言之，马克龙的中间派政治重组的可持续性将取决于他和他的共和国前进运动能否继续贯彻其对截然不同的政治形态的调和策略。他宣称的重建法国意识形态格局的努力仍处于初步阶段，尽管在某种程度上这种努力将会停止。到下次选举时，对手将更加明确地紧盯马克龙。尽管共和国前进运动一直自称为一场运动，但是在任何意义上它都不是一场运动。它将不可避免地成为一个具有更严格组织结构的政党。2022年的选举将是对马克龙方法的真正考验。

（编译／蒋雨璇）

# 英国脱欧背后的偏执幻想

[**编者按**]　在 2016 年 6 月 23 日的全民公投中，有 51.9% 的英国选民投票支持离开欧盟，这使得英国不再受欧盟法律、欧洲单一市场及若干自由贸易协议约束，并可取回对移民政策的控制权。但由于英国政府无法说服议会接受与欧盟谈判达成的协议，英国脱欧已然形成僵局。左翼政治评论家芬坦·奥图尔 于 2018 年 11 月 16 日在《卫报》网站上发表名为《英国脱欧背后的偏执幻想》[1] 的文章中指出：在近代历史的进程中，实行代议制的英国一共只举行过三次全民公投，而其中两次便涉及英欧关系。第二次世界大战带给英国和欧洲大陆不同的教训，强化了英国与欧洲在政治文化上的界限，所以在英国保守派的幻想中，欧盟延续了此前欧洲大陆的统治意图，是什么或者它在做什么都不重要，它的作用便是以一种更阴险的纳粹主义形式存在着，是想象中的侵略者，而英国则是一个战败国。

在莱恩·戴顿（Len Deighton）的畅销惊悚小说《不列颠党卫军》（SS-GB）中，基于其本身对英国更深层次的情感结构，他提出了英国脱欧言论中两个异常重要的观点：第一个观点是对英国人变成"新欧洲人"的恐惧，加入欧洲将会使得自己不得不去适应德国统治的结构；第二个重要的观点便是从"帝国中心"到"被占领殖民地"的陨落。在英帝国的想象中，只存在两种

---

[1] Fintan O'Toole, "The Paranoid Fantasy Behind Brexit", *The Guardian*, November 16, 2018, https://www.theguardian.com/politics/2018/nov/16/brexit-paranoid-fantasy-fintan-otoole，最后访问日期：2019 年 5 月 25 日。

国家：统治国与服从国、殖民国与被殖民国。若英国一旦陨落，那么它肯定是被殖民国。

在本文作者的眼中，英国脱欧背后存在着其对欧盟和自身所塑造的偏执幻想。

## 欧盟是虚构的入侵者

作者认为，英国在其幻想中将欧盟视为虚构的入侵者，主要是基于两个方面。

一方面是英国反欧主义者普遍认为欧盟延续了此前欧洲大陆的统治意图，并以更加隐伏的形式得以存在。例如，在 1989 年，来自伦敦经济学院的教授肯尼思·米洛（Kenneth Minogue）在与布鲁日的反欧洲的保守党成员交谈时说道："欧洲各机构正试图按照中世纪教皇、查理曼大帝、拿破仑、恺撒以及阿道夫·希特勒的传统建立一个欧洲联盟。"鲍里斯·约翰逊在英国脱欧公投前一个月，也就是 2016 年 5 月 14 日，在受《每日电讯报》的采访中重申了自己的观点，"欧盟正在追求与希特勒相似的目标，试图创建一个强大的超级大国"。

另一方面则是对德国的恐惧。历史学家罗伯特·桑德斯（Robert Saunders）写道："德国由于两次未能在军事上征服英国，所以一些人将欧共体视为德国的新夺权行为。"但提到主权的问题时，他又提及："对于一些人来说，将国家主权交给欧共体就是对那些将欧洲从纳粹独裁统治中解救出来而战斗牺牲的人的背叛。"1990 年，撒切尔夫人亲密的朋友以及忠诚的盟友、时任英国贸易和工业大臣尼古拉斯·里德利（Nicholas Ridley）告诉《旁观者》（Spectator）杂志："欧盟所引进的欧洲货币体系就像一个德国球拍试图接管整个欧洲……原则上我并不反对放弃主权，但是现在的情况让我有点无法接受。坦率地说，若给予希特勒也不过如此……我宁愿拥有避难所以及反击的机会，也不想单从经济上被接管。"同时，作者认为之所以没有撒切尔夫人与科尔在勃兰登堡门牵手以示英德和解的照片，是因为撒切尔夫人有着一幅英国保守派无法超越的心理地图，该地图描绘着纳粹统治下德国的扩张。彼得·詹金斯（Peter

Jenkins）在当时的《独立报》（Independent）中写道："人们普遍认为撒切尔夫人与里德利的观念一致，担心欧洲的货币和经济联盟将成为德国统治的工具，而不是遏制统一德国的手段。因为二战的经历刻骨铭心，所以撒切尔夫人本能地不信任德国人。"

## 英国则是被侵略者

作者认为，英国如今的确处于一种混乱的局面当中，作为胜利者，它似乎已经被失败者超越，所以便自然而然地得出了一个颠倒性的结论：英国自己是一个被欧盟所压迫和侵略的失败国家。而实际上，这种偏执型妄想早在20世纪七八十年代便已出现端倪。

针对 1975 年英国留在欧共体这一事件上，保守派将其与 1938 年英法意和德国签署的《慕尼黑协定》相提并论。"让英国退出欧盟"（Get Britain Out campaign）的运动发起者克里斯托弗·弗雷尔·史密斯（Christopher Frere-Smith），曾多次警告称："加入共同市场标志着一个《新慕尼黑协定》。" 1977 年，伊诺克·鲍威尔（Enoch Powell）在抱怨共同市场成员国身份的不利影响时，悲叹道："两种声音如今不绝于耳，一是谴责我们屈服于国家不曾拥有的法律，二是谴责我们屈服于这个国家不愿服从的价值尺度。我对于这两种屈服有着挥之不去的恐惧，我相信我的英国同胞们与我有相同的感受，认为我们在不久的将来将会一无是处地死去。我所说的并非口误，因为活着便意味着死亡的临近，所以我们其实是为死而生。爱国主义就是拥有一个可以为之献身的国家，并且愿意在有生之年为它献身。"这将殉道将自我毁灭幻想达到新高度：在反欧盟抵抗运动中，死亡不是一种命运，甚至不是一种行为，它是日常的快感。

同时，在 1982 年 7 月马岛的胜利演讲中，撒切尔夫人明确地将马岛战役作为旧时战时精神的复兴，并借胜利来证明英国与鼎盛时期并无不同。她斥责那些认为"我们无法成为曾经的我们"的怀疑论者，并宣称："马岛的经验告诉我们：英国并没有改变。同时，这个国家仍具有自古以来所延续的优秀品质。如今这代人，在能力、勇气以及决心上都能与他们的祖辈、父辈相匹配，我们并未改变。当战争爆发，本国人民危在旦夕之时，我们英国人将会一如既往，拿起武器进行反抗。"但是，即使在这种胜利的模式下，撒切尔夫人仍给撤退和侵略注入了新的比喻。"我们已经不再是一个退却的国家。"她暗示英国在很长一段时间已是如此，"为什么？难道我们放弃自私的念头并开始共同协作之前，必须遭受侵略么？"在这个问题中有一个认定：我们被侵略。马岛战役的美妙之处在于，这场战争不仅仅证明英国有意义地存在，同时也包含了入侵和投降的观念，而马岛就像是一个被虚构出来的英国，没有其他肤色的移民，少量的白人享受着整片田园风光。

总而言之，萦绕在英国保守主义想象中的黑暗幻想不可能得到释放，英国所展现出英勇的抵抗运动与欧洲帝国主义之间虚构的斗争已经成为英国人意识中的一部分。但是在作者看来，这是一种自哀，也是一种奇怪的需要。

（编译/李泓翰）

# 英国脱欧公投受到外国势力的资助与干涉

**[编者按]** 政治事件背后的那些隐形势力，向来是令人热衷的话题，无论是潜心研究的学者，还是乐于"吃瓜"的群众，在试图揭开政治运作背后的"真相"这一点上，倒总是能不谋而合。2018年11月17日，《纽约客》的调查记者简·迈耶发布了关于英国脱欧事件的最新调查进展的文章——《有关班农和剑桥大数据公司在英国脱欧进程中扮演的角色的新证据浮出水面》。[1] 迈耶在文中指出，有新证据进一步证明英国脱欧公投受到外国势力的资助与干涉，而且也有证据初步显示脱欧公投与特朗普2016年成功竞选总统之间存在关联性。换句话说，英国脱欧和特朗普当选美国总统这两件事，可能是由相同的人以及相同的资本势力影响所促成的。

## 班农和剑桥大数据分析公司与英国脱欧的关系"暧昧"

此前已经有观察者认为2016年的英国脱欧公投对特朗普获选美国总统助力不少，现在则有新的证据显示史蒂夫·班农（Steve Bannon）——这位特朗普的前顾问——对英国脱欧可能也做了些什么。例如，乔治·华盛顿大学专攻虚假信息的学术专家艾玛·布里安特（Emma Briant）便发现了一些新的电子邮件，显示班农和他曾经任职过的剑桥大数据分析公司（Cambridge Analytica）在

---

[1] Jane Mayer, "New Evidence Emerges of Steve Bannon and Cambridge Analytica's Role in Brexit", *The New Yorker*, https://www.newyorker.com/news/news-desk/new-evidence-emerges-of-steve-bannon-and-cambridge-analyticas-role-in-brexit，最后访问日期：2019年05月31日。

2015 年便同时参与了英国脱欧和特朗普竞选这两个事件。

根据这些邮件，班农在 2015 年 10 月和极右翼组织 "逃离欧陆" (Leave. EU) 的领导人多次接触过，而在 2015 年 11 月，"逃离欧陆" 就公开发起了一场旨在说服英国选民投票支持退出欧盟的活动。除了班农，剑桥大数据分析公司项目开发总监布坦尼·凯瑟（Brittany Kaiser）以及自称 "英国脱欧坏男孩" 的 "逃离欧陆" 领导人艾伦·斑克（Arron Banks）也都出现在了这些邮件里。

不过作者也表明，外国企业在英国脱欧公投中是否提供了资金支持，目前尚不能确定。英国和美国法律都明令禁止外国势力干涉本国内政，而且剑桥大数据分析公司的高管们也坚决否认公司存在被资本操控进而暗中帮助 "逃离欧陆" 的情况。当然，根据邮件的内容，剑桥大数据分析公司至少也客观上为 "逃离欧陆" 的前期准备活动提供了帮助，斑克在 2015 年 10 月 24 日也曾试探过剑桥大数据分析公司，试图通过美国来帮助他为 "逃离欧陆" 筹集资金。文中引用的斑克给剑桥大数据公司高管的一份说明中便写道："捐助者们犹豫不决，我们需要做些什么来让他们下定决心"，"我们希望剑桥大数据分析公司能够出台可行的策划来提高在各个州的资金筹集，并且和那些可能受到大西洋贸易投资伙伴关系（Transatlantic Trade and Investment Partnership）影响的公司和特殊利益集团保持联系。"

当然，斑克只是提出了一项可能规避竞选法规的策略。他建议剑桥大数据分析公司帮助美国人 "与英国人建立家庭联系"，同时宣传自己能够获得大量的美国选民登记数据以及其他个人信息，由此更好地 "筹集资金并开展社交媒体活动"。该建议很快就获得了剑桥大数据分析公司的回应，班农则恰恰被列入了拉拢名单。

显然，"逃离欧陆" 在英国脱欧过程中发挥的影响，和班农以及剑桥大数据分析公司之间至少也存在一些说不清道不明的关系。

## 英国已经对有可能在脱欧背后运作的 "影子" 进行调查

外国资金是否秘密支持了英国脱欧，已经成为英国国内相关猜测和调查的焦点，这些调查在许多方面和罗伯特·穆勒（Robert Mueller）关于俄罗斯是否支持了特朗普2016年竞选活动的调查有相似之处。

当前，斑克已经处于被调查的过程中，"逃离欧陆"花费了大约900万英镑来支持英国脱欧运动，这使他成为英国迄今为止最大的政治献金者，但这笔巨大的资金几乎不可能来自他个人的财产。尽管斑克坚称自己的捐助行为合法，但目前还是受到了多家调查机构的彻查。而布坦尼·凯瑟（Brittany Kaiser）这位剑桥大数据分析公司的前任高管，则把老东家在英国脱欧公投中发挥的作用曝光给了新闻界，但她本人拒绝直接出面发表评论。

至于班农，目前没有足够证据表明他与"逃离欧陆"的领导人和剑桥大数据分析公司的高管之间的私下"交流"有什么联系。不过作者在文中提到，班农在2015年秋季的主要精力都投入到了向特朗普及其他共和党候选人提供支持的工作中，而在特朗普赢得共和党总统候选人提名后，剑桥大数据分析公司在默瑟家族（Mercer family）的坚持下，开始为特朗普的竞选活动提供服务。

后来的事情也人尽皆知了：2018年5月，剑桥大数据分析公司被指控在未经用户许可的情况下，从Facebook不正当地获取了数百万人的个人数据和隐私。这家公司是否利用了这些数据，以及怎样利用这些数据影响美国总统的竞选结果，恐怕每个人心中都有自己的一杆秤。

## 美国不能"独善其身"

如果说英国的脱欧背后有影子势力的运作，那么美国总统竞选的背后，是否也存在这样的势力呢？文章对此问题的答案基本是肯定的。

实际上，英国脱欧和特朗普的竞选似乎依赖着相同的社交媒体、相同的策略、相同的顾问乃至相同的极右翼民族主义作风，这已经引起了大西洋两岸的警惕。例如，美国国会议员、文化媒体体育委员会主席达米安·科林斯（Damian Collins）便认为新出现的电子邮件表明了"班农和默瑟家族的影响力比我们之前所意识到的更强大、更复杂"，所以英国继续开展穆勒式调查（Mueller-style investigation）是非常必要的。

总而言之，美国对特朗普选举涉及的外国势力的调查工作，和英国对英国脱欧的调查工作越来越多地交织在了一起。据报道，俄罗斯驻英国大使亚历山大·雅科文科（Alexander Yakovenko）一直是穆勒调查人员和英国调查人员重点关注的对象，雅科文科和斑克之间的关系也被调查人员发现了。还有报道爆出班农和特朗普的盟友、英国独立党前领导人奈杰尔·法拉奇（Nigel Farage）在 2017 年被发现出入厄瓜多尔驻伦敦大使馆（编者注：阿桑奇此前便是在这里接受的庇护），之后他们便受到了英美两国调查人员的密切关注。

穆勒调查正在进一步确定以上种种是否有必然的关联，但英国缺乏全方位的综合性调查，已经受到了各界批评。艾玛·布里安特（Emma Briant）就认为，新发现的电子邮件表明斑克很早以前就为英国脱欧寻求外国势力的资助，所以在她看来，英国的调查应当与美国的调查统一步伐，以金钱操作和舆论操控为线索进一步深入开展。

最终的调查结果确实令人期待。毕竟，关于公投、选举这些"民主"活动的背后存在各种力量的博弈、各路资金的资助，也早就算不上什么大新闻，但人们对英国公投和特朗普当选总统这两件全球范围内的重磅政治事件，还是怀有很大的激情，愿意去一探背后究竟。

（编译/鲁昊源）

# 防止英国分裂的宪法方案

[**编者按**] 2018 年 6 月 7 日，英国《政治季刊》发布了布鲁斯·阿克曼在伦敦大学玛丽皇后学院人文社会科学研究所的年度讲座记录，题为"英国需要一部成文宪法，且不能指望议会来制定"。[1] 阿克曼的这次讲座强调了爱尔兰、苏格兰和威尔士的地方自治诉求所带来的困境，重点探讨了避免英国分裂的各种可能方法，并最终认为，程序上只有通过形成一个经过特别选举的、独立于议会的制宪会议，通过其适格的身份合法地打造一部成文宪法，英国才能走出当前的困境。在方案的具体落实环节，一旦制宪会议开始运作，其提案应提交全民公决批准，但提交前应采取特别措施以鼓励选民理性决定。鉴于上次公决中误导信息的传播，英国可采取新设"协商日"这一全国性假日，这一天里，选民聚集在社区中心讨论会议提案。即使最终结果不乐观，也将极大地阐明宪制选择的边界，为这一机制的重新运作奠定基础。

英国正处于历史的拐点。三个世纪以来，它的几座岛屿一直处于帝国的中心，并在美国独立后不得不定期处理殖民地的独立问题。然而，它现在却面临着一个独特的问题：基于一系列历史原因，联合王国已经陷入了一种奇怪的政治状况。目前，居住在苏格兰的 500 万人、威尔士的 300 万人以及北

---

[1] Bruce Ackerman, "Britain Needs a Written Constitution–and Can't Wait for Parliament to Write One", *The Political Quarterly*, August 20, 2018, https://politicalquarterly. blog/2018/08/20/britain-needs-a-written-constitution-%C2%AD-and-cant-wait-for-parliament-to-write-one/, 最后访问日期：2019 年 5 月 31 日。

爱尔兰的 200 万人正适用自治规则，而居住在英格兰的 5200 万人却没有被授予自治；同时，这三个区域的自治程度差异显著。在作者看来，前者可称为空间非对称联邦制（spatially asymmetric federalism），后者可称为定性非对称联邦制（qualitatively asymmetric federalism），英国的宪法困境就是围绕这两个"非对称"展开的。

## 困境：英国非对称联邦制与地方自治诉求的矛盾

双重的不对称会产生一系列严重的问题。首先，下议院可以在任何时候改变联邦的定性条款，即便英格兰人没有感受到深远影响苏格兰、爱尔兰或威尔士的决定的后果。这就导致这三类少数群体会组织地方性政党来捍卫或扩大他们的自主权。如果这些地方性政党赢得了他们地区在下议院的多数席位，那么对国家导向的保守党或工党而言，要形成稳定的多数政府将困难许多。接下来的数十年里，不对称联邦的张力将使得"梅型政府"更为普遍——首相与各地区不断达成临时协议，以赢得反对党一再提出的不信任挑战。

时不时被极具煽动性的政治言论影响，政治脆弱的张力不仅会反噬自身，还会破坏英国公民身份的传统认知。在 18 世纪早期，约翰·哥特弗雷德·赫尔德（Johann Gottfried Herder）等思想家以及他们的众多追随者即认为国家应当放弃建立广泛多元生活方式的念头，各个国家应致力于保护区域范围内的那一个主导文化。作者认为，目前的英国很可能会被不对称联邦主义的政治张力所产生的、与其冲突的单一文化主义侵蚀。

## 避免联合王国分裂的若干选项

在这一困境下，作者提出了英国理论上还可以采取的三种方案。

（一）方案一：划分省份以建立对称联邦

理论上，英国也可以像澳大利亚、南非、德国或美国那样，将全国划分为一定数量的自治省，给予他们相同的地方自治权，并将议会的最高权限制在真正的国家性问题上。但可以肯定，地区边界的划定将是一个棘手的问题。明智的方法是在将每一个省设定为 1500 万人口的同时进行性质上的调整，以确保它们享有平等的财政和社会公共机构支持。

这一动力将不仅能够支持英国公民身份的启蒙传统，还将更有效地促使下议院尊重地方与国家间的分权，因为现在英格兰议员会发现将他们代表的选民在联邦的利益考虑在内也将符合他们自身的利益。事实上，标准联邦制会导致议会内地方政党的衰落。一旦选民被给予"国家政党会尊重联邦利益"的保证，他们会发现将票投给工党或托利党或自由民主党对于表达他们在国家政治中的核心问题更为重要，而不会再将选票浪费在利用议席游说仅仅是省内问题的地方政党之上了。

（二）方案二：设立联邦参议院扩大三地代表权

另一个理论选项是建立一个联邦参议院来制衡民选下议院的集权倾向。如果英国采纳这一方案，将会废除贵族院并建立一个参议院，以赋予北爱尔兰、苏格兰和威尔士大于它们应获得的人口基数上的代表权。

但作者不太支持这一方案，因为这会造成僵局难题。议事效率将取决于联邦参议院在多大程度上被允许推迟或否决下议院的提案，而难题发生在当这两个议会由不同的政党联盟控制且他们是激烈的竞争对手之时——他们会利用两院制作为武器来制造僵局，以一种很成问题的手段让他们的竞争对手失去权力。由此产生的危机将动摇整个宪制秩序的基础。而英国历史充斥着这些两院制的僵局，尽管它们涉及的是贵族院而不是联邦参议院。

（三）方案三：通过法院调和央地冲突

理论上，制度制衡中还应增加最高法院，但作者同样对此表示质疑，因为法官们有更重要的工作去做——脱欧将使法院面临英国传统理论在界定基本人权时的巨大差异。自 1998 年《人权法案》以来，这还不是英国法官关心的首要问题，但一旦英国重新取得独立，最高法院必须通过向欧洲及世界其他地方发展的、更现代的平等和人格尊严理解回应的方式，投入大部分精力挖掘英国的自由和公平传统。由于在英国的传统中，人格尊严原则从来没有被有意识地阐述过，因此最高法院将不得不在一系列具体的案例中定义其边界，也不得不作出一系列极具争议的决定。这将使其特别容易遭受政治上的攻击。因此，其不应通过强行干预联邦制的方式来增加其合法性问题。

因此，考虑到最高法院权利保护任务的优先性，作者认为依靠其他机制——如联邦对称化以及建立联邦参议院——来完成中期内的繁重任务是明智的。

## 制宪的具体实施方法

那么英国应如何自我组织来作出塑造其宪制未来的重大决定？作者认为，不应通过议会，而应选举一个制宪会议，制定一项提案，在采取特别措施以确保选民在关键问题上作出明智的决定后，由英国公民在特别的全民公决中审议。具体方法如下。

（一）制宪会议的选举方法及激励机制

会议的选举不应以标准的单一选区、赢者通吃的方式进行。相反，应该要求政党及其他公民团体向国家提交一份候选人名单。在每一份名单上的最高位候选人都将获得其所在团体的名单在普选中所占票数比例的当选资格。这个机制——被称为"封闭列表比例代表制"——在许多国家都得到了成功的运用。在这一特殊背景下，它将鼓励选择这些候选人，他们能够基于自身的过往表现劝说英国选民他们值得被信任来实现这个使命。考虑到不同的利益和价值观，几乎可以确定没有任何一份名单能赢得 51% 的选票。相反，因为不同名单的最高位候选人试图找到一个明智的解决方案，他们将不得不认真对待对立观点。在宪制设计的基本问题利害攸关之时，这是一件好事，而不是一件坏事。

对于制宪会议而言，关键问题不在于他们是否取悦首相，而在于他们能否说服普通民众在即将到来的全民公投中同意他们提出的宪法。赞成票不仅会给代表们的职业生涯增光添彩，也会推动他们成为国家的重要人物；这将确立他们在英国历史上有一段相当长时间内的地位。如果这样一种辉煌愿景都不能促使他们超越当下琐屑的政治诉求，那就没有什么可以了——特别是如果在公投临近之时，采取措施鼓励选民也在类似的公德心驱使下参与这场活动。

（二）设置协商日进行全民表决

对此，作者提出在全民公决的几周前设置一个全国性假日——协商日，以鼓励普通民众在遍布国家的社区中心里讨论关键性问题。[1] 协商日以电视辩论这一熟悉的方式开始，制宪会议的提案方与反对方将展开辩论。辩论结束后，当地居民分讨论小组，在十五人或更大的会议上就主要问题展开讨论。小组讨论从全国辩论结束时的话题展开，每个小组花一个小时的时间来确定辩论双方没有回答的问题。紧接着，每个人将与邻近的其他五百名选民一起参与一个全体会议，听取赞成方和反对方的地方代表针对他们提问的回答。午餐后，继续重复早晨的程序。在白天结束的时候，参与者们的讨论将远远超出了早晨电视辩论中自上而下的问题。通过提问—解答的协商过程，他们将获得对国家所面临的宪制问题的自下而上的理解。在全民公决前的准备阶段中，"协商日"的讨论将持续进行，吸引当天没有参加的民众参与这场不断升级的全国性对话。社会实验已经证明参与者极大地提升了他们对问题的理解，并且经常改变他们对于一项举措的最佳看法。

当然，作者也不否认新的协商日只能确保公投日的投票更加理性，因而很难保证一个赞成的结果。但即使是反对的结果，也很难证明这项尝试是失败的——它将极大地阐明宪制选择的边界，为这一机制的重新运作奠定基础，且有更大的成果前景。下一次应召集选举另一个制宪会议，在选民进行新的协商性全民公决前制定另一项提案。如果二次提案失败，则应适时结束，并将此事交还议会掌控。到那个时候，经过了三到四年，脱欧的阴云逐渐消散，这将允许议会更加认真地对待这个问题。即使在最悲观的情况下，制宪实验将被视为伟大的失败——因为之前的宪制争论过程将对议会的解决方案产生深远影响。

（编译/史庆）

---

[1] B. Ackerman and J. Fishkin, *Deliberation Day*, New Haven CT, Yale University Press, 2004.

# 自由秩序是威权主义的温床

[编者按]　自由主义在西方社会政治思潮中占据主流地位，其不仅与西方社会矛盾密不可分，也因西方力量的国际影响力而与世界其他地区（尤其亚非地区）息息相关。而随着特朗普主义与其他独裁主义兴起，以及西方力量的影响在其前殖民地事务中持续渗透，自由主义成为讨论的焦点。《洛杉矶书评》记者弗朗西斯·韦德发表《对话潘卡吉·米什拉："自由秩序是威权主义的温床"》[1]，记录其对印度作家潘卡吉·米什拉的采访内容，探讨自由主义与独裁主义的兴起及帝国主义扩张之间的关系。米什拉指出，自由主义这一概念具有迷惑性，而威权主义极易以此为名而大肆扩张。本文兼具国内与国际视角，从自由主义修饰用语的角度进行分析，既对自由主义思想进行了历史脉络的梳理，也以当代视角探究自由主义修辞的适用，剖析三者之间的动态关系。

## 自由主义概念的去魅

长久以来，自由主义被认为是个人权利与自由的代名词，成为进步文明的时代标签。然而在米什拉看来，自由主义概念具有迷惑性，其早已为独裁

---

〔1〕　Pankaj Mishra, "'The Liberal Order is the Incubator for Authoritarianism': A Conversation with Pankaj Mishra", *Los Angeles Review of Books*, November 15, 2018, https://lareviewofbooks.org/article/the-liberal-order-is-the-incubator-for-authoritarianism-a-conversation-with-pankaj-mishra/，最后访问日期：2019 年 5 月 21 日。

主义与帝国主义所滥用。尽管米什拉承认其对自由主义的理解基于在印度的政治经历，但或许这也为理解自由主义提供了新的视角。他以在克什米尔的新闻工作经历为例，说明其思想转变过程："印度军队占领克什米尔的残酷现实，以及随之而来公然的谎言和欺骗促使我重新思索许多对西方帝国主义，以及以进步为名进行帝国主义扩张的旧批判。"其于2000年在印度报（The Hindu）和《纽约书评》（The New York Review of Books）发表对此现象的批判：印度共和国——一个为获取自由而与西方帝国主义艰难抗争的国家，其本身却可能就是残酷的帝国主义政权。这样的论述却遭到了自称为印度自由主义者的鄙斥。印度自由主义者乃至一些左派人士对于克什米尔的谎言与伪善使得米什拉对所谓的自由国际主义者有了更加深切的认识：例如，他们为布什政府袭击伊拉克冠以自由、民主、进步的人道主义名义。米什拉指出，人们最好不要被诸如"世俗主义"和"自由主义"的字眼在道德上所迷惑；也不要想当然地认定在宣誓拥护特定意识形态的真理后，就站在历史正确的一边。相反，一个人应试图去感知权力的角逐、利益的冲撞，而这些则为那些呼应美德的主张所掩藏。

## 自由主义的追根溯源

作为有产白人的意识形态的自由主义是与种族阶级的固有划分，以及文明人与野蛮人的伪分类一同出现的。在约翰·斯图亚特·穆勒（John Stuart Mill）以及托马斯·杰斐逊（Thomas Jefferson）看来，个人权利和普遍理性是专属于少数群体（牺牲他人和放纵其自由的殖民者）的特权。其受害者——非白人，早在19世纪就指出了这些自由主义修辞中的本质矛盾。米什拉援引马克斯·韦伯（Max Weber）1906年的讲话："问题在于：从长远来看，在高度发达的资本主义的统治之下，自由和民主如何实现？……现代自由的历史渊源有其不可重复的独特背景。让我们列举其中最重要的几个。首先是海外扩张。在克伦威尔的军队中，在法国国民议会上，乃至今天在我们整个经济生活里，来自大洋彼岸的微风都能为人所感知……但现在已经没有可供我们开发的新大陆了。"

　　自由主义兴起有着特定的历史背景。而正是有了自由主义，帝国主义的
海外扩张才师出有名。而今天随着非西方力量的崛起，自由主义与帝国主义
的关系问题已显得尤为紧迫——前者是否依赖于对后者道德上的优胜，因而
在帝国摇摇欲坠之时，带有瑕疵的前者也趋于衰弱。并且，无休止的经济与
政治危机迫使西方自由民主暴露出其种族划分以及不平等结构的问题，其领
导者不得不转而明确提倡白人优越主义。

## 自由主义与独裁主义

　　米什拉认为许多有权有势者自称为自由主义者，并声称致力于捍卫个人
自由，但实质上，却是扯着进步主义的大旗，钻营谋利。也有一些自由主义
者乐于与当权者打交道，而当其被拒绝后，这些失意的自由主义者则将自己
臆想为"负隅抵抗"的游击队员，成为保卫自由主义的英雄。显而易见，这
些人都不能真正地保障和促进个人自由。而自由秩序用市场关系取代社会纽
带，将贪婪正当化，使人们从属于市场。一方面它鼓吹个人自治与个人责任
的精神，而另一方面市场危机则使人们不可能为未来储蓄和计划。最终，无
业游民出现。他们的前途晦暗不明，极易为煽动者所允诺的美好幻影所蛊惑。
自由秩序成为美好而遥远的期许，也成为独裁主义扩张的理由。此时，自由
秩序已成为特朗普主义与其他独裁主义的温床。米什拉认为正是不受控的自
由主义为其自身灭亡奠定了基础。

## 自由主义与帝国主义

　　曾经的帝国主义殖民地如今似乎已走上了独立自主的道路。然而米什拉
指出，去殖民地化前路漫漫，道阻且长。后殖民时代的经历十分复杂。亚非
反抗资本帝国主义的政治运动往往由精英所领导。最初这些领导人试图摆脱
西方控制，而推崇社会主义与国家经济管控，试图使一个饱受剥削、破败凋
敝的国家追赶上早已长期领先的西方力量。然而 20 世纪 80 年代，去殖民化
陷入困境。许多亚非社会的政治经济结构问题日益严重，乐于投入美国怀抱

的新一代领导人也提供了帮助。由此，提倡资本与商品流动的自由主义促使着这些前殖民地国家再一次投入西方帝国主义的怀抱。米什拉指出，当下在印度一个全新的受过美国教育或亲美的阶级兴起了。基于各种社会、学术以及私人交流，其与欧美的联系日益紧密。他们通常自称为自由主义者，提倡自由市场并使其思想制度化。但在印度右派中也有他们的身影，两派之间的交流活跃。

当然帝国主义的扩张不止于此。自由主义对个人权利的道德说教为国家规模性暴力大开方便之门，帝国主义利用诸如历史上根深蒂固的种族不平等或基于全球资本主义而存续的不平等的人权问题侵犯别国来之不易的主权。米什拉指出，政治与经济利益太容易为人权摇旗呐喊了：这是一项只赚不赔的买卖。

## 自由主义的人权困境

自由主义在经济上鼓励自由的市场竞争，而优胜劣汰的市场法则必然导致经济上的不平等，并由此引发人权问题。米什拉指出，只有当其政治上灾难式的后果开始显现时，不平等问题的重要性才会凸显。人们普遍认为实体的不平等终将会被解决，而经济发展才是当务之急。印度自由经济主义最为主要的鼓吹者之一贾格迪什·巴格沃蒂（Jagdish Bhgwati）便在此之列。他不仅公然否认印度正成为寡头政治，还主张减少劳工保护，宣称不平等是一件好事。建议者与决策者的冷酷可见一斑。

当然，在亚非拉地区有许多人权组织，它们力量微小、资源不足、备受困顿，但却为反抗新自由资本主义所产生的不平等、不公正而斗争。然而那些发起于西方、资金充裕的人权运动却并未对自由贸易者和自由市场者的任何理论提出质疑，也未对其所造成的残酷事实进行抨击。而当他们开始行动时，却为时已晚。正如戴维·肯尼迪所说，它是有选择地点名批评。它太过与西方政治企业力量的利益站在同一阵线，而在很大程度上失去了其反抗的力量。然而现在这种反抗力量正在觉醒，一些人权运动者意识到了自由主义思想会导致不平等的事实。然而米什拉指出，他们不会太过彻底地改变其思想，并且认为如果人们能真正理解后自由主义与泛民主化观点，则根本无需人权运动去为平等正义奔走呼号。

（编译／张雨凡）

# 美国自由主义如何自救

[**编者按**]　2016 年，特朗普击败希拉里，成功当选美国总统，引起了美国和世界范围内的广泛关注，特朗普的成功意味着保守派的胜利，在全球范围内也是反全球化思潮抬头的标志，这给自由主义和自由主义者带来了重大的打击。自由主义所提倡的平等、自由、人权等似乎是现代社会共识的基本价值，也不断受到挑战。那么，随着特朗普的当选、执政，在保守主义势力抬头、保守主义的政策逐步推行的环境下，自由主义的败退必然与当下的环境和自由主义者本身采取的政策有关，自由主义者需要反思。普林斯顿大学历史系教授丹尼尔·T. 罗杰斯冷静地审视着自由主义面对的问题，他在《自由主义向何处去》[1] 一文中讨论特朗普的支持者所具有的共同特征，并试图为自由主义找到未来改进的方向。

## 白人群体消失的声音

特朗普当选后，诸多媒体将特朗普的胜利解读为"沉默的大多数"的"胜利"，这并非臆断，而是实际反映了民主党执政期间美国部分公民群体的话语权的消失。在作者罗杰斯看来，这部分群体的人群画像是受教育水平相对较低的白人。在奥巴马执政期间，奥巴马非裔的身份、民主党更加偏重少

---

[1]　Daniel T. Rodgers, "What Next for Liberalism?", *Democracy*, Winter 2017, No. 43, https://democracyjournal. org/magazine/43/what-next-for-liberalism/，最后访问日期：2019 年 5 月 30 日。

25

数族裔的政策，都在让这部分美国人丧失他们对美国这片土地、对自由主义、对民主党的认同感。而希拉里在竞选中宣传的政策也并不能吸引到这部分群体：希拉里的经济政策传达出大力发展高新技术产业、高效能源、太阳能产业等倾向，而这些产业中并没有已经被忽略了的普通白人群体的位置，这进一步拉远了他们同自由主义的距离。自由主义的政策和路线上的偏向导致了这部分群体心理上的疏远与区隔，使他们最终奔向了直接简明的、叫嚣着要摧毁政治正确的特朗普的阵营。

## 自由主义的现实困境

面对如此国内政治形势，作者罗杰斯认为自由主义在短期策略和长期目标上都应有所调整。

一方面，在短期策略上，自由主义需要尽可能地团结可以团结的力量，中立的共和党人应当成为他们努力的目标。若非如此，自由主义将很难阻止特朗普的政策带来的后果。

当然，此种努力存在着相当大的现实困难，但这已经是当前自由主义者唯一可能的现实出路。

而长远来看，特朗普的胜利应当给自由主义敲响警钟，他的胜利意味着自由主义的某些目标在当下的现实社会、全球背景中已经不合时宜。其一，从特朗普的承诺与自由主义的宣传口号中可以看出当下民众关注点的变化。在世界范围内，自由主义的国际主义面临着困境，自由主义提倡的"民主""人权"等目标能以何种现实途径实现始终存疑，在这种不确定性下，特朗普以一种反全球化的姿态，将目标和承诺拉回到自身安全这个现实层面，更有力地回应了部分民众的需求，也适应了当下全球思潮的变化风向。其二，自由主义的另一大问题是其与学术界、精英阶层的紧密关系。自由主义长期与学者专家、政策智囊有着十分紧密的联系，此种紧密关系是与自由主义的普世价值的目标相适应的，也在相当程度上成为自由主义的重要助力。但事物皆有两面性，与学界的密切联系也使得自由主义正在失去部分普通选民。知识体系本身意味着权力，在他们占据了自由主义的视野后，其他群体的意见和诉求难以得到自由主义的重视。例如，学术界经济学家的共识是更自由的贸易对总体福利更有利，而这和陷入经济崩溃中的人们的经验之间存在着断裂，这种知识鸿沟造就了显而易见的局面：像特朗普一样的人正好借助这个政治难题获得了成功。这点必须引起自由主义的重视。

## 自由主义向何处去

作者在完成对自由主义当下面临的困境的论述之后，继而讨论自由主义应当如何做。对于自由主义而言，长远来看，其目标需要调整：既然世界性的、广泛宏大的命题实现进程受挫，那么是否应当考虑退回自己传统的阵地，在有限的范围内实行自由主义者试图建立的自由、平等理念；现实来看，自由主义需要夺回自己失去的阵营，当北方地区的白人阶级也倒向保守主义，现有的自由主义的支持者不足以帮助自由主义赢得选举。那么自由主义具体应当如何做呢？作者指出，首先，自由主义需要向民众更清晰地解释大资本的作用，解释政治的作用，缓解、破除摇摆选民对政治的厌恶，在更为清晰的、可与普通民众对话的事实层面解释政府的作用，解释资本的作用；其次，自由主义也必须作出更有效的承诺来解决不平等的问题，给弱势群体发声的空间；最后，自由主义与保守主义的斗争不仅在总统选举中，也在国会之中，在地方之中，因此自由主义需要在地方层面提供更大的空间来容纳、倾听不同的意见，在税收、教育、枪支管制等切实关系到普通民众日常生活的方面给予积极的回应，让其宣传的正义具有现实可能性。

概言之，本土化是作者为当下的自由主义面临的困境开出的药方。而这样的药方能否奏效，有待于实践的检验。但无论如何，自由主义已经到了不得不变的时候，我们只能静待改变的结果。

（编译/彭雨溶）

# 卡尔·施密特对自由主义的战争

[编者按] 近几年来，世界各国反全球化的趋势都在加强，在美国内部，有特朗普当选美国总统这样的代表性事件；全球范围内，美国的重返亚太战略进展不顺，中国和俄罗斯的力量增强，试图构建不同于当下西方国家控制的经济模式；更有极端民粹主义抬头的趋势。在美国本土的自由主义学者看来，这些情形都是自由主义面临危机的体现。在全球自由主义面临危机的当下，一部讲述卡尔·施密特生平的传记在英国出版。值此之际，迈克尔·利德在《国家评论》上撰文，发表了《卡尔·施密特对自由主义的战争》[1] 一文，此文从施密特的传记入手，回顾了施密特——这位反自由主义的代表人物的生平与思想，以期在历史的脉络中探寻自由主义曾经面临的困难，也帮助我们理解和看待目前全球范围内自由主义的危机。

## 施密特的生平

卡尔·施密特是一位非常具有影响力的保守派法学家，他在学术上一项极大的建树在于其国家学理论，以极其广阔的视野囊括了政治科学和政治哲学的全部要素，而非局限于法学或者政治学一隅。而他与纳粹的亲近关系，

---

[1] Michael Lind，"Carl Schmitt's War on liberalism"，*The National Interest*，April 23，2015，http：//nationalinterest. org/feature/carl-schmitt% E2% 80% 99s-war-liberalism-12704，最后访问日期：2019 年 5 月 30 日。

为希特勒所做的辩护，也使其本人充满了争议。

施密特并非始终与纳粹和希特勒有着无比亲近的关系。他出生在一个天主教家庭，在 1933 年之前，他是一个魏玛共和国的支持者。但这样的态度在 1933 年发生了转变，时年 5 月，施密特加入了纳粹党，并成为普鲁士的国家委员，在这段时期内，其极端的反犹主义展现得淋漓尽致。他曾为希特勒的长剑之夜〔1〕辩论，也曾为纽伦堡法律〔2〕高唱赞歌，但种族问题上如此的亲纳粹做法并没有为施密特赢得长久在纳粹德国中的职位，1936 年，他对纳粹意识形态的忠诚被质疑，并因此失去了在纳粹德国的职务。二战结束后，施密特曾被关押，但最终被判无罪。但从 1945 年起，施密特被禁止在大学中执教，但这并未阻止施密特继续他的研究，相反他的理论产生了巨大的影响。

## 对抗自由主义：前自由主义与反自由主义

施密特关于权力、宪政的理论有着巨大的影响，20 世纪末乌尔门等其他学者的研究更使施密特的理论焕发光彩。要理解施密特的理论，应当在历史的脉络下理解其理论与自由主义的对抗性。自由主义的反面，或者说非自由主义的理论可以划分为两类：前自由主义和反自由主义，施密特是现代反自由主义的代表人物。前自由主义与反自由主义虽然都不赞同自由主义，但二者之间存在巨大的差别。前自由主义的正当性来源是神圣启示、地方习俗等，此类权威正当性的来源在现代的学术或政治论战中处于相当不利的位置，并不能获得较多的支持，于是前自由主义（的追随者）在很大程度上走向了宗派主义。而反自由主义与自由主义实际共享着一套话语逻辑体系：理性分析和世俗学问。反自由主义依托自由主义而存在。

---

〔1〕 长剑之夜，是指希特勒在 1934 年 6 月 30 日至 7 月 2 日发动的清洗冲锋队的活动，至少有 85 人死于清算，不过最后的死亡人数可能达几百个，超过一千的反对者被逮捕，大部分参与行动的是党卫队及盖世太保，此次行动加强并巩固了国防军对希特勒的支持。

〔2〕 1935 年在德国国会通过的两项法律，《保护德国血统和德国荣誉法》及《帝国公民权法》，前者禁止德国人与犹太人通婚，后者褫夺非德国人的德国公民权。

## 施密特的国家构建

1. 非凡领袖的作用。

在启蒙运动后，人民主权的观点得到了广泛的传播与认可，认为政府的权力来自于人民的授权，宪法存在于国家人民的意志和利益中。而施密特反对该观点，他仍然承认人民的作用，但并不将社会变革的任务赋予人民，相反地，在施密特的理论中，由非凡的领袖负担其建立秩序的责任，他们才是真正的主权者。

2. 施密特的敌友理论。

在国家的建构上，"敌友理论"是施密特的一套基础概念。施密特认为，国家统一体的构建、国家的生存必然面临着敌人和朋友的划分，这个划分标准成为确立其国家公民（集合）的重要标准。传统的国家的划分标准，以被继承国的行政或政治边界为基础确定的拉丁美洲原则，或者以种族、语言为标准的欧洲中心方法，这些在施密特看来仍然不够。人民在特定语境下共同的敌人反而是这个群体构建的基础，敌意促成了团结，成为国家建构的重要基础，在这个意义上，为了国家统一体的建设而进行的朋友敌人的划分是施密特政治概念的核心，也是理解施密特构建的国际秩序的基础。

3. 极端的权力与暴政的风险。

不难发现，在施密特的理论下，权力和领袖紧密地联系在一起，并赋予了领袖不受控制的权力，在极端情况下，元首的权威是超越本身现存的任何权力或者制度范围的，而施密特却给这样不受控的权力提供了正当性基础：为了避免法律被滥用，于是给领袖以超越法律的权力。将施密特对领袖特质的要求作为前提，或许可以理解这套逻辑的合理性。但这样在本质上不受控的权力背后暴政的风险有多大是显而易见的。

## 自由主义如何回应

面对以施密特为代表的反自由主义的观点，自由主义可以从两个方面努力回应：一是正视且回应反自由主义所提出的宪政、权力制度上的问题。反自由主义的观点固然极端，但其在紧急时刻，议会权力等方面的批评仍有价值，自由主义需要在自己的逻辑理论下妥善回应这些问题。二是根据现实的情况对反自由主义予以批驳，朝鲜与韩国、苏联与美国的兴衰都会为自由主义提供有力的实践证明。

（编译/彭雨溶）

# 新自由主义"新"在何处？

[**编者按**] 威廉·戴维斯，伦敦大学金史密斯学院政治经济学教授、政治经济学研究中心联合主任，曾为美国德莫斯（Demos）、英国公共政治研究所（IPPR）等智库提供公共政策咨询。他的研究主要探讨经济学如何影响我们对政治、社会和自身的理解，代表作有《幸福产业：政府和大企业如何向我们售卖幸福》（2015）、《新自由主义的局限：权威、主权和竞争逻辑》（2014）。2017 年 7 月，他在《新共和》杂志上发表文章《新自由主义"新"在何处》[1]，提出英国移民政策之辩的根本分歧在于自由主义与新自由主义的分野。英国独立党（UKIP）在 2015 年英国大选期间极力倡导的"移民积分制"政策恰好体现了新自由主义的"新"特点。在资本主义官僚化渗透入商业领域的大背景下，新自由主义主要在以下三方面区别于传统自由主义：第一，新自由主义不提倡弱国家强市场。国家完全有理由为实现某些战略经济目标而主动采取手段调节市场。第二，不再人为割裂政治领域与经济领域之间的联系，认为任何事物最终都可以以经济学的方式来阐释，包括国家、法律、民主、领袖、公民社会。第三，竞争机制是资本主义最有价值的贡献。当传统自由主义者还沉迷于法律预设的人人平等时，新自由主义者已经提出，资本主义的核心资产不是融合，而是区分。当代政治及文化更重视对竞争秩序调控的设计，竞争分出领导者和追随者、胜利者和失败

---

〔1〕 William Davies, "What Is 'Neo' About Neoliberalism?", *The New Repubic*, July 13, 2017, https://newrepublic. com/article/143849/neo-neoliberalism，最后访问日期：2019 年 5 月 31 日。

者、奋斗者和懒惰者，这一区分机制为社会蓬勃发展奠定了基础。

2015 年，英国大选以保守党领袖大卫·卡梅伦（David Cameron）成功连任首相而落下帷幕。与选举结果相比，大选期间各党派在主要政治议题上的立场及其背后的政治哲学理念更值得研究。本届选举黑马——右翼民粹主义政党英国独立党——在大选期间强势崛起，在控制移民这一代表性议题上提出借鉴澳大利亚的"积分制"，并在未来五年内，逐步禁止非技术性移民。所谓"积分制"是指，通过年龄、教育程度、语言水平、专业资质、工作经验等评价指标来评估申请者潜在的成功概率和经济贡献能力，设定统一的分数线，只有分数达标的申请者才能取得本国公民资格。该党领袖法拉奇（Nigel Farage）坚称，采取"积分制"来控制移民并非为了打击外来人口，而是为了使移民政策更加公平透明。威廉·戴维斯在《新自由主义"新"在何处》一文中，以英国独立党的"积分制"政策为切入点，由表及里，深入分析了这一政策背后所隐含的新自由主义的政治哲学理念。

## "积分制"政策的本质

戴维斯认为，"积分制"这一方案的逻辑是将移民问题转化为一个经济问题，通过人力资本的各项指标来划分人的能力和经济价值，进而筛选出国家真正需要的人并授予其公民资格。这一政策既不同于种族或民族主义者对先天因素的推崇，又不同于政治或经济自由主义者对平等理念的彻底贯彻，其对国家和市场之间关系的理解与态度，恰恰是新自由主义政府政治实践的又一范例。

## 政治自由主义和经济自由主义

政治自由主义、经济自由主义、新自由主义这三种政治理念在发展过程中依存互补，但也因其各自独特的时代背景和思想渊源，而在特定问题上有不同乃至对立的主张。

政治自由主义者认为，无论个体之间是否存在实质差异和不平等，主权国家都应赋予个体与生俱来的某些必要权利（比如生命权、生存权及其必要的附属经济权利）和平等地位，这种平等通常以个体在民主政治中的公民资格为基础。政治自由主义发展的一个成果是西方社会对法治的推崇，法官甚至能够在实质上凌驾于民选政府之上，通过行使司法职能对各种政治议题作出回应，并施加深刻影响。但政治自由主义在实践中也暴露了自身的局限：一个由抽象的法律规范所构建的社会框架，无法及时应对复杂多变的社会形势。过度依赖这一理念也会在无形中夸大法律的作用，禁锢人们的思维，降低解决现实问题的效率。

经济自由主义以功利主义为出发点，受到亚当·斯密的经济学理念影响，认为自由市场有利于创造财富。国家除提供最低限度的制度、法律、国防等公共产品之外，也应当将权力充分放归市场，任由市场自主调节。不过构建自由市场的一个重要前提是，政治和经济是两个互不干预、独立运转的机制。这一理论假设存在着明显的缺陷：现实中，国家非但不会在私人市场活动中缺席，反而会积极地参与经济政策制定、创造和引导经济增长。二者的关系甚至如马克思主义者所言，经济基础决定上层建筑，上层建筑又反作用于经济基础，割裂二者的密切联系是刻意掩盖阶级剥削这一实质。

## 新自由主义的三个特点

新自由主义始于 20 世纪资本主义社会对国家直接干预政策的反抗和对自由市场理念的回归，以第二次世界大战结束和全球化为演进背景，至 20 世纪 70 年代进入政治实践。为更好地区别新自由主义与传统的自由主义，戴维斯在文中归纳了新自由主义的三个"新"特点：

第一，强调国家应当按照理想状态重塑社会，在经济活动中发挥积极作用。新自由主义采纳了托马斯·霍布斯（Thomas Hobbes）的政治哲学观点，认为国家是实现个体自由的前提与保障，文明社会需要国家以绝对强大的集权力量予以构建和维持。因此，国家为实现战略发展规划以强制手段调节市场是合理且正当的。体现在劳动力市场上，即国家可以为了特定经济目标而采取政策控制劳动力流向，而非全面地开放劳动市场。

第二，修补了传统自由主义割裂国家和市场的理论缺陷。新自由主义者承认政治对经济活动的必然影响，但同时对政治的非理性抱有警惕，提倡以经济学的方式来解释和处理政治问题。他们认为，法治、主权、平等等问题过于抽象和含糊，更加行之有效的方法是将生产力、激励、风险与回报等概念和方法引入具体政治议题。英国独立党在控制移民议题上鼓吹的"积分制"，正是绕开政治概念以技术性手段解决问题的一个典型案例。

第三，资本主义对社会繁荣发展的最大贡献是"竞争"。戴维斯指出，一个缺乏良性竞争的环境，要么走向思想单一、短视的困境（社会主义的问题），要么会陷入低效且无休止的争吵（民主主义的问题）。作为新自由主义的代表人物，经济学家哈耶克（Friedrich Hayek）认为，竞争是一个甄别和筛选有价值事物的过程。因此，国家管理者的一个重要职责就是设计出合理有效的评价指标，挑选出有能力的人并使其活跃在社会重要岗位，以此推动国家经济、科技、艺术等各领域的发展，提升国家的国际竞争力。尽管政府介入竞争秩序会在一定程度上挤压个体自由并形成另一种企业家崇拜文化，但仍瑕不掩瑜。

总体而言，传统的政治或经济自由主义者依赖法律规范和市场自治作为破解政治难题的手段，而新自由主义则惯用经济学方法去诠释、重构政治议题，并积极参与市场改造和制度创新。面对当下新的社会形势和社会问题，我们不妨以建设性的态度来看待新自由主义的发展，并为其参与重构社会制度提供一定的施展空间。

（编译/苗瑞）

# 新自由主义的应用与滥用

[**编者按**] 新自由主义可以说是我们这个时代的杂食性语言，二十年前，新自由主义这个术语极少出现在英语辩论和政治话语环境中。而现在，它几乎是不可避免地应用于从建筑、电影、女权主义到特朗普和希拉里的政治活动中。在 ProQuest 数据库中搜索 1989–1999 年间新自由主义的使用情况，你会发现网页点击数不足 2000，而自 2008–2009 年的金融危机以来，这一数字已经超过 33 000。所以什么是新自由主义？它的内涵和外延又涉及哪些方面？对于这个流传颇广但又内涵模糊的概念，西方学界最近展开了反思。近期，美国《异议》杂志刊登了普林斯顿大学教授丹尼尔·罗杰斯的文章《新自由主义的应用与滥用》，对该词汇的内涵和外延进行了分析辨证。[1] 作者分析了新自由主义使用的四种方式，并认为新自由主义被过度地滥用了，它可能导致我们无法认清世界政治发展的真实情况。

左翼用"新自由主义"术语描述自由放任经济观念的复活，用它来攻击遍及里根和撒切尔计划、茶党造反和自由党团（Freedom Caucus）的反税收、反政府和反工会议程，用它来描述在当今世界占主要地位的全球市场经济，用它来批评比尔和希拉里·克林顿温和派民主党的政策，以及用它来陈述充斥于我们思想和行为中的那种文化和感情。在作者看来，一夜之间新自由主义这一术语的无处不在是一种警告，警示我们内涵如此复杂与混乱的词语可能

---

〔1〕 Daniel Rodgers, "The Uses and Abuses of 'Neoliberalism' ", *Dissent*, Winter 2018.

会让我们难以看清在当今时代发挥作用的力量，进而也难以找到可行的抵抗方式。

## 新自由主义的起源

新自由主义没有单一的起源或者血统，它以一系列错误的开始获得生命力。在 19 世纪，最强大的政治术语是"自由主义"。纵贯欧洲和拉丁美洲，自由主义政党拥护最大化的经济和个人自由：包括自由贸易、放任经济、弱国家和思想与良知的广阔自由。

第一批把"新"添加到"自由"之前的人是英国自由党内的反叛分子，他们试图把自由的承诺与放任的自由计划分割开。1880 年代，他们开始认为不受国家权力制衡的最大限度的自由并非真实的最大限度的自由。需要政府提供对抗性的手段才能从自私自利的贪婪地主、剥削性的雇主和寻求垄断的利益集团手中保障自由。20 世纪中期英国和美国的福利国家知识结构大多是这些新的具有社会意识的自由主义者的作品。

在 1940 年代末，"新自由主义"的诸多变体开始在欧洲大陆第二次出现。以弗里德里希·冯·哈耶克为中心的一部分经济和政治哲学家寻求在社会主义和古典放任经济自由主义之间折中以保障自由，并且对于 1920 年代经历的压力和不稳定更具耐受性。"Néolibéralisme"是提议的综合体术语之一，但是这一标签没有维持多久，因为哈耶克不喜欢这个术语，他很快放弃了新自由（neoliberal），而选择了秩序自由主义（ordo-liberalism），最终采纳了社会市场经济（social-market economy）。1940 年代这些人中最年轻、最盛气凌人的米尔顿·弗里德曼在 1951 年的一篇文章中把自己的思想描述为新自由主义。

新自由主义的第三个含义来自于智利军事独裁者在 1970 年代强行废除国内的社会主义政府后，在芝加哥大学经济学院顾问的指导下实施用来应对恶性通货膨胀的休克疗法。一些智利经济学家从德国著作中挑选出这个术语，但是在智利绝大多数使用这个术语的人都是智利军事政权的批评者，他们对于这个政权反动性地在智利实施一种新的放任自由主义经济计划感到震怒。新自由主义对于智利的军事政权批评者来说意味着 19 世纪被剥夺了政治自由的自由主义。

最后，关于新自由主义的第四种含义，与前三个都无关，来自于查尔斯·彼得斯（Charles Peter）1983 年发表的《新自由主义宣言》（"A Neoliberal's Manifesto"）。在彼得斯看来，新自由主义不是一种恢复 19 世纪经济自由主义的呼唤，而是用来中和罗斯福新政的有关工会特权和福利方面的野心，它对于克林顿及其政府的政策有着强大的影响。

## 以不同视角看新自由主义

经过仔细研究后，两个政治学家在 2009 年将它归为概念垃圾堆：一个几乎任何现象都可以被其解释、任何含义都可以被归为其中的词语。但是在作者看来，新自由主义的问题既不是其没有意义，也不是它有不确定多数的意义，而是它被应用于四种截然不同的现象中，这四种含义诚然具有内部关联性，但是用一个单一的词语把他们捆绑在一起，抹去它们的差别、含糊的地方乃至它们之间实际存在的关联的做法，会蒙蔽我们的双眼而无法看清最需要看清的地方。那么每一种现象在没有新自由主义带来的共同身份的掩饰下是什么样子呢？

1. 金融资本主义：作为经济的新自由主义。

作为经济的新自由主义确定了资本主义历史的一个阶段。它代表着全球金融资本施加于世界的经济体制。它在政治和文化上都需要全球资本主义的支持，后者又维系于资本、商品、劳动的自由流动和对市场友好的国家政策。它依赖于机构支持的复杂结构、商业友好的管控方式和以不同方式部署于全球范围的自由的投资机会。这种新自由主义很脆弱，需要定期的国家运作维护行动，才能使它承受住反复出现的流动性危机和过度投资，也需要国家的持续支持来保持其一直处于危险中的利润。大卫·哈维在他的《新自由主义简史》中做出了上述表达，他认为，新自由主义重建计划诞生于 1970 年代的全球经济结构混乱之中，并且由这时代资本积累危机引发。提供这样一个良善的充满自由、选择、权利等冠冕堂皇词汇的面具是新自由主义理论的天才之处。可残酷的事实是，它实际上是一个"赤裸裸的阶级权力的复辟"。新自由主义需要政治和文化认同，但是它的核心驱动力是对于资本积累的需要。

2. 市场原教旨主义：作为思想方案的新自由主义。

新自由主义的第二种含义指的不是经济结构，而是一系列思想观念，其核心不是资本主义阶级当权，而是一种思想方案：围绕有效率的市场来重建20世纪末期的经济思想。新自由主义经济思想最新的历史集中于哈耶克那一群人和哈耶克于1947年组织的朝圣山学社。正如他们之前19世纪放任自由主义者们一样，自由是这个圈子的核心思虑。但大家对哈耶克给予了过多关注，实际上新自由主义理论经济的真正引擎是在这之后的微观经济学家们。在公众眼中，凯恩斯主义者和货币主义者理论的争议是这个时代最显而易见的理论争议。但更为持续的发展却是越来越深入分析人类行为的价格理论的工作。随着人类资本的理论、消费者选择与偏好、满意度、个人功用最大化、自由贸易的互利、比较优势还有最重要的市场效率原理进入经济学专业的范例核心，微观经济学家们做的不是提供一套统一的答案，而是为几乎每一个最大化的问题的解决构建一种强力的成套概念工具。

3. 灾难资本主义：作为一种政策的新自由主义。

新自由主义的第三种含义明确了一种不同的现象，它指出了一组自1970年代以来就越来越多的循环于国内和全球政治的商业友好措施。一些措施起源于经济学理论家。还有许多是自由政策企业家的作品。现在它越来越多地出自由大卫·哈维所称的当权阶层资助的政策智囊团和倡导组织。不论源头是什么，这些措施所带有的修辞和意识形态意味要比他们的实际功用更重。

一般来说，危机时刻往往可以创造机会，让那些广泛应用策略乘虚而入。由国际货币组织、世界银行和其他国际放款人在1980年代收账危机压抑债权国家时实施的紧缩改革就是一个非常合适的例子。在华盛顿共识的规则下，通过削减公共支出、废除国有企业以及为贸易和资本提供机会以整顿经济是债务重构不可避免的代价。休克经济疗法，正如娜奥米·克莱恩（Naomi Klein）所展示的，和在伊拉克采用的震慑与威吓军事侵略采用的是同样的路径。奥巴马医改则形成于政治僵局而非危机时刻。但是它对于国家在医疗保险领域创立市场的实验则是一种类似动因的产物：在来自利益集团压力、治紧迫性和政策不确定性的阻挠下，来自已存的市场友好解决方案似乎是唯一可行的政策进路。

在这些情形下国家的力量都是可见的。克莱恩和其他人把这些暂时的政策计划称为"灾难资本主义"，它支持处于拯救计划中的国家在一些核心经济利益上做出让步，并且将市场分割给其他企业。现存寻租者们的美梦破灭了，但是寻求国家监管下的支持与特权的争夺却愈演愈烈。

4. 自我商品化：作为一种文化系统的新自由主义。

新自由主义的第四种含义，是四种含义中最为广泛的一个。它形成了一种文化制度，给生活在这种制度之下人的灵魂打上价格和利润的烙印。它是一种不需要有形管理者，只需要规则的治理方式，无所不在并且拥有"把市场模型传播到所有领域和行为"的力量。它把人类重构为市场参与者，使得人们无时不刻在任何地方都是经济人。政治、深思熟虑和公共行为在把个人利用为人力资本和竞争优势的无情压力下都消解掉。国家重构为一个公司，大学则变成工厂，个人变成了贴着价签的物体。第四种含义概括了最伤感也最全面的场景，在这一场景中，所有其他的含义和目的都萎缩掉并且屈从于市场资本主义。

## 新自由主义的身份问题

尽管某些综合观点在新自由主义的所有应用中有所体现——对于国家力量掌握与控制的怀疑，对于影响人类行为的动因的尊重和对市场的信心——但四种自由主义之间的区别是巨大的。他们在对客体的命名、概括的因果关系、反应的脆弱性方面都不一样。更重要的是，他们在各自所鼓励以对抗正在向我们逼近的力量所采取的政治策略上不一样。

这些现象中的每一个都有一个既存的名字：第一种含义叫作"金融资本主义"，第二种含义叫作"市场原教旨主义"，第三种含义叫作"灾难资本主义的周期性政策"，第四种含义叫作"商品化的自我与商品化社会想象的普遍文化"。这些名字可能并不完备，但是他们指向真实的体系、真实世界的可选方案和可实现的政治。现代全球金融资本主义的力量与薄弱点、底部不稳定而顶端极度累加的机制已经在迥然不同的公共政策体系中进一步要求更多的仔细探查和更有效率的抵抗行动。现代的以数学武装起来的效用最大化范例和市场效率融入经济专业作为统一的工具包以分析人类行为的方式是一个独立的需要批判与替代方案的问题。商业友好的提议在充满危机的政策下的运作方式需要更多的调查、机构性分析和公共抵抗行动。重视公共产品和公共福利，重新把政治想象为深思熟虑的场所而不是充满广告的消费者选择场地，通往这样社会的道路需要进步主义者们能召集到的所有政治工作和想象力。这些都不是简单的任务，但是在前述这些术语之间，分析与行为之间的连接是明确而直接的。作者认为，把所有这些现象集中于一个杂食性词汇中，会让我们更难明确抵抗方式、行动策略和创造替代可能性，会使笼罩在我们面前的绝望更为恶化。

在当前的政治紧要关头，我们迫切需要一种社会现实主义语言时，"新自由主义"一词有什么用？在美国，新自由主义在很大程度上仍然是学术界和左翼知识分子的词汇，但所谓的新自由主义者们几乎从来不把它用于描述他们的计划或者他们自己。在进步学术周刊和研讨会的范围内，新自由主义已经快速作为一种虚拟货币在发挥作用，足够便携到拿来在几乎任何学术讨论中的左翼获利。新自由主义加入对话需要很少的成本却能带来清晰的数据回报。

扩张性的词汇很少停留在他们本来的界限内。新自由主义已经进入部分公共政治空间内，比如2016年的灾难就是选民们对于克林顿所支持的温和新自由主义的报复行为，而对于其他人来说，特朗普作为新自由主义的拥护者赢得了选举人票。在2016年的选举闹剧中，语言的政治也发挥了其独立的作用。在知识分子受到大多数公众怀疑以及基于专门知识的事实声明都受到无情攻击的年代，语言是很重要的。即使是对于那些反对特朗普的人来说，他最明显的吸引力也在于他演讲所使用的平实语言。其他的政治家都含糊其辞，而他则直言不讳。避免与普通话语关联的政治话语可能一时喧嚣，但如果继续强化这种精英不和自己之外的平民交流的意识，进步分子们顶多只能赢得几所大学的支持。

（编译/黄梓朋）

# 新自由主义毁掉了民主

[**编者按**] 自 2015 年出版以来，温迪·布朗的著作《毁掉民主》已成为那些试图理解新自由主义与民主关系的人的标准参考。布朗的核心论点是，新自由主义是一种继承并发展福柯理论基础上的"政治理性"（political rationality），其通过将市场作为整个社会的典范从而摧毁了政治参与的民主形式。2017 年在温迪·布朗关于新自由主义的著作《毁掉民主》再版发行之际，托克维尔 21 博客的主编雅各布·翰伯格与温迪·布朗就新自由主义和民主的关系问题进行了探讨。[1] 访谈主要涉及新自由主义的定位、新自由主义者的范围、新自由主义在当代政治领域的新变化的问题。

## 作为政治理性的新自由主义

新自由主义具有多重维度，很多人将它称之为经济理论或政治学派，或者更具有争议性的政治意识形态。但是，温迪·布朗选择把"新自由主义"视为"政治理性"，政治理性的概念揭示了我们受理性形式支配的程度，而不仅仅是政策、物质力量（如马克思所认同的），或信仰、误导或其他。相反，正如福柯所言，理性的支配形式包含着塑造和约束我们的行为的准则（引导我们的行为），并且像过去一样不知不觉、无声无息。如果仅仅把新自由主义当

---

〔1〕 Jacob Hamburger, Wendy Brown, "Who is not a neoliberal today?", *Tocqueville* 21 *Blog*, January 18, 2018, https://tocqueville21.com/Blog/jacob-hamburger/, 最后访问日期：2019 年 5 月 25 日。

作一系列政策或者是对某些资本规则的神秘化，就会忽略其带来的新型学科、新的主体形式和新的社会关系。在新自由主义的理念下，我们深入地理解自己并以特定的价值观来引导我们的行动。这些价值观不仅告诉我们：我们是谁，我们的价值是什么——我们追求的价值或者我们对自己和对他人的价值——它们也决定了我们能从政治秩序中得到什么，以及我们对于政治和民主是什么和为了什么的观念。政治理性的概念界定了规范化管理的方式，这与支持资本、破坏劳工组织、阻碍国家提供人口基本需求，或侵蚀国家主权的具体政策一样重要。温迪·布朗超越将新自由主义理解为一组特定的政策或思想的观念，以理解新自由主义对民主的影响——它的含义、制度、价值和预期。这就需要超越那些民主被集中化的财富收买或腐化的陈词滥调，转而研究新自由主义的理念所攻击或破坏民主基础的方式。温迪·布朗的论点并非哈耶克、弗里德曼和秩序自由主义者——创立的新自由主义知识分子——的反对民主或希望财阀通过控制社会致富。在许多方面，"实存新自由主义"（actually existing neoliberalism）所展现出来的东西同样使那些理论创始人们震惊。他们不想看到政治生活与经济生活融为一体。他们当然不希望民粹主义情绪煽动政治或合法化统治。他们也不希望经济利益垄断政策方针。因为上述情形都有导致法西斯主义的危险。

新自由主义者更倾向于保证市场不受政治影响，避免政治被未接受过教育的群众的情感需求所影响，并避免资本家的寻租行为。但他们同样致力于放松管制、私有化，不喜欢通过税收实现再分配。除了再分配，他们还反对其他被他们谴责为"社会正义"的措施。他们敌视政治和社会的世界，相信由市场和传统道德产生的自发秩序所主宰的世界。这些是今天生活的准则。因此，虽然"实际中现存的自由主义"与其理论创始人的构想有很大的不同，但它却是从该构想中孕育而生的。

## 新自由主义者的范围

2017 年，"新自由主义"一词终于在局限于学术和左翼活动家的圈子多年后走入了公众视野。今天许多批评者指责它过于宽泛，涵盖了社会的诸多方面，并发出了"谁是新自由主义者"的疑问。对于这个问题，温迪·布朗认为，应该思考今天谁不是新自由主义者。作为一种政治理性，新自由主义组织和构建大量的行为和价值观，但外表上却看不出来。它创造了"现实原则"，我们生活其中却从未意识到它的存在。因此，几乎每个人在工作场所、社交媒体、教育机构、非营利组织、艺术等领域都受到了新自由主义规范的支配。即使对于那些自认为对新自由主义理性持批评态度的人，想要摆脱新自由主义理性，都是十分困难的。例如，左翼知识分子使用他们的社交媒体其实是发动革命，而并非是为了推销他们的图书、演讲和思想以提升他们的市场价值。

当然，很少有人以新自由主义的方式行事——持续关注人力资本组合——而自称新自由主义。几乎所有经济学家、行为社会学家和政策制定者都在如今的新自由主义框架下工作因而经常使用这个称谓。虽然新自由主义是一个宽泛灵活的概念，但这并不意味着应该放弃它，就像不应该因为"资本主义"、"社会主义"或"自由主义"的概念是开放和有争议的而放弃他们一样。新自由主义（Neoliberalism）一词在符号学意义上是松散的，但它所指内涵非常具体。它代表着一种独特的资本稳定化和自由化。它使经济学成了一切的典范，正如《毁掉民主》一书中特别提到的民主的经济化以及更广泛意义上的政治经济化。它给每个领域带来了自由主义的变化，甚至奇怪的是道德领域。

## 新自由主义对民主的破坏

《毁掉民主》一书的主要论点是，新自由主义导致了民主的"空心化"，一种从内部衍生的缓慢的破坏。书中写到自由主义对民主的影响"比起狮子更像白蚁"，并将结果比作托克维尔在《论美国的民主》中所警示的"温和专制主义"。但是最近的唐纳德·特朗普在美国的当选和许多极右翼"民粹主义"运动在其他许多国家的兴起往往被归咎于暴力和公开的反民主的浪潮。这些政治表现被很多人认为是扭转了新自由主义对民主造成无声破坏的形势。但是对比一下，温迪·布朗强调，一方面，只有当民主政体已经被贬值、削弱并被认为是无意义的情况下——正如它们一直在新自由主义的理念下所遭遇的——才会出现右翼分子对民主的全面抨击。因此，独裁主义对自由民主制度的蔑视，以及席卷整个欧洲—大西洋世界的价值观，都与三十年来民主（制度和价值）的贬值和削弱有关。但另一方面，许多对民主的攻击都是打着民主的旗号进行的。他们的主张以自由和爱国主义的名义提出，这些旗号即等同于民主。这些主张与新自由主义的民主概念是一致的。他们都坚持应当由市场和道德管理人民，而国家主义应致力于促进此种管理形式。因此，这不是新自由主义的激进突破。这些不再是在比尔·克林顿或巴拉克·奥巴马的执政下所看到的"空心化"的新自由主义民主，但这种民主使国家主义成为可能，并扩展了它的重要方面。因为南方移民的"泛滥"，特朗普无疑无法动员保守派和福音派教徒投票给他。特朗普获胜的一部分原因在于新自由主义所带来的全球范围内的产业外包而导致的对中产阶级的生存和工作前景的破坏、基本工资和税收的竞争，以及包括教育在内的公共产品的破坏，同时还源于新自由主义对市场和道德的稳定措施，以及其所导致的民主和政治、宪政和社会正义观念的贬值。

在奥巴马总统任期结束时，温迪·布朗曾提出"冷战后的自由民主似乎是稳定的且不可逆转的"的观点，这一观点似乎对于新自由主义的批判过于激进并扼杀了它。但如今却不是这样。据此有人认为这种转变对于新自由主义的反对者来说是一个机会。对于新自由主义反对者的现状，温迪·布朗分析认为首先在一个右翼运动蓬勃发展，右翼领导人影响力大大增强的世界中，左派会因为很难找到他们自己的方向而迷茫恐惧。自由主义者同样很难得到他们的方向：他们感到震惊与恐惧，不知道他们是如何发展至此或什么可以作为一个替代方向。因此，出现了很多对凯恩斯主义和新政的价值的老调重弹，对古典的非民族主义、非法西斯主义的新自由主义政策的怀念论调。但是，与此同时，如今还有很多振奋人心的左翼激进主义、反新自由主义政治在政党政治和运动政治中都存在。例如，在美国大选之前就已经酝酿的女权主义大爆发，自特朗普当选后的一年里发展得异常迅猛。这一女权主义的爆发所带来的跨阶级、跨种族的斗争十分惊人。进一步讲，对于反新自由主义的左派来说，最棘手的问题之一就是活动领域究竟是地方性的还是国家性的乃至全球性的。温迪·布朗不认为地方政治本质上是（局限于）地方性，或者说，国家政治天生是民族主义的。即使在社交媒体的数字化时代，最有效的组织形式和变革往往是地方性的；同时国家领域仍然是至关重要的战场。当地人从其需要或珍视的某一特定的社区、荒野、供水或教育系统，或从打击威胁或者破坏他们生活的特定行业（从房地产到煤炭）的立场出发时，会建立很多重要的联系——可分析的和人为的联系。这类运动对于形成一种民主行动和问责制的可行性和重要性的认识来说也很重要，特别是在此种认识近乎消弭的时候。全球运动重要但很难维持：每个人都喜欢某种理念，但是却很难持续维持一种抽象的全球联系。当然，最有前景的政治运动是那些在当地和全球都引起共鸣的行动，但不能期待事事如此，那些发生在农村村落、孤立的工作场所，或人烟稀少的南方州（如亚拉巴马州）的新自由主义、种族主义或者法西斯主义运动同样需要肯定，这些是激进民主化运动罕见的和完美的例子。另外，同样需要肯定的是如今的反新自由主义运动和实验的多样性及特殊性——有时甚至是单一性。

（编译/蒋雨璇）

# 新自由主义追求个人竞争，忽略了集体价值

[编者按] 托马斯·科伦（Thomas Curran）和安德鲁·希尔（Andrew Hill）的一项新研究表明，完美主义逐渐兴盛。年轻人越发追求完美，力图获得社会认可的成功。追根究底，与日俱增地追求卓越的心理源自新自由主义。新自由主义意识形态重视竞争，反对合作，鼓励野心，并认为只可以通过职场实现个人价值。受这些价值观支配的社会难免使人们惯于品头论足，并且担心受到他人的指指点点。两位心理学家得出结论："如今的年轻人认为别人变得更严于律人的同时，也更加严于律己。"新自由主义和精英主义正压迫着现代年轻人的神经。自由撰稿人米根·戴在《雅各宾》杂志上发表文章《新自由主义之下，你会对自己太苛刻》，介绍和分析了学者研究，并对新自由主义下的精英主义、完美主义提出了质疑。[1]

心理学家一度认为完美主义是一维的，只从自我指向自我。"完美主义"这个词的通常用法也如此。当我们说某人是一个完美主义者时，我们通常就是这个意思。但在过去的几十年里，研究人员发现，应当扩大概念。柯伦和希尔采用了多维定义，涵盖三种完美主义：自我导向型、他者导向型、社会规制型。

自我导向型完美主义倾向于给自己设置一个虚高的标准，而他者导向型完美主义则意味着对他人抱有不切实际的期望。科伦和希尔认为，"社会规制

---

[1] Meagan Day, "Under Neoliberalism, You Can be Your Own Tyrannical Boss", *Jacobin*, January 22, 2018, https://jacobinmag.com/2018/01/under-neoliberalism-you-can-be-your-own-tyrannical-boss, 最后访问日期：2019 年 5 月 28 日。

型完美主义是三个维度的完美主义中最不好的"。社会规制型完美主义者担心每个人都在等着自己犯错，这样他们就可以永远记下自己的失败。这种对他人不可预期的超认知会导致社会疏离、神经质的自我检讨、羞耻感和对自我价值的否定，担心负面的社会评价，对缺陷偏执，对批评和失败极度敏感。

为了衡量完美主义现象是否有文化差异，科伦和希尔对心理数据进行了元分析，发现了代际趋势。他们发现 1989 年以后在美国、英国和加拿大出生的人在三种完美主义上的得分都比前几代人高，而且增长呈线性分布。变化最剧烈的维度是社会规制型完美主义，增加速度是另外两种的两倍。换句话说，年轻人被同龄人和文化指手画脚的感觉正在逐年加强。

科伦和希尔认为这种变化是新自由主义和精英政治的结果。新自由主义赞成以市场的方式进行商品价值分配，而且认为一切都可以变成商品。自 20 世纪 70 年代中期以来，新自由主义政治经济制度已经用逐步放松管制和私有化取代了公有制和集体协商，促进了社会结构中的个体力量发展。同时，精英主义强调，个体失败只说明内在的个人无价值，个人必须依靠智力、美德和努力获得社会和工作地位。

新自由主义和精英主义因此创造了竞争激烈的大环境，每个人都翻滚其中，争相为自己代言，做自己的产品（即本人）和劳动产出的唯一发言人。人们强烈渴望在现代生活中打出一片天，程度远超前几代人。

学者引用的数据表明，如今的年轻人参加团体活动，不再纯粹为了享乐，而是为了显得生活丰富多彩，获取成就感。世界要求你时时刻刻证明自己有价值，而你时刻怀疑同龄人的认可是有条件的。和朋友一起玩耍还不如精心打理一下社交媒体主页。

科伦和希尔认为，完美主义兴起会造成精神疾病多发。完美主义与焦虑、饮食失调、抑郁以及自杀倾向高度相关。人们对完美抱有偏执，而完美又是不可能达成的，这加重了已经很脆弱的精神健康症状。高度的他者导向型完美主义导致了充满敌意、猜疑和蔑视的群体气氛，即使没有精神疾病的年轻人，也经常会感到情绪低落。无处不在的评判压抑着每个人。社会规制型完美主义会敏锐地认识到这种疏离感。总之，不断上升的完美主义造成了情感上的痛苦，乃至切切实实的死亡。

完美主义兴起还会导致团结变得困难，而我们在抵御新自由主义冲击时正需要团结一致。缺少健康的自我认知时，我们将不能建立健康、强大的相互联系，而如果联系缺位，我们将不可能聚起足够的人数来影响整个政治经济秩序，更别说颠覆秩序了。"批评文化"（call-out culture）原本指的是在探讨社会公正问题时，对人们违反公认的行为标准进行公开批评。这种文化如今已经变味，不再指良性的批判，而变成人们占据道德高地进行相互指责的工具。不难看出完美主义的三个维度和现在所谓的"批评文化"，即如今左派的霸权主义倾向之间的相似之处：人们都等着看别人犯下致命的失误，同时大家在道德上极其自谦，担心被群体抛弃，担心遭受末日审判。完美主义使我们相互蔑视、相互害怕，往好了说也足以使我们产生自我怀疑。这种模式与新自由主义下精英主义、完美主义的其他表现形式一样，使我们分离而非团结起来，如今已不可能形成声称要打击权力核心的群体活动。

面对种种消极影响，作者最后提出，唯一的解药是远离完美主义，拒绝绝对的个人主义，并在社会重塑集体价值导向。

（编译/陈默涵）

# 冷战自由主义的启示

[编者按]　自由主义作为西方社会一种主流的政治思潮，其发展变化与西方社会的发展变化息息相关。自由主义所关注的重点，即西方社会发展的矛盾所在。第二次世界大战以来，自由主义在西方经历数次变化。20 世纪五六十年代，冷战自由主义曾盛行一时。而后，自由主义经历了内部分裂与革新，又逐渐重回主流地位。发展到如今，自由主义则面临新的发展困境。本文[1]于 2018 年 11 月 26 日发表于《纽约书评》，作者杨-维尔纳·穆勒是美国普林斯顿大学政治学教授，他在文章中指出了特朗普与欧洲民粹主义掌权的时代自由主义所面临的困境。他认为，冷战自由主义的理念中有三点值得现代人们学习：多元化、立场明确、自我批判。

如今自由主义似乎正面临危机，民粹主义、极权主义的趋势渐渐超过了自由主义。在此时刻，作者撰文指出，自由主义阵营应当学习冷战自由主义者，以推动自由主义能够继续向前发展。作者认为，冷战自由主义给今天的人们几个重要的启示：

---

[1]　Jan-Werner Müller, "What Cold War Liberalism Can Teach Us Today", *The New York Review of Books*, https://www.nybooks.com/daily/2018/11/26/what-cold-war-liberalism-can-teach-us-today/, 最后访问日期：2019 年 5 月 29 日。

### 冷战自由主义主张人类价值观的多元化

民粹主义者常常强调他们是唯一的"真正的人民"，是"沉默的大多数"。他们否认他们政治对手们的合法性，称他们既腐败又"不诚信"。他们希望人们能回到过去那个更加同一、纯粹的状态。实际上，他们更倾向于将一切政治问题归为一个问题：归属。他们暗指那些不愿意分享观点的人根本不属于民族的一部分。如果人们批评民粹主义者，那他们很快就会被当成人民的"背叛者"。

而冷战自由主义思想家们无疑反对民粹者的"同一"的观点。在过去，这些思想家们极力为 20 世纪的世界构建一种原则性的自由政治。实际上，冷战自由主义的对手是极权主义而不是民粹主义，他们强调的是多元化。但他们并不仅仅主张利益多元化，尽管这是 20 世纪中叶最传统的为民主辩护的说法：民主体系可以让各利益群体和平竞争。他们还要求人类价值观的多元化，以及施莱辛格所说的民主社会中的"真正的文化多元化"。如伯林和波普尔等人则强调，所谓的乌托邦不可能在一张不对个人权利做任何限制的政治蓝图上建立起来，因为个人的利益各不相同，而且常常不可调和。这种原则性的多元主义呼吁尊重个人和群体的多样性，也体现出民粹者所主张的"同一的民族"的概念多么危险。

### 冷战自由主义明确自己的政治立场

冷战自由主义者如施莱辛格让自己置身于思想流派的战争中，认为这样能使他们更加清楚地认识到自己的政治理想。伯林曾说："我经常对自己说，我更愿意当耶稣，而不是那些大谈理想却浑浑噩噩一无所成的人。人如果知道自己要为之战斗和与之对抗的东西，那他的武器时刻都是杀伤力很强的。"但在其他时候，伯林又建议人们慎行，警告大家一种政治"信念"不一定会有与之相对的"反信念"，不像一种政治狂热需要另一种狂热去击败它。

然而，不管是渴望打一场"硬仗"以确认自己的政治立场，或者是刻意的慎重态度,这两种自由主义的思想在今天看来都是有不妥之处的。在任何时候,自由主义者都应该明白自己所支持的是什么,而不是靠政治对手帮助自己定义自己的主张。而中间派和慎重派这样的角色只有在人们能够说服他人左派或右派两种极端都同样危险时,才会显得有吸引力。无论是美国政治家伯尼·桑德斯的支持者和民主社会主义者,还是英国劳动党领袖杰里米·科尔宾的追随者们,尽管人们可能不认同他们的政治主张,却也不否认这些政治家们都是支持多元化的。他们可能会倡导"为了多数人,而非少数人",但他们几乎不可能支持一个完全同一的民族(这并不意味着左派中没有反对自由主义的民粹者:委内瑞拉那灾难性的"21世纪社会主义"理论就是一个例子)。

人们都忽略的是,施莱辛格的辩护也相当于强化了非共产主义、非斯大林主义左派(施莱辛格称之为"自由左派")的势力,而不是找到了处于左派和右派中间的立场,或者一种两党派立场。

自由主义想要寻找一个更加温和的中心立场,如果不是基于某些规则实现而是不合情理地希望在两派之间找到一个等距离点,这实际上不是一件好事。民粹主义者们极力反对"全球化主义"和"边境开放",但事实上,谁会提倡完全开放边境呢?尽管在今天的学术界,倡导全球性的公平和人口自由流动的学者也只是极少数。当波普尔为"开放社会"辩护,他反对的是教条式的不容忍以及同族意识两种观点。他的辩论是关于认识论层面的,而非移民政策:人们要有开放的观念,而不是说一切地区都应让人自由通行(冷战自由主义者普遍支持接收难民;他们这种在旧时语境下的开明和慷慨也是自由主义思想的一种)。

## 冷战自由主义者注重自我批判精神

今天,为了重申自己的价值观,自由主义者们或多或少会带上反特朗普主义色彩,或者会仅仅基于一种错误的平衡左派和右派民粹主义的观点为"中心"做辩护。然而,伯林和其他思想家主张的自我批判精神要求当代这些自由主义者重新思考自己所坚持的原则是什么,抛弃1989年后许多自由主者们所迷信的"历史决定论"。冷战自由主义者认可合理的冲突必然存在于民主进程之中，他们（如施莱辛格）将这些冲突描述为实现自由的保障。但这些冲突也不是固有的，不全然是中间派为了平衡极端的两方所做的措施导致的。人们应当运用自己的理解对这些冲突进行定义，与此同时坚守施莱辛格所说的"人类的正直品质"。

（编译/梁锐）

# 那个在耶鲁大学改变了美国政治的周末

[**编者按**]　在美国冷战与经济衰退的背景下，一群来自顶尖法学院的学生们感受到的是机会的降临而非焦虑。在总统里根的启发下，这些保守派学生们建立了联邦党人协会（The Federalist Society），并邀请了美国当时最著名的右派学者、法官以及司法部官员们聚集在耶鲁大学的校园里召开一场研讨会，这也形成了美国当时自由正统的中心之一，影响力深远。在此后的三十六年里，这个组织已经逐渐发展成为最具影响力的法律组织之一，因其不仅帮助法学院学生重铸思维，更是不断有意识地将国家的权力转移到右派，从而改变美国社会本身。这个组织的成员已经发展至当今的政府以及联邦法院中，随着总统唐纳德·特朗普从该协会提供的名单中提名的布雷特·卡瓦诺（Brett Kavanaugh）被确认为大法官，就有五位大法官与该组织紧密相关了。本文发表于 2018 年的《政客杂志》，作者迈克尔·克鲁斯[1]是《政客杂志》的高级撰稿人，曾获得佛罗里达新闻杰出成就奖等奖项。文章以时间顺序介绍了联邦党人协会的建立以及发展壮大，本文就此将联邦党人协会的发展历程划分为不同的时间节点。

---

〔1〕　Michael Kruse, "The Weekend at Yale That Changed American Politics", *Politico Magazine*, September/October 2018, https：//www. politico. com/magazine/story/2018/08/27/federalist－society－yale－history-conservative－law－court－219608，最后访问日期：2018 年 12 月 20 日。

## 保守派学生们渴望建立一个
## "合法的精英组织"——联邦党人协会

1981 年秋天，以耶鲁大学法学院的斯蒂芬·卡拉布雷西（Steven Calabresi）、芝加哥大学法学院的李·利伯曼（Lee Liberman）和大卫·麦金托什（David McIntosh）为代表的保守派学生们商议在耶鲁大学成立了一个学生组织。根据后来哈佛大学的期刊所述，他们在午餐时，反复讨论这个组织的名称，最后一致同意取名为联邦党人协会，其援引了《联邦党人文集》这一名称，并且包含了美国人长期以来关于国家与州政府之间的权力平衡的争辩。

随后，在一个寻常的周末，这些组织者们召集美国当时最著名的右派学者、法官以及司法部官员们在耶鲁大学召开了一次研讨会，这些组织者们形容自己在"一边倒"的法学院中因支持保守派而形单影只，而这次研讨会则是自己在进行"抵抗的运动"。这场研讨会的标题听上去很是枯燥——"联邦主义：法律与政治分歧研讨会"。然而，当发言者们不同寻常地谴责那些沿海精英、左派媒体、法律权威人士以及主张用更多"原旨主义者"的形式阅读宪法的人时，在场的人们无一例外地听到了一种全新的声音。

这个研讨会的计划（"司法部角度下的联邦制""关于实行联邦制的思考""联邦制——我们为什么要关注它？"）本是狭隘且空泛的，然而实际讨论的话题却以惊人的准确性预示着国家的法律和文化斗争的到来。毫不夸张地说，这次研讨会也许是有史以来最有效果的一次学生研讨会——再回首，这是一张将年轻的热情与智慧的魅力结合起来以取得深远成果的蓝图。在那次研讨会上，比演讲的内容更为重要的，也许是成员没有安排时所进行的自由活动。演讲厅外的午宴及晚宴上，人们觥筹交错，陌生人之间也借以了解彼此的工作领域及意识形态。

在第一次研讨会上，这些演讲就激励了所有在场的听众加入联邦党人协会。他们称其为所见过的耶鲁近二十年来"最非凡的聚会"，接下来发生的事情使这一切名正言顺。美联社和纽约时报争相对这次会议进行报道，两家媒体主要关注博克的评论，会议举办者也尽快寄送了感谢信。就此，联邦党人协会开始不断吸引各路精英加入。

## 联邦党人协会不断扩大影响力并招纳无数精英加入

多年来，联邦党人协会逐渐对其起源与目的形成一种统一、谦虚的说法，即他们仅仅作为思想交流的推动者、右派思想的支柱以及一个能够在其中充分辩论的社团，因此不会公开形成党派或者政治立场。这个说法并没有错，但也没有叙述出完整的真相。我们所了解到的关于那个最初的周末是基于对当时在场的人的采访，也包括1982年《哈佛法律与公共政策杂志》中寥寥无几的演讲片段，正是这些有限的记录，揭示了这个问题的另外一面：从一开始，这些努力都是激进的政治活动，成员们时刻准备着以强硬的姿态进行战斗。

组织开始有了初期的回报，联邦党人更是成功联系到保守派的教育经费管理机构通过资金支持他们。组织者之一利伯曼在研讨会的提案中写道："法学院与法律界人士目前主要由正统的自由主义意识形态引导，这种思想倡导建立一个集中、统一的社会。或许一些法律界的同仁对以上观点持有异议，且目前保守派也没有在这个领域形成一个完整的评价或体系。这次会议的成功举办，可以作为一个正面回应他们质疑的契机。"在接下来的五年时间里，联邦党人协会在华盛顿设立了办事处，并在15所法学院开设了分会，然后是30所、75所甚至更多的法学院。协会对学生和执业律师都开放会员制度。

随着人数增长的还有资金。在保守派教育经费管理机构、斯卡维基金会、奥林基金会和布拉德利基金会以及鹿溪基金会的支持下，包括会员费在内的预算超过了100万美元。与此同时，越来越多的联邦党人进入到政府部门工作。仅仅几年前，联邦党人的信仰还为校园所排斥，但现在，忠诚于这种信仰已经成为一种有利的政治身份，尤其是在里根政府中。

然而，联邦党人协会的发展不总是一帆风顺的。1987年，一场由自由党领导的参议院运动导致博克在最高法院的提名失败，他们利用博克在罗伊诉韦德案以及研讨会上的发言来挑起事端。这种行为使联邦党人愤怒，但同时也激励了他们。它同时还强化了这样一种观念：仅有纯洁的意识形态并不能改变司法制度，政治手段也同样重要。近二十年后，联邦党人也通过使某些人离开法院来巩固自己的权力。2005 年，联邦党人的抗议迫使不属于联邦党人协会（且明显没有完整履历）的哈里特·迈尔斯（Harriet Miers）退出总统乔治·W. 布什的候选人提名，并且使塞缪尔·阿利托（Samuel Alito）最终获得了提名。这件事证明了联邦党人协会的影响力在不断扩大。

## 联邦党人协会在政治舞台上大放光彩

距离最初那场研讨会已经过去了二十五年，毋庸置疑的是，联邦党人协会改变了美国的司法性质，甚至获得了对手们的认可与赞赏。当时新任纽约州联邦参议员希拉里·克林顿说："他们确实做到了，我们必须尊重这一点。"卡拉布雷西在联邦党人协会二十五周年纪念典礼上讲："今日我们的成就是远远超出当时想象的。起初我们以为自己只是在学术争鸣的杂草中种下了一朵野花，谁能料想到这其实是一棵橡树。"

而在大老党（美国共和党的别称）内，没有人能比当今美国总统特朗普更会讨好保守派了，特朗普希望自己在当选总统以后让利奥交给他一份向最高法院递交的大法官候选人的名单。而特朗普的真实意图就是将这项任务转交给联邦党人协会，后者曾为之前的几位共和党总统履行职责，但是没有一位总统像特朗普一样表现得如此毫不隐讳——大肆宣传反对知识精英，而此群体的确是由这个特定的环境培养出来的。

回顾那个纽黑文的周末，以及这个组织的成立、发展、壮大，成员们谈起时不禁带着惊喜、满足以及敬畏之情，因其成就了一位总统，曾经的纽约花花公子、赌场大亨，以及一份可被接受的法官名单。这是一组看似奇怪却近乎完美的搭配——冲动但精明的特朗普与足智多谋、有条理的联邦党人协会。诚然，特朗普基于很多原因当选了总统，但其中最大的推动力则是联邦党人协会的认可。若没有这份认可，他或许就没有如今的身份了。而与之相对应的是联邦党人协会如果没有得到特朗普的支持，同样不能发展得如此顺利。对于保守派是否已经成就了他们最初在各个法学院发展时的目标，其实是一个开放性的问题。而特朗普似乎并不赞同他们关于小政府以及各州权力的看法，也不赞成那些严谨的学术观点，或许他将以另一种方式结束执政生涯。但是毋庸置疑的是，特朗普的影响力将远超过其任期，甚至持续数十年。从执政表现上看——特朗普成功改变了最高法院大法官的多数派别，联邦党人协会以他们从未设想过的方式对这个国家的最高司法机构达到空前影响力。因为联邦党人协会，特朗普得以改变这个国家。

（编译/马尚玉）

# 进步主义与行政国家的兴起：
# 美国今日政府的违宪本质

[编者按] 我们要如何理解今天的美国政体？克莱蒙特研究所高级研究员斯蒂芬·海沃德于 2016 年在《克莱蒙特书评》上撰文指出，美国今日的政府模式——"行政国家"——其实是违宪的。海沃德在这篇题为《对自由的威胁》的文章中，以一种全新的保守主义论调分析了行政国家自 20 世纪初威尔逊主义兴起以来的意识形态动力。[1] 在他看来，过去的保守主义者并没有揭露"行政国家"的违宪本质，在罗斯福新政的优势地位与社会主义阵营的意识形态威胁的笼罩之下，保守主义者不但没有注意到行政国家的危险性，也忽视了行政国家的意识形态基础。海沃德将"行政国家"视为一种僭政，而它一个世纪以来的膨胀则应归咎于进步主义意识形态与愈演愈烈的"事实—价值"分野。作为一种"柔性的专制"，"行政国家"不仅违反了美国宪法的根本原则，也借助日益强化的"科学"技术冲淡了言谈与思辨的力量。在这个技术至上的时代，海沃德呼吁对美国政体进行"价值重估"。

尽管现今的美国人对政府日益感到反感，保守主义者们尤其如此，但在本文作者看来，美国政府的危机并没有得到澄清。作者认为，美国政府的真正问题在于其作为"行政国家"的违宪本质。"行政国家"是一种兴起于 20世纪进步主义意识形态的组织模式，它追求对国家与公民事务无处不在的统

---

〔1〕 Steven F. Hayward, "The Threat to Liberty", *Claremont Review of Books*, V. 17, No. 1, 2016 Winter, p. 53 (6), http：//www. claremont. org/crb/article/the-threat-to-liberty/，最后访问日期：2019 年 5 月 31 日。

治，这实际上违背了美国宪法追随的分权原则。

作者认为，"行政国家"的兴起应归因于威尔逊总统对于政府组织原则的全新看法。与《联邦党人文集》中反映出的对政府权力的怀疑情绪不同，威尔逊对于权力有着强烈的渴望。他认为，政府是一个有机组织，而不是一架机器，因而不能以内在制约的模式运行，分权并不符合时下的需要。在作者看来，威尔逊的观点得益于 20 世纪兴起的行政管理科学，它鼓励政治与行政分离，认为行政事务可以与政治事务划清界限并移交给技术专家。技术专家的专业知识不应该受到政治压力的影响。因此，政府可以依靠科学的技术管理，而不是复杂的分权原则进行组织，前者来自于对技术主义进步性的高度自信，而后者则来源于对自由主义者的政府权力的合理猜忌。

于是，威尔逊的进步主义原则否定了美国建国时期立下的自然权利原则。前者的核心论点是，历史与进步可以取代作为政治生活基础的自然权利。通过对于专业性科学知识的获取，我们可以获得对于历史走向的知识，并实现不断进步。政治科学在于催促变革，政治领导力在于引导变革。在变革中，拥有专业政治科学知识的领导可以无视那些反对力量的声音，由于这类声音实际上是在反对真正的进步。在作者的解读下，威尔逊对政治领导力的评论显露出令人咋舌的专制色彩。威尔逊认为，一个够格的领导只应关注对于政治势力的运用，消除抵抗的意志，在这个过程中人民不过是实现进步的材料与中介。

我们所看到的大众政治与民粹主义的兴起，并未能阻止进步主义的扩散。为了处理民主改革带来的反抗声音，进步主义借助方法与目的的分野，将大众政治限制在对政府的目的进行倡议与建言的环节，而将处理问题的方法问题牢牢地掌握在管理专家的手中。更为重要的是，由于政府的目的已不在于保障自然权利，因此大众的民主建言也显得效果平平。在作者的拆解下，进步主义显得更像是僭政，而且带有强烈的乌托邦色彩，一种渴望技术—历史进步的乌托邦主义。而美国建国时期所确立的自然权利与分权制衡原则则被弃置一旁。

作者继续分析深入分析进步主义原则的机理，并进一步将其归于事实—价值的分野。事实与价值分立的想法使得进步主义者将技术视作一种完全中立的事物，而技术专家也是完全中立的管理者。通过对历史与实践的观察，作者指出这一观念不过是个闹剧。美国现实政治中的"专业管理者"并不能抛开利益成见与各自的意识形态阵营，他们最终成了党派意见的代表，而政府运行则被党派意见牵制。这反映出事实与价值分野的虚假性。尽管政府运作被交给了技术专家，但技术专家并不能逃离价值之争。作者继续批评行为主义政治科学与回归分析等等现代政治科学方法论的错谬，指出它们"不再将道德问题与人类的卓越当成一回事"。政治科学仅仅在于追求所谓的中立事实，而不再反思价值本身。但实际上，这些所谓的中立事实是缺乏价值判断力的表征。在对事实—价值分野大力批判的美国校园里，人们对周遭的道德灾难显然不会出现什么模棱两可与犹豫不决。

在此基础上，作者希望复兴政治作为理性思考与言谈生活的观念，通过在广泛的技术主义背景下保留对价值进行言谈的场域。行政国家的危险并不仅仅出现在经济领域，而更多地在道德问题上得到呈现。行政管理的触角伸入各类私人事务与政府事务，并在性别问题、社会政策、企业决策中显现出其影响力。无数私人事务被假借历史进步与技术专业性之名的官僚机构进行管控。为此，海沃德呼吁通过重新激活美国宪法体现出的政治理念，在政治哲学的根本层面上对抗进步主义思潮。在左派对进步主义原则的批评日益乏力的今日美国，回归政治哲学的思考也许会有所助益。

（编译/朱华辉）

# 现代西方男子气概的危机

[**编者按**]　在"9·11"袭击后的西方世界，以美国、英国为首的国家的公共语境中逐渐兴起了对于男子气概的狂热追捧：由于越来越多的男性觉得自己的社会地位在女性主义不断觉醒并发力的当下岌岌可危，于是他们索性将女性树立为对立面，并成为特朗普、普京等乐衷于吹嘘自己硬汉气质的政客的忠实拥趸。纵观历史，我们不难发现，随着世界现代化进程的不断推进，对男性主导力量的追求似乎也在循环往复、不断重现，并深刻地塑造了亚洲、非洲和拉丁美洲的政治与文化。印度学者潘卡吉·米什拉于 2018 年 3 月在《卫报》发表了《现代男子气概的危机》一文[1]，深刻而犀利地剖析了男子气概浪潮每一次"袭击"的起因与影响，以史实照进现实，呼吁西方祛除零和博弈式的性别范式认知，为特朗普治下的美国和其他西方国家敲响了警钟。

## 全球性的男子气概危机：源流、发展及现状

自"9·11"事件以来，本·拉登对美国国民男子气概的诋毁使得西方的公共生活中逐渐掀起了狂热追求男子气概的浪潮。然而，现代西方充满雄心壮志的男性形象塑造者们如今却被迫重新审视当今时局：同性恋者和女性在

---

〔1〕　Pankaj Mishra, "The Crisis in Modern Masculinity", *The Guardian*, March 17, 2018, https：//www.theguardian.com/books/2018/mar/17/the-crisis-in-modern-masculinity, 最后访问日期：2019 年 5 月 30 日。

恋爱和婚姻的选择上比以往任何时候都更加自由；女性期待在职场、家庭以及两性关系中创造更大的自我价值；科技与自动化的发展都让"推动事态发展并且力挽狂澜"的男人们慢慢退出时代的聚光灯下。在过去一直享有特权的男性越来越多地受到来自女性、同性恋群体以及多元民族及宗教背景者的挑战也成了不争的事实。在西方，这种现象尤为严重，而这种对男性陷入弱势状态的恐惧和焦虑已经引起当今最占主导地位的两个国家在政治上的歇斯底里。

对于极端大男子主义的维护在现代历史中反复出现，并逐渐演变成了一种流行于英美且似乎无计可施的男子气概危机，而这种循环极深刻地塑造了亚洲、非洲以及拉美的政治与文化。

在著作《愤怒的时代：当下的历史》（*Age of Anger: A History of the Present*）中，作者回溯了这场危机的起源，并试图探究危机为何不可避免地往世界性的方向发展。作者指出，危机随着19世纪人类历史上最激进的变革而发端：农业和农村社会被动荡的社会经济秩序取代，这种社会经济秩序由工业资本主义界定，是通过新的性别和种族分工严格组织起来的。到了19世纪，当由剥削和排斥构成的、以性别和种族界限分层的社会成为世界上最强大的社会，当诸如国家建设、城乡迁移、帝国扩张和工业化等现代性深刻冲击彻底改变了人类认知的所有模式时，这些并不自知的传统便开始受到前所未有的冲击。男人和女人便开始普遍被束缚在特定的角色中。在当下，这场危机似乎是全球性的，因为在西欧和美国现代化进程中形成的限制性的性别规范网络已经覆盖了地球上最偏远的角落，而这种一再反复的危机严重阻碍了现代世界的发展进程。

## 历史语境中的男子气概与性别话语建构

随着19世纪时代进程发展，许多关于男性和女性身份的文化假设演变为永恒的真理。诞生于法国大革命和启蒙运动的拿破仑认为，女性就应该待在家里生儿育女，《拿破仑法典》规定女性必须服从于她们的父亲和丈夫，这被许多国家吸收并引入法典。美国国父之一托马斯·杰斐逊曾称赞女性"将家庭幸福置于一切之上"，并且"明智地不参与政治事务以避免额头上长皱纹"。随着现代世界的形成，这样的偏见使得传统的父权制被具有强烈排他性的男子主义气概的理想取代。因此，女性被剥夺了政治参与权，并被迫在家庭和职场中担任从属角色，而女性的身体注定是用来生育和保卫家庭、种族以及国家之未来的，男性的身体就理应用来劳动和战斗。成为一个"成熟"的男人，就意味着要适应社会，履行养家糊口、为人父母和参军效国的义务和责任。因此，在19世纪的欧洲和美国，成为一名真正的男人就意味着成为一名激进的帝国主义者和民族主义者。即使像托克维尔这样目光敏锐的人物，也渴望他的法国男性同胞在与北非阿拉伯人战斗时认识到自身"好战"和"阳刚"的本性，把家庭生活中的琐碎事务留给女性去处理。

随着世纪进程不断推进，男性不断在精神上受到来自工业化、城市化和机械化等无法控制又极度削弱男性的现象的打击，他们也因此积极响应对社会上追求男子气概的思潮。强势的自我、民族、帝国和种族被认作是强壮无畏的男子气概的化身。为了实现这一令人生畏的理想，他们就必须彻底消除所有具有女性气质的胆怯和幼稚。挫折与失败激起了男性的自我厌恶——以及对暴力的渴望。罗斯福曾被"懦弱者"和"奥斯卡·王尔德"等不光彩的绰号嘲笑，对此，戈尔·维达尔曾经指出，罗斯福试图通过"男子汉"的活动克服他的身体脆弱，其中最激动人心和最崇高的活动便是战争。

然而，对男子气概的向往，以及对权力的渴望，往往会使它们在被追求的过程中变得更加难以企及；对被不透明的经济、政治和社会力量阉割的恐惧也会继续加深。争相效尤追捧大男子主义的风气在20世纪的头几十年带来了最惨烈的后果：它把欧洲和美国的许多作家和政治家推向了种族民族主义的极端男性化阶段，最终导致了第一次世界大战的灾难——墨索里尼和罗斯福一样，把自己从娘娘腔变成了一个势不可当的帝国主义者。同样，身体素质欠佳的法西斯主义者希特勒也宣布"弱者必须被打垮"。因此，雅利安民族的这些狂热分子将自己与懦弱的犹太人相对立，并通过屠杀的方式来显示自己的硬汉气魄。

对男子气概的追捧在21世纪继续污染着全世界的政治和文化。在当今时代，经济、社会和技术的迅速变化使大批背井离乡而又对生活茫然无措的男性陷入了对男子气概的执念。扩张旧帝国主义和建立优等民族的论调在当下已经没有什么市场。但是，在新自由主义治下的个人主义时代，极度分化、不平等的社会现实使得对男子气概的诉求更加难以实现。白手起家创造辉煌的事迹激励着世界各地的男性对个人权力和财富进行视死如归而又徒劳的追逐，并把妇女和少数群体想象成他们的竞争对手。越来越多的男性试图贬低和排斥女人以表现他们与生俱来的控制欲。不论是社交媒体上的言语攻击，还是野蛮的人身攻击，都充分展现了男性对于那些似乎侵占他们领地的"被解放的"女性的厌恶。印度教的种族优越主义和伊斯兰原教旨主义等伪传统意识形态都从教义层面许可了这种厌恶，其实质则是用旧式的父权制取代新自由主义所作出的虚假的机会均等的承诺。

## "大男子主义"的自我救赎：破除执念、摆脱恐惧

近年来，西方出现了许多试图恢复男性权威或重塑男性主导社会的尝试。其中，最新的尝试就是彼得森的传统主义，它的主要观点包括鼓励使用"有震慑作用的暴力"，厌恶缺乏男子气概者、文化马克思主义者和女权主义者，将小布什这样善于装模作样的政治家塑造成超人，并最终将特朗普送进白宫。

从历史上反复出现的对于粗野男子气概的追捧热潮可以看出，现代男子气概的历史就是一部充满臆想的历史。它描述了对一个稳定有序的世界的追求，但这种追求只不过是对不可抑制的人类生存方式的多样性宣战——一场尽管饱尝溃败但仍在周期性地反复爆发的战争。对女性和女性气质的荒谬恐惧可能与男性长期以来在社会、政治和文化上的主导地位有关。男性权威意识的受挫，或对被剥夺特权的不满，都将继续使许多男性易受特朗普和莫迪等贩卖虚假阳刚之气者的蛊惑。然而，当我们用同理心的视角来分析他们的愤怒和绝望后，就不难发现，男性和女性一样被人为的性别规范束缚。

波伏娃曾写道："女人不是生下来就是女人，而是后来才成为女人。"同样的话，对于男性也适用。"是整个文明造就了这一生物"，并迫使他陷入对权力的毁灭性追求。和女性相比，几乎任何地区的男性都更容易酗酒、吸毒、发生严重事故和患上心血管疾病；他们的预期寿命已经大大降低，并拥有更

高的自杀率。无论是在学校操场、办公室、监狱还是战场，主动追寻男权主导地位的男性最先伤害的就是他们自己。这种每天都会经历的恐惧和创伤，使他们比大多数被男性刚毅形象神话束缚的男性更容易将自己同女性联系起来。

当然，在这个山雨欲来风满楼的世界，如果男性对这次无助的经历进行否认或者轻描淡写地带过，他们也将浪费这次男子气概的危机。男性权力总是难以捉摸，容易出现周期性危机、崩溃和惊慌失措的复辟。在这个一切都将归于尘埃，即使表面上强大的国家也会时刻因被击败、被取代而提心吊胆的世界，男性权力是一个无法实现的理想，一种充满控制欲的幻觉。男子气概作为一个沉重的包袱和无法企及的期望，已经成为巨大痛苦的根源——对男人和女人来说都是如此。要理解这一点，不能只看到当下的全球性男子气概危机。我们更要看到的是一种解决危机的可能性：摆脱对于"不够有男子气概"的荒谬的恐惧。

（编译/黄永恒）

# 美国保守主义将终结于虚无主义？

[**编者按**]　被视为世界最老牌现代民主国家的美国如今自身难保，美国公民对自由平等的信念正在灾难性地瓦解中。在美国从来不存在民主的说法甚嚣尘上。有专家认为，富豪财阀腐蚀了美国选举制度，导致如今美国政治走向两极化，国家管理机器陷入僵局。前共和党众议院和参议院预算委员会成员迈克·洛夫格林在《华盛顿月刊》（*The Washington Monthly*）上发表的文章《保守主义将终结于虚无主义？》[1]，聚焦了美国保守主义在各方面自相矛盾的特征，他认为其所主张的民粹主义是虚假的，本质上就是为富豪阶层服务的。他深深担忧美国在特朗普的带领下加速了走向虚无主义的趋势，呼吁美国公民克服自己的冷漠，捍卫真正的民主与自由。

在特朗普执政期间，对保守主义的考察都会首先面临一个问题：什么是保守主义？迈克·洛夫格林认为，美国保守主义实际上就是特朗普主义，但是无法从理论上给保守主义一个定义，因为他们在政治上的各种运动都呈现出意识形态上的不一致。在作者看来，特朗普没有操纵美国的保守主义，相反，保守主义在特朗普的身上体现得淋漓尽致：在《保守主义将终结于虚无主义？》一文中，洛夫格林指出，保守主义的特征中体现了诸多矛盾之处：

---

〔1〕 Mike Lofgren, "Will Conservatism End in Nihilism?", January 3, 2018, https://washington-monthly. com/2018/01/03/will-conservatism-end-in-nihilism/，最后访问日期：2019 年 6 月 2 日。

## 矛盾的共和党纲领

共和党人既吸收了神权极端主义分子的疯狂想法，又同时拥有安·兰德（Ayn Rand）式自由放任主义的特征。譬如，众议长保罗·瑞恩一边在袖子上绣着天主教教义，一边让办公室实习生阅读兰德的著作《阿特拉斯耸耸肩》。共和党长期以来都被认为是一个爱国党，主张建立强大的国防，抵抗世界共产主义。但是，共和党人对俄罗斯的态度却逐渐发生了转变。在普京提出欧亚战略、意图与美国对抗的情况下，鼓吹"美国优先"的共和党却开始对俄罗斯展示出一种尊重。加利福尼亚国会议员达娜·罗拉巴克尔就身穿奇装异服公开表示支持共产主义。共和党在进行一场虚假的民粹主义运动，将其追随者的怒火向下引向边缘选区，向外指向外邦。他们从来不会针对当权者，而是为了让美国富豪阶层进一步致富，欺骗美国人努力工作。

## 不平等的自由

保守派一方面在策略上采取了亲民的姿态，但另一方面却又维护社会阶级的存在。保守主义的代言人埃德蒙·伯克（Edmund Burke）提出的节制和理智一向为战后保守派所推崇。在他看来，政府是建立在妥协和交换的基础之上的。然而，政治理论家科里·罗宾（Corey Robin）揭露了伯克的另一面，他指出伯克一直持有民众不应随意跨越阶级的观点。"自由只能通过隶属于他人来获得。"保守派精英自认为天生就处于顶层阶级，统治下层阶级是一种高尚的使命。作者讽刺了保守派的优越感，他们认为这是一个"自然"的等级，不平等是自然的。这一点特别体现在最近颁布的税收法案中，努力工作的小人物成了难以承受的税收奴隶。

## 反智主义的教育

民粹主义的保守主义一边认为教育是培养精英主义势力小人的工厂，一边又向年轻人灌输以工作为导向的"实践"教育。作者尖锐地指出，保守主义的目的就是要教育出不会质疑社会秩序的顺从的学生。高等教育中的批判性思维与全面的人文教育被认为是对等级社会稳定性的威胁，而且不像技能培训那般"实用"，不会为全球化的经济做出任何贡献。保守主义的领导人特朗普就曾说过喜欢"受教育程度低的人"。

## 迷恋暴力、战争和军国主义

保守主义认为，和平是一种软弱和颓废的表现，男子气概就是要在生死战争中才能体现出来。作者称保守派对暴力的沉溺深刻地影响了美国社会。《纽约时报》的托马斯·弗里德曼（Thomas Friedman）就曾为入侵伊拉克正名"我们打伊拉克是因为我们可以"。军队在美国更是一个神圣不可侵犯的存在。"如果一个总统的胳膊在他回敬海军护卫队的敬礼时不在核准的角度上，他就会立即被谴责为不尊重军人，而且非常肯定其图谋摧毁这个国家。"作者认为，外交官约瑟·德·梅斯特的观念更深刻地体现了保守主义的思想。他认为，暴力是现代文明必不可少的手段，是惩罚邪恶之人最好的方法，体现出专制主义的倾向。

## 深陷悲观的末世思想中

保守主义给现代社会抹上了一层悲剧色彩：平庸的平等主义与无情的理性吞没了整个社会。作者批评保守主义深陷这种黑暗的偏执信念中，偏执地认为社会秩序摇摇欲坠，等级制度也将不保。即使保守派已经掌权，仍然有笼中困兽的感觉。而且有些保守主义认为现在已经太迟了，国家末日的来临已成定局。既然已经没有国家可以守卫了，自视为爱国者的保守派将其忠诚转移到另一个国家是一件轻而易举的事，就像沉浸于悲观与仇恨的法国保守主义将自己的祖国交到纳粹手中一样。

在现实的压力前，保守主义开始在更美好的过去中寻求慰藉，而他们将没有污染的世外桃源定位于想象中的伊甸园。因为任何时代都是由进步和倒退构成的：我们有青霉素，但我们也有核武器。尤其在社会处于危机时期，保守派就开始卖弄怀旧之情。虽然更美好的时代是一个根本不能完成的愿景，但是这种怀念的情感力量拥有强烈的私人化，强大到不容易被驳斥。即使支持特朗普的选民明知特朗普不会实现承诺，但是这种美好的幻想迎合了他们对年轻时更美好时光的留恋。

## 反叛倾向与人格崇拜

"保守派"与"右派"正在逐渐成为同义词。保守主义将自己幻想为反抗压迫政府与精英分子的反叛者。特朗普不断挑战传统意义上的"政治正确"，对礼仪嗤之以鼻，这使他迅速地招揽了大量粉丝。作者认为这种人格崇拜助长了共和党的专制主义。然而，作者也指出，保守主义的这种反叛倾向也容易造成寻衅滋事的借口，譬如"圣诞快乐"的社会问候也可能会成为一种故意的挑衅。不文明现象在潜移默化中变成一种常态，正如作者所说，"我们正在经历着一种礼仪和道德观念的革命，丢掉了所有原则。"

理性的沉睡会滋生出怪物。保守派正在攻击伦理道义、人道主义与客观现实本身。作者强调，美国正在经历一场虚无主义革命，如果不想走向自我毁灭，那就需要美国人克服他们的冷漠，抵制保守主义的黑暗设想，主动捍卫自由民主和人类道德。

（编译/胡晓雪）

# 美、俄保守派展开跨国对话，
# 寻求联合的可能性

[编者按]　2017 年 9 月，在美俄之间敌对和外交封锁的风暴和紧随其后由美国发起的长达一年的妖魔化俄罗斯的激烈运动后，西蒙·韦尔政治哲学中心（Simone Weil Center for Political Philosophy）在莫斯科智库社会经济政治研究所（ISEPR）的办公室召开以打破美俄关系僵局为主要议题的国际会议，本文为会议主要内容的记录。[1] 会议由来自美国、俄罗斯、加拿大、英国、澳大利亚的 15 名专家学者出席，包括俄罗斯哲学家、莫斯科国立大学和社会经济政治研究所的鲍里斯·梅茹耶夫，国家战略研究所的智库主席米哈伊尔·列米佐夫，社会经济政治研究所的列昂尼德·波利亚科夫，《意见》（Vzglyad）杂志的首席政治事务评论员德米特里·德罗布尼茨基，俄罗斯宗教/民族主义电视台察里格勒的著名评论家和主持人叶戈尔·霍尔莫戈洛夫，还有其他几位著名的俄国学者。会议首先明确了美俄两国之间的自由主义和现实主义差异，与会学者在此基础上提出了文明的现实主义、后自由主义、真正的保守主义等理念，并提出建立平等互利的对话机制是解决美俄问题的有效途径。

会议探讨了目前最棘手的问题：如何打破华盛顿与莫斯科之间的僵局？会议的目标，反映了西蒙娜·韦尔中心的总任务，即探讨俄罗斯和西方之间的政治问题，从而寻求走出当前的死胡同的方法。俄罗斯的学者、记者和智

---

[1] Russia, "America, and the Courage to Converse", *The American Conservative*, January 15, 2018, http://mikenormaneconomics.blogspot.com/2018/01/paul-grenier-russia-america-and-courage.html，最后访问日期：2019 年 5 月 31 日。

库成员普遍较为保守。而由来自美国、加拿大、英国、澳大利亚的大学教授、记者、作家组成的西方代表团在意识形态方面更为复杂。有些人会自认为保守主义者，而有些人则自称为"后自由主义者"或者"自由现实主义者"。

## 理性对话缺失的原因

会议首先探讨为什么在俄罗斯和大西洋联盟成员的关系间理性消失了。对话是人类互动的一种形式。在对话中理智的力量，而非武力的力量，占据支配地位。但今天，主流政治家和权威人士的言论似乎很少旨在促成对话。敌意显而易见。

当人们认为华盛顿和莫斯科都呼吁以规则为基础的世界秩序时，理性的消失似乎令人费解。但是，渥太华大学的公共和国际事务教授保罗·罗宾逊在会上解释说，美俄两国对规则的含义和目标有着完全不同的解释。对俄罗斯来说，规则是对称的。他们以同样的方式适用于冲突各方。对美国来说，规则的适用是不对称的，其取决于被适用方对规则正义与否的看法。规则的对称性是由于若规则不具有普适力则将被所有人忽视。而美国如今在事实上反对了此种对称性。在规则对称适用的观点中，规则的适用主要在于维护正义。正如当罪犯被警察追捕时他们必须投降并接受逮捕，在战争中非正义一方的士兵必须屈服于正义一方。但是谁也无法定义正义。对于美国及其最亲密的盟友来说，自由国家可以做出规则正义与否的判断，恰恰是因为正义的概念主要体现在由西方历史发展而来的"尊重个人人权"的理念上。根据这一理论，在美国解放摩苏尔或拉卡期间发生的平民伤亡是令人遗憾的但确是正义的，但是在俄罗斯支持下阿勒颇解放期间发生的平民伤亡则是非正义的。由于俄罗斯和叙利亚不同意美国对人权的理解，所以从美国的角度来看，这两个国家都不能被认为符合"最低限度的正义"。总之，美国和俄罗斯都是理性的，但是二者是按照不同的理性运行的。

理解清楚美俄之间的理性认识冲突，美国似乎不太可能放弃其自由主义的逻辑，同样俄罗斯也不太可能放弃其传统的现实主义观点，更不用说其非个人主义的公民观。那么有什么办法可以消除这一差异吗？

## 文明的现实主义

对此，鲍里斯·梅茹耶夫提出了文明的现实主义建议。他认为，只有认识到这种差异的深层内涵，才能摆脱竞争，并最终达到一种稳定的和平相处的状态。梅茹耶夫承认，俄罗斯与欧洲和大西洋集团的其他国家有着文化上的亲缘关系，但是这种关系并非是明确的、决定性的。在梅茹耶夫看来，要想达到一种过渡状态的关键是要克服那种坚持认为存在一种普遍的、最人道的生活方式的错误的道德观。与俄罗斯相比，欧洲人（欧洲大西洋集团的其他国家）并没有更人道、更有道德，这只是两种不同的生存方式的选择。戈普尼克赞同此种观点，并补充举例说，如美国独立战争，英格兰的选择与独立的选择相比具有同等的道德意义。谁也不能真正地坚持主张那些在 1775 年宁愿留在英国的美国人就是不正义的。在这一语境下，道德的概念即不能做出准确判断。罗宾逊和梅茹耶夫强调，政治分歧的绝对道德化，包括援引"人权"的概念，可能会造成人为冲突发展至在广度和强度上都是意想不到且不可估量的程度，而且那时将只有在一方完全投降的情况下才能平息。不管是有意还是无意，这种以人权为基础秩序的实际效果使美国能够自由地在其认为适合的地方使用武力。更重要的是，通过假设人权仲裁者的角色，美国能够随时更新权利的定义，并使与之竞争的其他政治力量远离国际秩序的中心，永久地在国际道德的狗窝里。

此外，梅茹耶夫承认，避免错误的道德观（上文所指的认为存在一种普遍的、最人道的生活方式的错误的道德观）是建立一个稳定的国际秩序的关键。但是，否定了普遍性的道德观之后，我们如何能避免在国际事务中陷入尼采式的相对主义或非道德主义？是不是仍然需要一种普适的东西？如果（普世的价值）不是人权，那会是什么呢？他给出的答案是文明的现实主义：在事实上让西方成为西方，让俄罗斯是俄罗斯。这种理念认识到自冷战结束以来，俄罗斯和西方在两种截然不同的目标下开始发展自己的社会，并承认他们之间的务实合作比任何一方企图强加其社会或政治秩序于另一方来得更为有利。米哈伊尔·列米佐夫赞同此种观点并补充道，西欧国家抛弃了其基督教的根基和现代性。其后现代、后国家主题是面向权利、个人和解放的。他认为，俄罗斯政府不应该，也没有任何借口来挑战这个主题。

## 冷战时期的自由主义

对于此种说法，美国方面有人持怀疑态度，认为对于强硬的现实主义者来说，扩张自己势力范围的欲望不是基于哲学信仰，而是基于国际无政府状态的现实。俄罗斯方面主张的现实主义并不能很好地遵守海权、陆权的边界。

对此问题，詹姆斯·卡登指出，外交的精髓是在因建立政治原则产生国际冲突时设法维持世界相对和平与稳定。但是，美国对俄罗斯的态度早已不再是出于以外交途径弥合双方分歧的目的。相反，他认为华盛顿向俄罗斯展现的是"一种因自由文化帝国主义的挫败而产生的敌意"。卡登并不反对美国的身份政治。然而，他担忧的是，通过选择将身份政治的主张带入与世界其他国家特别是俄罗斯的关系之中，这导致"社会正义浪潮"破坏其他任何负责任的和理性的外交政策。早在基辅独立广场事件之前，将俄罗斯妖魔化为违反美国身份政治规范的做法就首先出现在奥巴马执政时期。暴动小猫事件更是其中最引人注目的。从那时起，（在美国外交策略的影响下）俄罗斯及其领导人所犯下的罪行成倍增长，这使得弗拉基米尔·普京成了极端右翼势力的全球领袖。

卡登在自由传统本身中找到了"文化战争自由主义"的替代理念。值得注意的是，普林斯顿大学的学者詹·沃纳·穆勒定义了一套完整的冷战时期的自由主义学说，以以赛亚·伯林和雷蒙德·阿隆为例，他们主要关心的是避免最坏的情况，而不是达到最好的结果。卡登总结说，此种冷战时期的自由主义不像当今的身份政治一样适用于外交关系，它惧怕雄心勃勃的计划和乌托邦式的外交方案，而建立在一种与自鸣得意的新文化战争自由主义者形成鲜明对比的谨慎态度之上。

## 扩大自我认同谋求双方对话

罗德岛大学政治学教授尼古拉·佩特罗认为即使是所谓的"保守派"所采取美国的外交政策也只是名义上的保守。佩特罗强调，保守的外交政策必须以现实主义为导向，摒弃世俗主义和意识形态道德主义的西方标准。佩特罗认为，解决方案可能是扩大西方自我认同。在过去四十年的大部分时间里，自由主义一直被认为是西方任何政策问题的根本解决方案。然而，处理与俄罗斯关系的失败反映出在建构国家间的和平关系上，自由主义实际上是问题的一部分。理查德·萨克也对所谓的自由主义"一元论"提出广泛批评。他认为，尽管自由主义声称具有"开放性"，但其现代西方晚期形态仍然是封闭的。全球化与作为"自由世界秩序"的权力结构相联系后，出现了政治空间的同质化和多元化的急剧收缩的趋势。萨克认为，替代这种同质（实质上是帝国主义）政治逻辑的方法是采用一种双方能够平等交流、互相理解的对话。

就此问题，梅茹耶夫认为，存在一种俄罗斯的理念，这种理念是基本的、最重要的基督教的理念。作为一种基督教文明，俄罗斯必须以谦逊的姿态接受这个世界包含不同的文明。俄罗斯文明与普遍真理有一种天然的特殊关系。但这不是俄罗斯把这种理念强加给世界其他国家的理由。梅茹耶夫说，将这一原则与西方的自由主义联系在一起是避免即将到来的"新冷战"的唯一希望。在这一点上，列米佐夫把论争扩大到政治组织的原则。他同样认为基督教是俄罗斯自我认知的核心。但是，俄罗斯与西方的分歧在很大程度上是由与现代性的不同关系造成的，尤其是源于西方国家对自法国大革命以来的对规范化的国家形式的日益排斥。其国家的自我认知不是通过社会契约实现的，而是通过拥有共同历史传承实现的。后一过程在本质上是保守的，因为该过程并未将人权而是将共同的传承置于中心，因为人权是关乎个人的，而共同的历史传承则属于共和国全体公民。列米佐夫说，这种共同的历史传承要求我们作为国家或社会的成员相互合作。而帝国的思想抵消了组建一个以此种情感或者社会现实为本质的国家的可能。因此，俄罗斯以一个全球化的同质化力量的反对者的姿态而作出的举动，导致了整个民族的腐化。

## 后自由主义

会议最后一天以阿德里安·帕布斯特的发言结束。坚定的"后自由主义者"英国肯特大学的教授帕布斯特认为，自由主义者正经历着一个完全内部生成的深刻的"异变危机"。在自由国家，特别是英美，自由主义正在侵蚀其赖以生存的经济和文化基础。而西方精英们却无视这一变化，接受了"历史的终结"的观点，并把进步的新保守主义所建构的趋同于西方自由市场民主的无国界世界的乌托邦标榜为"人类政府的最终形式"。但这是不可持续的。自由主义不应被全盘否定，但其不足之处不仅在于经济和政治，还有文化方面。其对个人权利和个人选择自由的关注，导致其忽视相互义务和共同身份认同。

帕布斯特指出，另一种选择应是"后自由主义"。这就需要从不受约束的自由市场资本主义向经济正义和实现利润和社会效益的更大互惠的理念转变。它标志着从极端的个人主义和国家强制的自上而下的平均主义向社会团结和更友好互惠的关系的转变。在政治上，它标志着从既得利益集团和排他性的身份群体的少数派政治转变为基于利益平衡和共同社会认同的多数派政治。这也意味着重构国际秩序。

帕布斯特指出，坚定的保守主义者埃德蒙·伯克提供了一种避免在革命和极端自由主义之间反复摇摆的政治路径。这一政治路径所践行的具体政策恰恰是我们要在我们自己的政治团体中进行真正有争论性的政治对话。但这种具体政策需要（重新）学习对话的精神，目的在于服务于共同的利益、避免革命以及确保能够以谦卑和现实的态度接受影响到我们与包括俄罗斯在内的世界其他关系的限制。最后，帕布斯特说，我们的概念框架需要包含一种关系性的政治概念，这种关系性的政治概念促进了一种既无等级划分亦非简单平等的相互交流形式。这是一种将共同的义务视为比个人权利更重要、更神圣的东西的政治理解形式。

## 结语

在莫斯科的对话展示了真正的保守主义的元素，它的定义是根植于一个长期的哲学和实践传统。如果我们顺应这种保守主义关于对话的方式和限制的理念的要求，我们将找到与俄罗斯对话的勇气。我们"保守"的俄罗斯同行们也在展示着同样的勇气——从打破各自封闭的阵营中寻求彼此对话的精神。这意味着美俄两国关系充满希望。但是西方势力反对这种对话，与此同时，这种开放的态度又是强大且有意为之的。因此，我们应对未来任务之艰巨抱有清醒认识。

（编译/蒋雨璇）

# 不受限制的总统权力

[**编者按**]　在某种意义上，唐纳德·特朗普可能是美国有史以来最不走寻常路的一位总统。还未上任时，他的种种言行就已经屡次震惊美国和全世界的媒体与民众；上任后，这位从未有过从政经验的总统更是"刷新"了人们对于总统权力的认知：在美国与墨西哥边境修建阻拦非法移民的高墙；退出跨太平洋伙伴关系协定、巴黎协定和伊核协议；贸然宣布对众多贸易伙伴加征高额关税，甚至威胁要退出 WTO。令人跌破眼镜的是，以上每一项对外政策的实施仿佛都"畅通无阻"，虽然国内国外早已骂声一片，却没有任何实际的阻拦和反对。人们不禁要问：在以权力制衡和政治监督闻名的美国为何会出现这种局面？詹姆斯·古德吉尔和伊丽莎白·N. 桑德斯发表于《外交事务》的文章《不受限制的总统权力》[1] 从制定和执行外交政策的角度出发，通过论述几十年来美国立法机关、行政机关、盟国和国际组织对总统权力限制的不断下降，解释了这一现象背后的深层原因。

作为美国总统，唐纳德·特朗普给外界的印象一直都是他可以凭一己之力改变美国的全球政策。例如，上任后，他迅速退出了跨太平洋伙伴关系协定、巴黎协定和伊核协议；并且不顾国会反对，对加拿大、中国、墨西哥和欧盟加征关税。虽然在国内国外都饱受批评指责，但是特朗普却从未遭受真

---

〔1〕　James Goldgeier & Elizabeth N. Saunders, "The Roots of Trump's Unconstrained Presidency", *Foreign Affairs*, September/October Issue 2018, https：//www.foreignaffairs.com/articles/2018-08-13/unconstrained-presidency，最后访问日期：2019 年 5 月 29 日。

正的阻力，这些颇具争议的决策均畅通无阻地实施了。这一情形不禁令旁观者感到诧异：为什么一个以监督和制衡著称的政治体制能够让某个人如此肆意妄为呢？詹姆斯·古德吉尔和伊丽莎白· N. 桑德斯指出了背后的原因：传统上，存在着很多限制总统权力的机构。美国在国内有国会和行政机关；在国外则有其他盟国和国际组织。这些机构都能对美国总统的决策构成一定的限制。但是，过去的几十年中，这些机构对美国总统的制衡作用一直在受到侵蚀。特朗普的特立独行只不过是数十年里总统权力不断"膨胀"的一种极端化表现罢了。

## 角度一：国会失职

根据美国宪法的规定，国会有权在贸易、军事、外交等议题上对总统加以限制。除了针对关键议题进行投票，国会还可以采取一些非正式的方式，如举行听证会、开展辩论和审查等对总统施加压力，这是一种无形却重要的监督方式。但是 20 世纪 90 年代初冷战结束以后，对美国外交政策的监督力度出现了下滑。在参议院中，负责监督外交政策和国家安全的两个委员会举行的听证会越来越少，对于政府主要外交政策的干预显著下降。

这一趋势出现的原因之一在于党派主义的兴起。由于近几十年来，美国两党之间的分裂和政治极化现象愈发严重，如今国会中议员基本只支持自己所属的党派，政治"站队"的需求逐渐凌驾于理性的政治思考之上。这就导致了这样一种现象：当国会参众两院和白宫均由一个政党控制时，国会对总统的决策绝对尊重；当国会参众两院和白宫由不同政党控制时，国会往往频繁陷入混乱和僵局。在这种背景下，国会的监督作用大大削弱。另一个原因是国会议员对于外交政策和国家安全专门知识的下降。20 世纪 60 年代至 90 年代，美国国会有一种"专家立法"的倾向，委员会中有许多政治和外交经验丰富的专家型人才，并且议员们愿意展开跨党派合作以达成一些对国家利益有利的法案，典型的例子就是 1991 年由民主党参议员纳恩（Nunn）和共和党参议员卢加（Lugar）共同提出并获通过的年度国防授权法修正案。但是 20 世纪 90 年代以后，这种情况便很少再出现。国会议员的变动率上升，资历和经验显著减少，且对于外交政策的细节也越来越不感兴趣。

## 角度二：行政机关的边缘化

作为一个世界强国，美国需要强大的内政与外交服务以管理好与其他国家的关系。在政治风向出现变动时，经验丰富和具备专业知识的行政官员可以成为变革的缓冲力量。有时总统会发现官僚机构并不完全赞同自己的政策，这在一定程度上构成了对总统权力的限制。

但是，自从杜鲁门总统于 1947 年颁布《国家安全法令》并建立国家安全委员会以来，历任总统一直试图淡化国务院中职业官僚的地位，这使政府内部的政治立场更加一致。肯尼迪总统采取了以白宫为中心的外交策略；而尼克松、卡特在任期间，白宫在外交政策上的支配地位得到了延续，例如，在1978 年与中国关系正常化的一系列谈判中将国务院排除在外。老布什在任期内任命了一位强势的国务卿詹姆斯·贝克，他继续削弱官僚机构的权力，依靠一小撮政治人物负责东德西德统一、巴以和平进程等重要政策的实施。随后几任总统继续扩大国家安全委员会的权力和规模，至奥巴马任期内，工作人员已经增加到 400 人。这个委员会不再只作为政策协调机关而工作，同时还负责实施政策，但代价是行政机构独立提供专业知识的能力受到了削弱。在委员会遴选时，总统一般会选择自己的内部人员。这些人对总统更加忠诚，但他们却未必具备制定政策的经验和专业知识。与此同时，被剥夺权力的行政官员也不愿"自找麻烦"，他们在白宫制定的政策面前保持沉默，不愿指手画脚。因此，来自行政机构的监管力量就出现了显著的下滑。

尽管美国行政机构整体上都处于持续的缓慢衰落之中，但五角大楼却是一个例外。9·11 事件后，美国的外交政策逐渐走向军事化，国会对五角大楼的拨款越来越高，却没有强化相应的监管机制，国务院成了这一变化的受害者——美国的区域军事指挥官可以轻易否决许多驻外大使的决策。军方势力上升导致外交政策越来越倾向于用武力解决问题。特朗普上台后，对国务院的轻视达到了新的顶点：蒂勒森（Tillerson）任国务卿期间，副国务卿和助理国务卿的职位长期空缺。

由于冷战期间的政治环境决定了总统需要具备快速决策和行动的能力，因此美国国会曾一度默许总统权力的扩大。但是，这种日积月累的放任却带来了意想不到的结果：如今总统的权力不仅压过了国会，也超过了行政机构；换言之，美国国内的立法和行政机关对总统权力的限制均已大不如前。

### 角度三：渐行渐远的同盟国

在国会和国内行政机构的权力不断下降的背景下，盟国磋商成为对总统的外交政策进行监督的一种重要方式。二战后，美国与盟国在各种重大议题上持续进行密切合作，且美国也会考虑到并尊重盟国的国内需求，以免在对外行动时引起盟国的反感。这种尊重在很大程度上是为了在苏联的威胁面前保持统一。因此，美国的盟友在很大程度上可以形成对美国权力的监管。

但是进入 20 世纪 90 年代，苏联解体后，美国开始认为自己是地球上唯一的超级大国，因此有能力不顾其他国家而全凭自己的喜好行事。法国外交部长韦德里纳（Vedrine）就曾对这种现象进行过尖锐的讽刺。而联合国对美国权力的限制也不断下降。1999 年科索沃战争中，克林顿总统虽然绕过了联合国，但仍然联合北约盟国进行共同军事行动；而小布什上台后则把单边主义带到了新的高度，不顾法国等国的反对，一意孤行地出兵侵略伊拉克。虽然奥巴马上台后致力于修复美国与盟友和国际组织的关系，但却屡屡遭到共和党的反对，这显示出美国国内在这个问题上存在严重的党派分歧。

如果美国政界继续对同盟国抱持这种偏见态度，将进一步破坏美国和盟国之间的关系，而盟国作为无形的"咨询机构"的作用也将受到损害。

### 结语：权力监督与制衡的未来

长期以来，比起国内政策，美国总统在制定外交政策时拥有更大的空间，但这种权力并不是绝对的。不幸的是，冷战结束以来，对总统权力进行监督制衡的种种手段不约而同地走向了衰落。面对这种趋势，作者认为，国会和行政机构都难有太大作为，可能只有来自体制外部的冲击才能够改变局面——作者在文章结尾指出，中国的崛起带来了竞争压力，这可能会使美国民众和政客重新意识到，国会和行政机构的制衡手段和专业知识是不可或缺的，且盟国和国际组织的作用也应当重新受到重视。

（编译/刘子琦）

# 自由民主的危机

[**编者按**]　特朗普的当选被很多人视为"自由民主的危机"。但是，究竟什么是自由民主，并没有一个广为接受的共识。为此，海伦娜·罗森布拉特在其《自由民主的危机》[1]一文中简要地梳理了自由民主的历史，并指出，将自由和民主混为一谈基本是一个历史的错误，事实上自由通常是排斥民主的。二者的冲突在特朗普当选总统后进一步加剧。丹尼尔·兹比拉特（Daniel Ziblatt）与史蒂夫·列维茨基（Steven Levitsky）在针对其《民主是如何死亡的》[2]一书的采访中表示，特朗普的当选意味着民主的死亡，因为独裁者已经失去了相互容忍和克制两项美德，从而腐化了民主。亚瑟·戈德哈默（Arthur Goldhammer）同意上述观点，并坚持认为，只有不成文规范得到遵循的地方，民主才能有效运转，现在独裁者当道，自由民主因此陷入了危机。[3]

---

〔1〕　Helena Rosenblatt, "Liberal Democracy Is in Crisis. But…Do We Know What It Is?", The Guardian, Guardian News and Media, May 27, 2018, https://www.theguardian.com/commentisfree/2018/may/27/liberal-democracy-history-us-politics，最后访问日期：2019年5月20日。

〔2〕　Gary Wills, "How Democracies Die, Penguin Random House", https://www.penguinrandomhouse.com/books/562246/how-democracies-die-by-steven-levitky-and-daniel-ziblatt/978152 4762933/，最后访问日期：2019年5月20日。

〔3〕　Arthur Goldhammer, "Democracy and Its Discontents: Three Authors Engage With the Threats to a Liberal Society", *The American Prospect*, February 16, 2018, http://prospect.org/article/democracy-and-its-discontent，最后访问日期：2019年5月20日。

## 自由民主的历史

很多论者有一个共识：美国民主处于危机之中。在海伦娜·罗森布拉特看来，我们从未就自由民主的定义产生认同。尽管许多人认为自由民主制度濒临死亡，并且以此为前提对制度本身大书特书，但他们在理解自由民主上的分歧使他们往往在对制度本身的讨论上出现了一定偏差。

为此，罗森布拉特梳理了自由民主制度的历史。将"自由"和"民主"混为一谈是错误的。自古希腊时代以来，"民主"便是"人民统治"的化身。一些人将民主理解为男性公民对社会政治活动的直接参与，亦有人将它理解为基于男性公民选举的代议制系统。然而，直到19世纪，大多数自由主义者对民主都不抱有好感。在经典自由主义者眼中，民主不过是暴民统治的延续。的确，自由主义在被创造伊始便肩负着牵制民主制度的使命。

在贡斯当等人的眼中，公众完全没有合理掌控政治权利的觉悟——大多数人缺少理性，无知，并倾向于在困难面前滥用暴力。在公众的压力下，法治社会与基本人权荡然无存，而"人民公敌"们则被悉数送上了断头台。具有讽刺意味的是，法国大革命最为民主的阶段几乎无时无刻不伴随着血腥的人民暴政。根据托克维尔的释义，民主制度不可避免地催生出了一种有害的利己主义。因此，民众的主权需要在一定程度上被限制；在此前提之上，法制与个人自由方能得到保障。但完善的法律并不能使铁腕领袖完全遵循甚至敬畏制度——为了达成个人目的，他们可以轻易绕开法律的制裁。

## 独裁者腐化了民主

《民主是如何死亡的》一书的作者丹尼尔·兹比拉特与史蒂夫·列维茨基认为，随着唐纳德·特朗普的当选，一个重大的转折点已经到来：自由民主开始遭到独裁者的威胁。

过去，许多分析者也是在政党领袖仍然能够在候选人选择中施加重要影响的立场下讨论"看不见的初选"。但在过去的几年中，该系统正在衰落。基于两个主要原因，政党的把关机制已经成为名存实亡。一个是外部资金可用性的急剧增加，动摇了政党领袖的权柄；另一个是独立媒体的迅速兴起，尤其是有线新闻和社交媒体。现在，有足够的钱和媒体渠道，候选人就可以绕开"看不见的初选"。共和党，更甚于民主党，已经被这些趋势深刻地影响，把关机制已经不起作用。外部人员能够赢得提名的机会已经到来；而2016年，发生的条件最终成熟，于是造成了特朗普的当选。

两位作者认为，美国的民主制度想要平稳运行，需要依靠两条规则。第一条是"互相容忍"（mutual toleration）——不将政治上的竞争对手视为存在的敌人，而是同样忠诚的美国人。第二条是"忍耐"（forbearance），或者说克制（restraint）——强调领导人不要沉迷于玩弄权术、利用所获得的法律权力来摧毁其竞争者。如果规则无法被遵守的话，那么民主就缺乏必要保障。

目前，特朗普这样的独裁者完全抛弃了上述两条规则。更严重的是，特朗普采取了独裁者会采取的三种策略：一是把握裁判者，即指获得法院和主要调查、监管和执法机构的控制权。二是削弱关键的参与者——比如媒体所有者、富人群体、反对派政治家，或者重要的文化领袖——他们能够团结公共反对意见。通过收购他们或者使用"法律"手段，比如税务审计或者腐败调查来恐吓他们，令他们默不作声。第三个手段能够一劳永逸地削弱或者损害反对派，重新制定游戏规则——比如宪法和选举的规则。

亚瑟·戈德哈默也认为，维系民主有两个条件：首先，组成该体系的政党们需要担当守门人的角色。竞争高级职位者必须先得到其合作者和竞争对手的审查，因为他们能够比普通投票者更密切地审查候选人的人格特质和管理能力，至少理想状况下是这样的。党派之间很可能总是充满着腐败交易，他们可能完全无法承担守门人的角色："当恐惧、机会主义或者判断错误使党派将极端主义者带入了主流，民主就会陷入危险。"正是由于党派有时无法胜任守门员的角色，所以需要第二道防线，那就是规则和规范。即使有人肆无忌惮地避开了守门人并成功地获得了权力，他们也不能自由地改变规则和规范。这些规则和规范能够管理整个体系的运作，并能够从恣意的多数人手中保护少数人。没有这种对大多数人意愿的限制，民主可能存在，但那并不是自由民主。

因此，戈德哈默特别强调不成文规范对保卫民主的作用。他表示，"在不成文的民主规范对宪法进行了支援的地方，民主制度运行得最好"。但是现在，不成文规范被独裁者弃之如敝屣，自由民主因此陷入了危机之中。

（编译/吴蔽余）

# 摆脱特朗普政体的困局

[**编者按**] "特朗普政体"（Trumpocracy）一词来源于大卫·弗拉姆 2018 年所著新书《特朗普政体：美利坚共和国的腐败》（*Trumpocracy: The Corruption of the American Republic*），作者曾是小布什总统的演讲撰稿人。虽然同样是批判特朗普对于美国民主造成的威胁，但弗拉姆没有像同期的畅销书那样致力于描绘特朗普的怪异荒唐或者是白宫的混乱内幕，而更多地将目光放在特朗普的身后：国会、共和党、媒体以及普通选民中的支持者和推动者。发表在《大西洋月刊》上的《摆脱特朗普政体》[1] 一文中，弗拉姆分析了特朗普能在选举中胜出的原因，同时也指明了共和党的困局：即使是更优秀的候选人和竞选策略，也难以打破局面。这位"毫无章法"的新总统并没有被共和党建制派改造，反而如此鲜明地以自己的形象"重塑"着共和党，甚至可能从内部"吞噬"整个共和党。这也是为什么在接受《纽约时报》的采访[2] 时，相较于罗斯·杜特（Ross Douthat）对于特朗普及其政府的"无能"而警惕性有所下降的评价，弗拉姆坚持认为现状仍然是危险的，并警告美国要小心那种对于英雄人物的期待和自我免疫的乐观派思想。他强调，只有保守派从特朗普政体的死胡同中走出来，美国社会的稳定才有可能持续。

---

[1] David Frum, "An Exit From Trumpocracy", *The Atlantic*, January 18, 2018, https://www.theatlantic.com/politics/archive/2018/01/frumtrumpocracy/550685/，最后访问日期：2019 年 5 月 29 日。

[2] Ross Douthat and David Frum, "Has the U.S. Become a 'Trumpocracy'", *The New York Times*, Jan. 23, 2018, https://www.nytimes.com/by/ross-douthat，最后访问日期：2019 年 5 月 19 日。

## 选民基础发生巨变

1920 年共和党的选票主要来自于整个国家经济和文化最富有活力的地区，这与共和党的基本理念相关——"社会保守主义""经济自由主义"等，一直以来这才是正常的现象。但在 2016 年的大选中，在那些技术最为发达、创新最为活跃的地区，共和党的得票最少。民调显示，特朗普在收入在 5 万美元至 10 万美元之间的工人中的支持率高于在收入超过 10 万美元的人群中的支持率，在工会家庭中的支持率好于自 1984 年以来所有的共和党人。这种与传统分裂的选民基础，使得共和党在未来的日子里面临更加艰难的选举状况。在书中，弗拉姆指出：如果共和党失去了参议院或者众议院中的多数地位，在国会的失败将会削弱党内可以替代特朗普的其他力量，那么共和党将只能被迫继续支持特朗普。后来的事实证明了这一点，11 月的中期选举中，民主党在众议院夺回 30 多个席位成为多数党，在对特朗普的执政形成制衡的同时，也使得共和党别无选择。在作者看来，这是极其危险的，如果保守派认为自己没有办法通过民主选举获得胜利，那么他们绝不会放弃保守主义，反之，他们将抛弃民主制。

## "婴儿潮"一代要求保障

1946-1964 年出生的"婴儿潮"一代，已经大面积地进入退休阶段。这 18 年间多达 7600 多万的婴儿潮人口，曾经创造了巨大的财富，然而，很多人却没有为自己退休后的生活攒下足够的钱，"在 2010 年，75% 的接近退休年龄的美国人在他们的退休金账户中的存款少于 3 万美元"。与此同时，42% 的婴儿潮人群被贴上了"保守主义"的标签。但是，保守的婴儿潮人群并不热衷于"一切靠自己"的共和党主流意识形态。一份 2011 年的民意调查显示，64% 的保守派婴儿潮人群抱怨政府没有给予老年人足够的帮助。更多的婴儿潮人群反对削减社会保障项目，甚至要求对高收入人群征税，而这是保守主义的禁忌，以保罗·莱恩为代表的共和党人绝不会这样做。

事实上，在今天的美国，所有社会和经济的改革计划都会遭遇现实困境：人们更愿意与自己有着共同身份的人互利互助。在一个正在经历着人口族群剧变的社会中，忠诚、信任、利他主义无疑会大大减弱，白人婴儿潮人群在奥巴马推进医改计划时，也认为这是把属于他们的资源分配给了别人。而现在，他们比自己年轻时所预期的更需要政府的帮助。

## 传统政治宣传不再奏效

自 20 世纪 80 年代以来，共和党政治家们惯于使用"希望"和"机会"进行演讲，2015 年了，他们仍然在重复这些词语："我们将重新抬起头，让工作机会变多，让世界重新以我们的方式运作"，"这片土地充满机会和希望"，"相信美国"等众多一厢情愿的许诺。弗拉姆指出，2015 年美国白人年龄的众数是 55 岁，所谓多劳多得的美好前景已经无法打动这些即将或已经步入退休年龄的人们。更多的美国人热切地盼望保护他们已经得到的东西而非去获得新的，现实变化太快，他们关心安全而非机遇。与此同时，特朗普没有再重复那些老旧的政治语言，而是提供了现状保护的承诺。作者认为，特朗普事实上在美国创造了第三个党派——特朗普党，无论特朗普本人是否真的关心白人工人阶级的需要，他已经赢得了这部分人群的支持。

## 威权主义的威胁依然严重

有声音认为，就特朗普上任以来的表现而言，与其担心其独裁，不如担心其无能而引发的混乱。但弗拉姆认为，这大大低估了特朗普的危险性。特朗普不断攻击联邦调查局以及其他维护公共廉政的政策措施，削弱国家安全委员会和其他外交决策部门，并不仅仅是因为讨厌被批评和反驳，更重要的是要关闭美国政府的"防盗警报"，为掠夺利益而扫清障碍。弗拉姆甚至认为这是特朗普维持与俄罗斯之间的"不当联系"的准备之一。他形容"特朗普政体"是特朗普独裁天性与共和党财阀本能的结合，但他同时也表示，"特朗普政体"并不是"恺撒主义"，至少目前还不是，因为特朗普所建立的威权民族主义体系并不反对国会。这是一种现代威权主义，没有政变夺权，不会直接剥夺选民选举权，而会以更为"经济合算"的方式展开：在剥夺足够实现其目标的公民选举权的同时，注意不牵连过广以至于有碍于总体目标的达成。然而，弗拉姆并没有就这种所谓更加"经济合算"的现代威权主义的操作方式进行更多说明。

### 小结：特朗普不会是英雄，保守派必须摆脱"特朗普政体"

在《纽约时报》的采访中，作家罗斯·杜特认为，虽然特朗普的很多做法有违规之嫌，但在尚未产生广泛政策后果的前提下，并不能得出结论说特朗普对规则的贸然违反就一定比布什或奥巴马政府对政策规定的动辄修改更为恶劣，后者在9·11事件授意联邦调查局实施严刑峻法以及在国会甚至从未进行表决的情况下对利比亚进行灾难性干预，或者是在移民和气候变化等诸多问题上为夺权而进行各种政策调整。罗斯甚至提出一个大胆的想法：特朗普有没有可能是失败版本的恺撒，他所代表的性格偏执的威权主义领袖，实际上可能是挽救美国分化严重且日益失调的政治状况的必要人物？就像林肯时代和罗斯福时期的美国所经历的那样：一个带有危险色彩的强势总统用他的方式重塑政党、改变政治状况从而使其重回正轨。而弗拉姆对此当场表示拒绝，在他看来，特朗普永远不会是林肯或罗斯福，不仅因为林肯和罗斯福都是优秀而正派的人物，更因为后两位在面对美国政治的困境时，是以当时主流价值观能接受的方式为公众谋福利，因此得到了历史的认可。在弗拉姆看来，这种对于英雄的期待不应该出现在特朗普身上，这是一条死胡同，无论是共和党、保守派还是美国，都应当及时从这条死胡同中走出来，重新找到一条新路，找到一种不仅能赢得选举，而且能够负责任地领导政府的新保守主义，在文化上先进，对环境友好，并保证美国的国际领导地位。

（编译/江涵）

# 特朗普主义：麦卡锡主义在当代的复活

[编者按] 如果要评选目前为止 21 世纪最重要的事件，特朗普在 2016 年的当选定然榜上有名。这场意料之外又情理之中的胜利，其影响力之大，不仅限于美国本土，甚至给全球政治的稳定都带来了莫大的冲击。在美国国内，特朗普的政策令学者们忧心忡忡，叶史瓦大学教授艾伦·施雷克在《特朗普主义是新型的麦卡锡主义》[1] 一文中，通过各个维度对特朗普主义的分析，指出其可能是麦卡锡主义在当前社会的重现。同时，他还提醒人们不能止步于特朗普主义表面上的异常行径，更要看到其背后所反映的、美国严重的政治内部问题，如政治范围窄化，博爱主义变得可疑，又如政客的心胸狭隘与记者对政治细节的过分关注等。他犀利地指出，当前政权及其司法及立法盟友正在逐渐挖空这个民主国家。

## 麦卡锡主义的复活

在特朗普主义大行其道的今天，人们逐渐在他身上看到了几十年前的美国政坛风云人物约瑟夫·麦卡锡（Joseph McCarthy）的身影，而其正是著名的"麦卡锡主义"的创始人。所谓的麦卡锡主义，指的是 1950-1954 年间由参议员麦卡锡本人领导的美国国内反共、反民主的运动，它恶意诽谤、肆意迫害

---

[1] Elle Schrecker, "Trumpism is the New McCarthyism", *Global Possibilities*, May 21, 2018, http://www.globalpossibilities.org/trumpism-is-the-new-mccarthyism/，最后访问日期：2019 年 5 月 25 日。

共产党和民主进步人士甚至有不同意见的人，有"美国文革"之称。麦卡锡主义作为一个专有名词，逐渐成为政治迫害的同义词。而其在今日美国，似乎大有复活的趋势。

关于这一点，《华尔街邮报》早在 2016 年就指出，麦卡锡与特朗普在夸大事实及自我崇拜方面高度相似，而特朗普主义很有可能会取代麦卡锡主义。而艾伦·施雷克（Ellen Schrecker）教授更是进一步指出，特朗普主义正是当代的麦卡锡主义，两者都曾隐瞒了共和党废除公共部门的长期计划，也都有能力吸引大批坚定的辩护者。

这样的类比不是空穴来风。这两位政客的确在太多方面存在相似之处。首先，两人都具有反社会人格，特朗普的异常举动常会促进右翼势力反对核心民主价值观的运动，在这一点上他和前辈相比有过之而无不及。作为公然的机会主义者，两位都在与当时的社会自由主义者打过交道后，投向了政党与意识形态，从不忠于任何超越自身的东西。其次，这两位男性在与真相的关系上又有千丝万缕的联系。麦卡锡热衷于夸大他的战果——一份关于国务院中共产主义者的名单，千变万化，吊足了人们的胃口。而特朗普可能是受到了臭名远扬的法律流氓罗伊·科恩（Roy Cohn）的影响（其曾任职于麦卡锡麾下），毕竟科恩后来也曾代表特朗普参与了其早期的商业生涯。另外，这两位男性从不关注自己鲁莽的言行与指控对他人造成的伤害。当麦卡锡主持的政府对被假定的共产主义者进行国会调查时，他会欺凌目击者，摧毁他们的生活与生计，并在幕后再施展魅力拥抱自己的律师。而众所周知，特朗普曾对一位残疾记者报以嘲笑，将移民与动物相提并论，并吹嘘性侵女性。麦卡锡也具有如今这位总统的"戏剧天赋"，能够神气十足地玩弄媒体，他所披露的故事为出版社提供了数不尽的素材，这在"红色恐怖"蔓延的 20 世纪 50 年代，不出意外地获得了多数民众的支持。

## 阴影下的美国政治危机

然而，这些相似之处本身并不是重点，施雷克教授认为，如果我们把注意力过分集中于这两位异常的行径，将会歪曲利害关系，掩盖其背后一直存在的、严重的美国政治内部问题。换言之，媒体对其滑稽行为的执着，不仅使我们偏离了这些问题，还使得解决问题变得更为困难。问题的关键在于，正如麦卡锡所为，目前特朗普正在一个极化的政治世界内运作，在其中党派利益常常压制公共利益。尽管这两人以民粹主义者的身份现身，但他们实际上是为了共和党的商业友好型企业。他们令人发指的行为一直允许共和党隐瞒他们废除新政的计划，且在特朗普例子中，还有总统林登·约翰逊（Lyndon Johnson）的"伟大社会"（Great Society）。

同时，这两位男士在推动政治议程时都迟到了。在特朗普的总统竞选前，一场针对福利国家、环境以及特朗普公然煽动的社会中最弱势的成员的排外、保守社会运动，早已进行了数十年。同样地，麦卡锡在反共运动开始几年后就批准了该项运动，只不过用了比共和党成员更华丽的方案，因为1948年总统哈里·杜鲁门出人意料的连任，揭示了选民依然支持新政。当时，因为共和党需要新的计划，其领导人利用了冷战带给公众的不安全感，转而进行政治迫害。他的疯狂指控搅乱了白宫，也追随了他的前辈杜鲁门及他的冷战自由主义同盟们，致力于反共事业。

自由派建制并不拒绝清洗，相反，为了缓解来自右派的压力，它转而站在了左派的对立面上，以求不被打上"对共产主义软弱"的标签，这对于它的成员来讲，似乎比捍卫人权法案（Bill of Rights）和福利国家更为重要。但自由主义者同时又的确反对麦卡锡。可他们这样做只是将人们的注意力从真正的危险上分散了，他们以个人名义攻击威斯康星参议院，而非以更广泛政治压制声浪。他们自己的反共主义逐渐破坏了他们对所称的"麦卡锡主义"的反对立场的廉政性和效率。他们将自己的运动聚焦于对"无辜的"自由主义者肆无忌惮的指控上。只要麦卡锡等人正确地选择了目标，很多温和派以及自由主义者就会把目光移开。

### 直面威胁：极化政治世界内的出路

"麦卡锡主义"所造成的损害，在今天的美国政体中依然存在，包括政治范围窄化，博爱主义变得可疑，心胸狭隘的政客与记者关注于政治细节，同时指责"双方"造成了我们社会的不平等。施雷克教授无奈地表示，这一切在今天的美国依然上演着，尽管专家们对特朗普每一个诡计和推特都忧虑重重，但他们还是忽视了当前政权及其司法、立法盟友正逐渐挖空这个民主国家的方式。

能在一个极化的政治世界里运筹帷幄，特朗普绝非等闲之辈。出身商界的他从来不是一个毫无头脑的人。因此，施雷克教授提醒人们不要被特朗普的古怪行径蒙住双眼，虽然其的确威胁了美国社会，但除却他的粗鲁行为与公然的种族主义对当代法西斯主义的鼓励之外，这位总统并没有为他的政府对公共福利过于成功的抨击写下剧本，而这项成就是数十年资金充足的右翼组织并进行制度建设的产物。对特朗普不可避免的强烈抵制可能会为改变我们的政治话语提供机会。但如果没有长期致力于强化基层组织，从偏执和寡头政治中夺回美国的机会可能会就此流失，毕竟这一切之前就曾上演过。

（编译/李雪妍）

# 总统权力与宪法危机

[**编者按**]　在"美国优先"原则的指引下，美国政府在移民问题上采取十分强硬的政策。延续"雷人雷语"的一贯风格，特朗普先是第一次行使总统赦免权，果断推翻法院判决，赦免右翼"英雄"，在移民问题上强横到近乎偏执的"铁腕警长"，后是尝试用一纸行政命令废除第十四宪法修正案确立的"出生公民权"。这两项惊世骇俗的举动不仅是特朗普拉拢选民的策略，也是他不断在总统权力的极限边缘试探的努力。无所忌惮地扩大行政权力以实现个人意愿，以行政权规避、抵消、侵蚀、压制司法、立法权力，不仅引发了社会热议，更使美国的政治秩序面临深刻的身份危机、宪法危机。哈佛大学历史学教授大卫·阿米蒂奇（David Armitage）和哥伦比亚大学历史学教授埃里克·方纳（Eric Foner）分别在《纽约时报》上发表文章《特朗普与神圣权利的回归》[1]、《特朗普的违宪梦》[2]，分别剖析了总统赦免权和出生公民权的发展历程和宪法意义，指出特朗普此举的严重危险，甚至对特朗普提出"善意"规劝：如果查理一世可以因为坚持君权神授而被砍头，一位总统为什么不能因为同样的原因而下台呢？

---

〔1〕　David Armitage, "Trump and the Return of Divine Right", *The New York Times*, July 14, 2018, issue, https://www.nytimes.com/2018/07/12/opinion/trump-and-the-return-of-divine-right.html, 最后访问日期：2019 年 5 月 28 日。

〔2〕　Eric Foner, "Donald Trump's Unconstitutional Dreams", *The New York Times*, October 31, 2018, https://www.nytimes.com/2018/10/31/opinion/donald-trumps-birthright-citizenship.html, 最后访问日期：2019 年 5 月 28 日。

　　行政命令不仅是美国总统执行法律的重要手段，也是推行自己政策的有效方式。总统颁布行政命令的正当性基础有三：首先，美国宪法虽然没有直接规定此权力，但第二条之"行政权属于美国总统"和总统应"监督一切法律的切实执行"却为其提供了宪法基础；其次，总统也可根据国会的特别授权以及法律中的授权条款而发布行政命令；最后，"默示权力"或"固有权力"理论认为，这是总统权力的一部分。[1]

　　总统行使立法倡议权，将其主张转化为法律，当然是推行政策最稳固的方式。但相比程序复杂、历时长久、耗资过大和面临国会否决风险的立法途径，行政命令虽然范围受限，又不能对抗国会通过的法律，但依然凭借其快速反应能力和灵活性成为历任总统的关键武器。特朗普对行政命令更是有独特的偏爱。

　　尽管班农标榜"解构行政国家"是特朗普政府的三大核心政策之一，层出不穷的行政命令还是令人眼花缭乱。这把利剑是特朗普落实竞选宣言的主要力量，其锋芒所指，引发政治、学术、舆论各领域一片哗然。移民问题作为特朗普赖以锁定选民的核心政治议题之一，也不可避免地成为讨论行政命令影响的重要阵地。

　　过去两年间，特朗普政府相继颁布"禁穆令"等多个移民相关命令，以行政命令废除了《童年入境暂缓递解法案》，停止对接受非法移民的"庇护城市"提供联邦拨款，为联邦政府"放假"以推动边境"建墙"，并对合法移民体系进行综合改革，以更高的门槛限制移民归化等[2]，移民政策越收越紧。其中，特朗普第一次行使赦免权赦免移民问题上的"最强硬警长"和声称以行政命令废除"出生公民权"均引发了广泛热议。

---

　　〔1〕 贾圣真：《总统立法——美国总统的"行政命令"初探》，载《行政法学研究》2016 年第 6 期。

　　〔2〕 中国新闻网：《美国侨报：执政两年，特朗普收紧移民政策效果如何?》，载"百家号"，https：//baijiahao. baidu. com/s? id = 1623264505446905927&wfr = spider&for = pc，最后访问日期：2019 年 6 月 3 日。

## 总统赦免权：神圣权利回归与权力行使原则

特朗普总统特赦了拒绝执行法庭命令，坚持基于"种族定性"截查、扣押拉美裔司机，被判蔑视法庭罪的反移民右翼英雄，前亚利桑那州警长乔·阿帕奥，并赞扬他是"爱国者"。这位充满争议的警长不仅因"帐篷城监狱"等移民问题的铁腕手段而臭名昭著，还与特朗普关系密切，曾向后者提供证明奥巴马伪造出生证明的证据。在另一事件中，面对强硬的移民政策带来的骨肉分离惨状，行政部门援引圣经语句以强化执法效力，拒绝就此"徇情"。哈佛大学历史学教授大卫·阿米蒂奇于 2018 年 7 月 14 日发表在《纽约时报》上的《特朗普与神圣权利的回归》，扯下了总统赦免权仁慈与优雅的伪装，指出不受约束的赦免特权造成了法律的捉摸不定，反思了法理与情理之间的关系，审视了对总统的道德要求及其权力边界。

作者指出，美国总统所享有的赦免特权正是反君主运动的反面。由议会收回君主特权是英国内战以来欧洲的历史大势。但美国的宪法起草者认为：如不考虑会发生不幸的犯罪的例外情事，正义就会披上一件过于残酷的外衣，因而他们从社会公益的安定出发，赋予美国的民选"君主"足以让欧洲君王们暗自羡慕的权力。华盛顿等总统理性赦免叛乱分子，以温和的执政风格为共和政体注入宽容的精神。因此，美国首席大法官马歇尔认为，赦免权是一项高雅的法令。

然而，大多数开明的思想者对赦免权持异议。孟德斯鸠写到，赦免权是一种君主式的权力，这与共和政体不相符合；布莱克斯通则更为尖锐地评价：在民主政体下，赦免权应当永不存在；贝卡利亚指出，特赦在宽和法制的国度是没有必要的，仁慈只是严酷刑罚的补充；边沁同样对赦免权表示质疑；就连一个狡黠的主权论者康德亦认为赦免权是以一种庄严的方式加剧了社会的不公平。

霍姆斯大法官提出了规避赦免权弊端的思路。他试图论证，赦免权不是以个体行使该项权力为表征的优雅的私权，而是宪法体系中的一部分。应将赦免权纳入整个宪法体系中，由国会与总统共同分享。但这个倡议并未获认可，赦免权依然在总统个人掌控之下运行，这个披着宪法外衣的半神权式权力绝对且不受限制。

今天，赦免权尤其令人担忧，它已成为特朗普表达自己意志的有力方式。特朗普不顾多方反对，坚持行使赦免权，完全推翻法院宣判。这种以法律为外衣的宽宥表明执法者具有广阔的自由，而在移民问题上的零容忍政策又似乎表明其并没有裁量空间。两相对比，无论是圣经掩饰下的"铁面无私"还是赦免原则的"脉脉温情"，都显得无比虚伪。这并不是正义，这是血腥与残酷。这种选择性和不确定性并不是基于公共福利。援引神圣权利，甚至复活曾经为专制主义和奴隶制辩护的论据，不过是为特朗普的一己之私。他在应对"通俄门"中提到的"赦免自己"的可能性更将这一本质暴露无遗。

更进一步，神圣权利的回归暗示了一个高于宪法的权力的存在。这完全违背了宪法原则。特朗普政府以宪法、法律之外的理据为标准，随意解释、"敲打"法律，以行政权压制司法权的行径，势必使"三权分立"原则遭受结构性挑战。正如哈佛、耶鲁法学院院长的联名控诉指出的，"如果特朗普与法律为敌，与宪法为敌，那么他也将是合众国的敌人"。[1]

## 出生公民权：行政命令能否挑战宪法权威？

2018 年 10 月 30 日，特朗普在接受新闻网站 Axios 专访时扬言计划以行政命令而非宪法修正案来废除"出生公民权"。对此，哥伦比亚大学杜威特·克林顿历史学讲座教授、当代美国最有影响力的历史学家之一埃里克·方纳发表文章《特朗普的违宪梦》，批判其危险倾向。

出生公民权是指除少数例外情况外，凡在美国出生的人都自动成为美国公民，这项原则于《1866 年民权法案》确立，并在两年后写入宪法第十四修正案。这是内战和废奴运动的重大成果，其重要意义在于取消了入籍对象的限制。

---

〔1〕 罗伯特·珀斯特、玛莎·米诺：《哈佛、耶鲁法学院院长联名控诉特朗普压制"司法权"》，载"观察者网"，https://www.guancha.cn/RobertPost/2017_02_15_394344.shtml，最后访问日期：2019 年 6 月 3 日。

美国南北战争之前，公民身份权没有统一界定。1790 年的第一部《入籍法案》将入籍对象限制为"白人"。1857 年内战前夕的斯科特（Dred Scott）案为白热化的奴隶制分歧定调，从而确定了国家的政治走向：最高法院判决，无论是黑人奴隶或自由黑人，都不可能是美国公民或国家"政治共同体"的一部分。然而，内战结束时，奴隶制的终结和近二十万非洲裔美国人服役于联邦陆、海军的事实，将黑人公民身份问题推到了美国政治舞台的中心。因应于此，第十四修正案完成了对公民身份的首次统一定义，承认了黑人的公民地位。更进一步，针对亚洲人的禁令终于在 20 世纪被废除，亚裔等也可入籍归化。出生公民权原则在奴隶制废墟上建立了崭新的平等主义共和国，实现了伟大的宪法革命，使"白人宪法"最终转变为"人的宪法"，这是对美国社会性质的雄辩声明，是同化移民子女的强大力量，也是对长期存在的种族主义历史的否定。

可是，这也是移民体系的重大漏洞。落地即可获得公民权的"定锚婴儿"可在 21 岁后为父母申请绿卡的规定，使美国可能成为生殖特需人群、非法移民和难民的庇护所。社会福利、就业、人口结构、民族和宗教冲突、恐怖主义、国家安全等成为特朗普及其支持者反对出生公民权的说辞。

问题的争论不仅在于"出生公民权"原则是否体现了美国的价值信念和根深蒂固的理想追求，还在于特朗普以行政命令废除宪法修正案的企图蕴含着巨大的危机，可能开创危险的先例：如果行政命令可以单方面废除宪法，谁又可以约束总统权力？总统权力的底线究竟在哪里？

## 结论：行政权力膨胀与宪法危机

行政权力独大固然有高效推行政策的一面，但更有损害"法治"价值、削弱法律权威的一面。无论是企图以行政命令废除宪法修正案，或是以神圣权利为掩盖、行使民选"君主"赦免权以推行个人意志，还是在可能面临控诉时以"赦免自己"作为威胁，特朗普都不当扩大和滥用了总统权力，以行政权绕过、打击司法权甚至国会、州议会的立法权和修宪权，动摇了分权制衡的原则，这有违宪法精神，使"宪法危机"成为触手可及的灾难。行政权从实现民主的手段和为实现民主而付出的代价，变成了有独立利益的目的。正如汉密尔顿指出的，"加强政府行政权的后果是宪法会逐渐趋向君主政体"，这是美国必须回应的特朗普命题。

（编译/常伟）

# 政党国家化和两极化在摧毁美国政治

[编者按] 20 世纪 60 年代的民权运动和变革，导致美国政党力量的重组。70 年代以来，美国政治两极化与驴象两党同质化并存，美国民众政治观点的多样性也远非从前。特朗普的上台，正是这种政治环境的产物。与此同时，美国民众对于地方政治的兴趣减弱，对全国性政治的兴趣增强。2018 年 7 月 2 日，哈佛大学讲师、"新美国"高级研究员雅斯查·蒙克在《纽约客》杂志发表原名为《快餐政治的崛起》[1] 一文。他指出，随着美国的共和党与民主党的意识形态确定性增强，政治分歧越发明显，党派斗争也愈演愈烈，美国民众对于地方政治日趋漠不关心，美国政治成为撕裂两派的竞争舞台，这种政党国家化和两极化正在摧毁美国政治。但同时他也表示，相较于党内政治人士的立场鲜明，许多普通民众没有那么两极分化，因此仍应对未来抱有希望。

## 从松散的政治联盟到统一的政党组织

20 世纪的大部分时间里，美国政治的真正权力并不在美国众议员或参议员手中，而由控制地方财政的州长、市长和地方议员掌握，国会议员的选举对国家政治的影响相对较小。在美国联邦层面，民主党和共和党两党类似于

---

〔1〕 Yascha Mounk, "The Rise of McPolitics", *The New Yorker*, July 2, 2018, https：//www. new-yorker. com/magazine/2018/07/02/the-rise-of-mcpolitics，最后访问日期：2019 年 5 月 26 日。

不同利益的松散联合。然而，美国政党缺乏意识形态的确定性，也使得其选民很难表达自己的心声。

针对组织薄弱和意识形态不一致的问题，美国政治科学协会（American Political Science Association）在 1950 年提出应将松散的政治联盟转变成更类似于当今统一政党的组织。美国一些顶尖学者认为，为了解决美国政府的问题，政治必须变得更加全国化，政党纲领也必须更加明确。

近七十年后，他们的愿望实现了。正如宾夕法尼亚大学（University of Pennsylvania）政治学家丹尼尔·J. 霍普金斯（Daniel J. Hopkins）阐述的那样，美国政治已经完全全国化。民主党和共和党已经变得愈发同质。在每次选举中，美国人都面临两种明确界定的行动抉择。

## 全国性政治的强化和政党分歧的深化

1963 年 11 月 27 日，肯尼迪遇刺后匆匆宣誓就任美国第 36 任总统的约翰逊在国会联席会议上发表讲话时指出，尽早通过民权法案是纪念肯尼迪总统的最好方式。在接下来的几年里，自美国内战以来的种族歧视终于结束了，高度地方性政党制度也是如此。在接下来的几十年里，保守的民主党逐渐向共和党靠拢，而民主党在经济社会问题上第一次成了自由派，支持财富再分配和种族融合。共和党人也经历了类似转变，在反对堕胎和同性恋权利的同时，对自由市场和低税收具有激进的偏好。与此同时，他们开始利用民主党分裂带来的选举机会。

19 世纪 60 年代，随着雄心勃勃的民权立法重整美国政党，一系列更深层次的结构性变革，重新将美国公民的注意力转向首都华盛顿。战后美国经济的繁荣，削弱了公共职位的吸引力，也就削弱了地方党魁掌握的权力。媒体的变化也对此发挥了重要作用。地方报纸和广播电台，一度是国家信息的主要来源，选民们越来越多地从广播网络和有线电视频道，或从社交媒体网站和在线出版物上获取新闻，而这些新媒体不太可能要求选民关注其市政厅或州议会。

早在 20 世纪 80 年代，一些政治学家就注意到，美国政治的本质正在发生根本性的变化。总统的权力已经大大扩展。全国性政党对各州和地方性机构的控制权大大增加。此后的几十年里，"美国政治的同质化"现象只会愈演愈烈。正如霍普金斯所说，选民们虽然认识到州和地方政治可能会对他们的生活影响很大，但他们却对地方政治关注甚少。选民、捐赠者和活动人士更有可能根据是否通过了意识形态纯洁度测试来判断当选官员，而不是根据他们是否给所在选区带来了实实在在的好处。

霍普金斯指出，在过去的几十年里，美国人对州长的提名能力越来越弱，在地方选举中投票的可能性也越来越小。相对而言，他们现在对国家层面的选任官员更有兴趣。就像每家麦当劳店里都有同样的鸡蛋饼一样，美国的两个主要政党越来越多地在全国范围内提供了同样的选择。

美国人对地方政治的兴趣不仅低于以往，其投票行为也不那么取决于居住地或具体候选人的情况。党派归属更多地受到种族和宗教等因素的影响，而不是受地方利益或政治传统的影响。霍普金斯意识到事态发展可能带来的政治风险。他指出，选民对全国性问题的关注，很可能会"排挤更多的地方关注"。因为大多数美国人对地方政治漠不关心，而且很可能投票支持任何与他们同属一个党派的候选人，市长和州长不再有足够的理由将选民的需求置于特殊利益群体的需求之上。但是，霍普金斯并没有意识到其论断的最重要含义，关于全国性政治的强化和政党分歧的深化对政治制度稳定的破坏，他鲜有提及。

### 党派斗争的崛起

当美国的开国元勋们着手设计其国家制度时，他们总结了之前的许多共和国的症结所在。结论很简单，是"派系暴力"（the violence of faction）摧毁了它们。因此，麦迪逊为美国的自由文化和政治生活奠定了基调。他坚持认为，美国应该通过增加政党数量，来解决党派之争问题：政党数量越多，其中一个党派获得支配地位的可能性就越小。尽管麦迪逊没有预见到现代政党的崛起，但直到20世纪末，美国这个国家的政治生活都遵循着他所设想的模式。来自美国不同地区的政客们因为代表的不同利益群体这一共同点，成为国家政治舞台上的竞争对手。

如今，那种在众多派系和利益集团之间进行纵横捭阖的混乱过程，大多让位于两个对立阵营之间的直接冲突。政治科学家尚托·艾扬格（Shanto Iyengar）和肖恩·韦斯特伍德（Sean Westwood）最近的一项研究表明，美国人现在更可能出现基于党派而非基于种族的歧视。

正如莉莉安娜·梅森（Lilliana Mason）在其新书《非文明的协议：政治如何成为我们的身份》（*Uncivil Agreement: How Politics Became Our Identity*）中所指出的那样，阶级、种族、宗教、性别和性取向等因素，曾经在很大程度上相互交织。然而，在过去几十年里，党派、意识形态、宗教和种族认同已经形成了强大联盟，宗教团体的政治多样性远非从前，所有这些派系已经融合成两个新的超级组织：民主党和共和党。

## 危险与希望

美国政治科学协会曾经呼吁，民主党和共和党应转变为真正具有全国性的、意识形态上具有凝聚力的政党。阿瑟·施莱辛格（Arthur Schlesinger）对此进行了反驳。他认为，每个政党兼具自由和保守，才是国家力量和凝聚力的真正源泉。如果严格按照意识形态划分党派，那么，每次总统选举都是对国家统一的严峻考验。

施莱辛格的预言已经应验。一些对特朗普主义持包容态度的最坚定支持者的核心理念就是：希拉里·克林顿（Hillary Clinton）的胜选，将会永久性地阻止保守派掌权。迈克尔·安东（Michael Anton）发表在《克莱蒙特评论》（Claremont Review）的《93号航班选举》（"The Flight 93 Election"）一文认为，第三世界国家移民的持续涌入，是对美利坚合众国生存迫在眉睫的威胁。安东以9·11恐怖袭击事件中的93号航班为例，认为如不反制，必死无疑。自由派人士虽然震惊于安东的种族色彩言论，但是，他们通常也认同他对当前形势的看法：他们相信，美国民主的命运取决于下一次选举。

正如罗伯特·A.达尔（Robert A. Dahl）所言，早期发展中的民主国家，往往通过将政治机构的参与限制在少数人的范围内，从而避免发生激烈的派系斗争。但是，随着时间的推移，一个又一个受排斥的群体在这些机构中赢得包容，比如贫穷的美国白人男性、妇女和奴隶后裔。这种由巴拉克·奥巴马总统所倡导的更广泛的包容性，如今已引发强烈反弹。

人们很容易以此为论据，证实对美国的过去及其可能的未来，作出极度悲观的解读：任何旨在纠正社会不公正的有效努力，都将不可避免地导致那些拥有巨大特权的人扭转进步潮流，甚至放弃他们对共同政治制度的承诺。但是，过去多数派的反弹，并没有完全让时光倒流。

随着美国政治越来越全国化，它已经解决了 20 世纪 50 年代初政治学家们担忧的许多问题。人们现在投票是为了推进他们的政治意识形态，而不是为了谋取一份公职。美国人对地方政治兴趣索然，真正的危险并不像霍普金斯所说的那样，会导致道路或学校等重大问题被忽视，而是在这样一种政治模式下，国家有可能分裂成两个相互敌对的部落。

美国政治同质化导致了两极政治的崛起。但是，这并不意味着民主党和共和党注定无法找到共同点，也不意味着当前激烈的党派纷争永不停息。与华盛顿的政党相比，普通民众的意见没有那么两极分化，许多人认同中庸之道。

如同施莱辛格所预料的，特朗普总统的支持者和反对者之间的严重分歧，正使其国家团结面临着严峻的考验。高度同质化和高度党派化的美国政治，给美国政治制度造成的危险无疑是真实的。但是，我们既不能乐观地认为，美国政治制度曾经成功吸纳了新的群体，所以前景美好；也不能悲观地认为，美国政治矛盾重重，所以腐朽不堪，无可救药。

（编译/吴彤）

# 最危险的部门：美国最高法院对宪法的威胁

[**编者按**]　美国最高法院一直被视作"世俗中的圣地"。它历史悠久，传统丰富，让人心生向往与敬畏。九位大法官也常常给人一种"高高在上"的距离感。但对于普通人来说，除了看得见公布的判决书，我们几乎无从得知最高法院内部的丝毫消息，这也更为其增添了一层神秘的色彩。在人们尊崇这一"圣地"的同时，也有人质疑：国家的最高司法权力被区区九人共同掌握，到底该喜还是该忧？本文节选自 2018 年 9 月 4 日出版的《最危险的部门：最高法院对宪法的威胁》[1] 一书，作者大卫·A.卡普兰曾是《新闻周刊》的知名法律记者，他对最高法院的廉洁性与公正性均持怀疑态度，并通过此书向法院喊话，希望大法官们"走下神坛"，只有最高法院变得更透明，才能让普罗大众对他们的权力更放心。在本文中，作者批判了最高法院的奢侈风气以及法官们"高高在上"的态度，也对"九人掌握最高司法权力"的体系设置提出了质疑。

最高法院坐落在华盛顿特区，离国会只有一街之隔，但两者泾渭分明，互不干扰。

它并非自成立之初就矗立在这里。事实上，在成立后的 145 年里，最高法院都处于"居无定所"的状态，没有独立的办公楼。它最初蜗居在纽约商贸大厦，后来搬到费城，最后才到了华盛顿。那时候，大法官们经常约在国

---

〔1〕　David A. Kaplan, *The Most Dangerous Branch：Inside the Supreme Court's Assault on the Constitution*, Crown, September 4, 2018.

会大厦的地下室、老参议院会议厅、私人住宅甚至酒馆里讨论案件，过着"寄人篱下"的生活。这种情况一直持续到罗斯福总统上任才结束。

1932 年，在塔夫脱大法官的极力推动下，法院大楼得以奠基，当时正值美国经济大萧条时期，首席大法官查尔斯·埃文斯·休斯曾说："最高法院象征着共和国长存的信仰。"1935 年，世界上最具影响力的法院的办公大楼终于落成了。

## 一、最高法院的"奢侈之风"

法院大楼的主体建筑材料是大理石，当时耗用的大理石总量创造了世界纪录，因此有批评者称其为"大理石宫殿"。要走进最高法院，首先要登上四十四级雄伟宽阔的台阶，走过前廊高耸的石柱，穿过两扇重达六吨半的青铜大门，大楼正面上方显眼地刻着一行字：法律面前人人平等。进到法院里面，在一层大厅尽头，是大理石铺就的法庭，金碧辉煌，雄伟壮观，连白宫的总统办公室都相形见绌。法庭长 82 英尺，宽 91 英尺，有四层楼那么高，天花板上镶嵌着五彩斑斓的彩砖，两侧立有 24 根石柱，石柱上方雕刻着摩西、孔子和穆罕默德等古代法律先贤，墙上是巨大的落地窗——难怪他们在辩论时总被回声困扰。法官席由洪都拉斯桃花心木制成，座椅后面的墙上挂着一个带有罗马刻度的时钟。法庭周围通往侧廊的每个青铜大门都闪闪发光。

有人曾说，如果众神有一个办公室，那应该就是这间法庭的样子。辉煌而庄严的法庭的确将法官们衬托得尤为出尘，与他们威严的气质相得益彰。要注意，法官的权威绝不可以被侵犯。威廉·哈布斯·伦奎斯特担任首席大法官期间，曾有一次，一位律师称他为"伦奎斯特大法官"，他当即从法官席上探出身来大声喊道："我是首席大法官！首席！"为此，他甚至要求书记员当庭向律师介绍他的正确头衔。

现任首席大法官约翰·罗伯茨说，这里的一切装潢都暗示着"最高法院与国会和白宫不同"：参观者会本能地压低声音讲话，法庭辩论时不能把手臂伸到别人的座位，不能露出文身，不要戴头饰等，否则你可能会引起法官的注意。2002 年就发生过这样的事：首席大法官伦奎斯特看到一位妇女戴着一条橙色头巾，就派了一名警卫过来询问戴头巾是否出于宗教目的，该妇女尴尬地回答说："不是，只是今天没洗头发。"于是法官要求她拿掉头巾。讽刺的是，当时法庭审理的正是有关宪法第一修正案（保障公民的宗教自由）的案件。

工作的环境本身就已经够富丽堂皇了，大法官们还喜欢奢侈的旅行。趁着漫长的夏季休庭期，他们经常会借着讲座、"教育"的名义，乘坐由各种基金会或富豪（这一群体被称作"最高法院之友"）赞助的私人飞机去世界各地游玩，这也由此引发了一个问题：这些本应该最公正最清廉的大法官们，是否真的遵纪守法，刚正不阿？要知道，在华盛顿，光靠 25 万美元的年薪生活是很难的，多数大法官都不满于这样的薪资水平，一些年轻大法官的生活尤其拮据。但是他们又不愿意乘坐普通飞机，因为觉得机场的服务太差了。

## 二、最高法院的"与世隔绝"

大法官们喜欢表现得高高在上。因为他们相信，法官只有与大众保持距离，才更容易做出公正的判决。因此，他们从来不发推特，也从来不允许在法庭内录像或照相——即使休庭时也不行。法官们都认为，媒体只会削弱而不会增强公众对法官工作的理解，记者们的尖酸言论可能会歪曲案件事实和内涵。罗伯茨大法官坦诚地说："我们的工作不是教育公众，而是公正地裁决案件。"他坚持认为，在法庭辩论期间录像或照相会妨碍法官自由质询律师。但禁止录像的真正原因，或许恰恰在于法官们的"自视清高"。2007 年，肯尼迪大法官在众议院拨款委员会上曾说道："不允许录像才可以显示出我们的与众不同。"就连书记员们也会受到保密规则的严格限制，否则就会被法院"拉黑"，失去受到大法官推荐的机会。

法院对保密的执着并非没有道理，毕竟，这里的一举一动都关系着整个司法界的稳定。大法官们也很少屈尊接受采访。但他们会时不时地走下"神坛"，去参加自己写的回忆录的签售会。

### 三、最高法院的"战争与和平"

斯卡利亚大法官去世以后，同事们在追忆他时，总会想起他那暴脾气和犀利的言语——斯卡利亚以持反对意见而闻名，是出了名的"反对派"，常常因为意见不合而与同事们吵得面红耳赤。

虽然他们之间的私人关系都很不错，但是大法官们就案件出现意见分歧是再正常不过的事情。比如在著名的犹他州诉斯特里夫案中：警方因怀疑爱德华·斯特里夫的住所存在毒品交易行为，于是监视其住所，在观察到斯特里夫离开住所后，一名警察拦停了斯特里夫进行询问。警方对斯特里夫没有特别的怀疑。但一名调查员发现斯特里夫有一项尚待执行的交通违法逮捕令，于是警察立即逮捕、搜查了他，搜出了一袋违禁品。本案中的宪法问题是：既然最初的拦停盘查行为是非法的，那么这些毒品是否可以作为证据？还有，有待执行的交通违法逮捕令是否可以成为搜查的正当理由？对此，法官们分歧严重，观点不一。

"我们难道要变成警察专职的国家了么？"索托马约尔大法官尖锐地质问，警察难道可以"站在街角处"，"拦住每一个人询问身份，一旦发现有待执行的交通违法逮捕令，就搜查他们么？"罗伯茨却觉得她有些小题大做，但他也没有说清楚，为什么一个未执行交通逮捕令的存在就可以使搜查行为正当化。

四个月后，法院作出了不利于斯特里夫的裁决，并对宪法第四条修正案中的非法证据排除规则提出了一个例外。虽然克拉伦斯·托马斯大法官赞成多数意见，但是他反对将违法拦截行为看作是"任何一种警察执法不当的行为"。他说，先前未执行的逮捕令是完全合法的，并且"是完全独立于违法拦截行为之外的介入情形"。

与之前偏向执法机关的态度不同，索托马约尔大法官这一次强烈反对多数意见，并指责她的同事对违反第四修正案的恶劣影响漠不关心。作为最高法院第一位拉美裔法官，她写的反对意见非常鼓舞人心："有色人种是这种违法审查行为的受害者，这已经不是什么秘密了……我们不能自欺欺人地将警察针对的目标人群说成是'孤立的'。他们就像矿井中死亡的金丝雀，不论法律上还是字面上，都在警告我们：没有人可以在这种氛围中呼吸。他们意识到警察的非法拦停损害了所有的公民自由，并对我们的生命构生威胁。如果他们的观点得不到重视，我们的司法系统将难以维系。"这样说也许是在向法院唯一的黑人法官、多数意见的主作者托马斯大法官喊话。

索托马约尔和托马斯、罗伯茨在观点上的差异，既是法理上的差异，也是个人价值观上的差异。基于他们的背景和在职业生涯早期表现出的政治信仰，没有人会对他们各自的立场感到惊讶。尽管他们都接受精英教育，但观点的差异、价值观的不同和各自的弱点，都将不可避免地对他们的工作产生影响。

但无论如何，法院不受限制、不容置疑的权力最终归于九人共同掌握。"他们独立于人民，独立于立法机构，独立于天下所有的权力。"他们拥有世界上最理想的政府工作：没有老板，不强制退休，不需要大量劳动，同事们全都才华横溢，有丰厚的养老金和充裕的假期。但我们不禁要问，让这区区九人掌握国家的最高司法权力，究竟是该喜还是该忧呢？

（编译/张姗姗）

# 哈佛大学建校两百周年之际反思权贵化危机

[**编者按**]　哈佛大学法学院创建于 1817 年，至今已走过了两百年辉煌历程，从这里走出的法学精英对美国社会各个领域产生了深远的影响。但在阶层日益固化、社会矛盾日益加深的当今美国，哈佛法学院也逐渐异化为向大企业、大财团输送人才的基地。哈佛大学法学院毕业生们大多进入公司工作，很少有人从事社会公共服务工作，背离了其"培养为正义事业和社会福祉而献身的领袖"的使命。本文作者——民权改革家皮特·戴维斯起草了一份报告，名为《哈佛法学院的两百周年危机：关于哈佛公共利益使命的倡议书》[1]，本文对报告进行了简写并收录了部分读者的回应。他在文中深入剖析了这一现象的表现、产生原因，并针对问题提出了相应的解决方案。对大企业的追捧和对公共利益的漠视是由教育制度、财政支出、学院文化等多重因素逐渐塑造的，要改变现状同样需要从这些方面入手。比起各类喧嚣的庆祝活动，校庆更需要的是冷静思考大学的社会使命，警惕偏离自身宗旨的倾向，从而继续发挥大学的时代先锋作用。

2017 年是哈佛大学法学院建院两百周年，在举办各类庆祝活动的同时，哈佛法学院师生们也在理性地进行反思：法学院已被公司利益裹挟，丧失了

---

〔1〕 Pete Davis，"Our Bicentennial Crisis: A Call to Action for Harvard Law School's Public Interest Mission"，*The Harvard Law Record*，October 26，2017，http：//hlrecord. org/2017/10/our-bicentennial-crisis-a-call-to-action-for-harvard-law-schools-public-interest-mission/，最后访问日期：2019 年 5 月 22 日。

对美国广大人民的关切；法学院已变成一个怠惰的司法机关守护者，法律之下的平等和公平岌岌可危；法学院共同体已偏离了法学院"培养为正义事业和社会福祉而献身的领袖"这一使命。

基于对现实的反思及对未来的忧虑，本文作者起草了题为《哈佛法学院的两百周年危机：关于哈佛公共利益使命的倡议书》的报告，主要内容包括：第一，广大美国人民被排除在法律权力的大门之外；第二，哈佛法学院不仅对这一危机态度消极，还竭力为自己的不作为寻找借口；第三，这场危机形成的原因；第四，使哈佛法学院重回正轨的十二项改革举措。

报告的第一部分陈述了美国普通民众被排除于司法体系之外的现实。这一现实首先体现在美国普通民众无法获得刑事司法援助与民事诉讼服务上。美国司法援助体系长期经费紧缺、人员匮乏，导致监狱不堪重负，司法资源不断向检察机关倾斜。此外，大多数穷人也无法承担高昂的律师费和诉讼费。英格兰的人均民事法律援助支出是美国的 13 倍，加拿大是美国的 3 倍。前一百家利润最高的律师事务所共创收 280 亿美元，其中每年平均只有 10-20 亿美元来源于穷人的民事法律服务。更糟糕的是，政治制度已经被大企业绑架了，任何有关公共利益的改革都几乎难以推行。在华盛顿，为公共利益游说的说客和服务于大企业利益的说客的比例达到了 1∶34；侵权法和反垄断法都已被服务于公司利益的律师控制；约翰·奥林基金会向哈佛法学院捐赠了1800 万美元用于其宣称的"保守主义宪法"的教学。

作为世界顶级法律教育机构，哈佛法学院在服务公共利益方面却没有发挥与其名声相称的引领带头作用。报告的第二部分指出：每五个哈佛法学院毕业生中，只有一个从事和公共利益法律、政府或教育相关的工作，其余四个毕业生都在从事和公司利益或商业相关的工作。这份报告逐一驳斥了学院管理层就这一不平衡的就业分布给出的各种理由：首先，法学院将公益性工作和慈善捐赠混为一谈。事实上，为大公司工作的律师们在公益工作和法律援助上的时间和金钱投入少得可怜，远远谈不上有效，况且公益捐赠并不等同于公益工作。其次，哈佛法学院毕业生的就业去向集中于大公司和经济发达地区。他们服务的客户们绝大多数都是白人和男性，他们的工作地以西部和东部沿海的几个大城市为主，女性、有色人种、中西部地区等少数群体被选择性地忽略了。最需要法律服务的群体得不到优质法律服务，哈佛法学院已经背离了其"人人都应当拥有一位律师"的宗旨。更为严重的是，对大公司趋之若鹜、对公共利益漠不关心的局势正在恶化。据统计，毕业三年后就职于大公司的哈佛毕业生，在毕业12年后只有7.2%的人会去公益组织里工作。事实上，有不少学生在入学之初对公共利益工作是有兴趣的，但却最终从事了企业方面的工作，哈佛法学院对此显然应负有责任。这一事实使哈佛在公共利益职业（非营利组织、政府、教育机构）上的表现远逊于耶鲁大学、乔治敦大学和纽约市立大学。此外，哈佛法学院自诩为"进入上层阶级的通道"，事实却是其早已成为维护现有阶层的稳定器。现有数据显示，哈佛法学院的大部分学生都来自于顶层收入家庭：77.5%的哈佛法学院毕业生来自于年收入9.5万美元以上且净资产超过17.5万美元的家庭。这意味着，即使一名学生出身于一个年收入两倍于全美家庭中位数的家庭，这个水平却只能在哈佛法学院学生家庭背景中排到垫底的最后1/4的位置。

报告的第三部分揭示了哈佛法学院偏离其宗旨的原因：第一，哈佛目前的文化难以培育公共精神。哈佛的竞争传统深厚，在这里法律被视为一场游戏，在游戏中胜出的"天才"们会得到表扬，而不考虑他们对民众的贡献。这样的法律文化所提供的自然是通向企业利益工作的畅通之路。第二，课程设置磨灭了学生的公共热情：哈佛法学院的第一学年课程还是几个世纪前的旧模式，学生们直到第二和第三学年才能接触到多元化的课程，但那时他们已经决定从事企业法律工作了。第三，偏向于企业法律工作的职业教育。哈佛法学院将企业工作视为"默认选择"，一年级的学生们忙于各大企业的各种吃喝宴请，以及一种模拟企业招聘流程的"前期面试项目"。法学院就业办公室甚至提供材料鼓励学生们从事"旋转门工作"，即先进入公司工作，然后离开公司进入监管着这些公司的政府部门，最后再返回公司，用他们的政府工作经验换取高薪。第四，使学生难以接触公共利益工作的财政支出结构。尽管哈佛法学院已经在减轻学生们从事公共利益工作的债务负担，但大多数学生还是在沉重的负债压力下将企业工作视为首选。

站在哈佛法学院两百周年的节点上，一场面向未来的改革已势在必行。作者从三方面提出了十二项改革举措：

第一方面：重塑文化

改革举措 1：测评公共利益贡献。哈佛法学院应该像耶鲁法学院一样在学生毕业五年和十年以后进行毕业生职业测评，学校由此可以为毕业生更好地设定从事为大众法律利益服务的工作的求职目标。

改革举措 2：培育崇尚公共服务的文化。学院领导层应当培养以哈佛法学院的使命——"培养为正义事业和社会福祉而献身的领袖"——为中心的校园文化。

改革举措 3：宣传民权事业人才事迹。学院领导层应当宣扬在民权事业做出杰出贡献的律师们的事迹，而不只是狭隘的分析能力。

改革举措 4：录取工作应当将公共利益贡献和经历纳入考核标准。学院应当调整录取标准，更加侧重学生的民权事业能力和对学院公共利益使命的贡献。

第二方面：调整课程体系

改革举措 5：借鉴加里·贝尔罗（Gary Bellow）的诊所机构模式。法律诊所式教育"扎根于经验，激活了规范"，是法学教育的最佳方法。

改革举措 6：借鉴公共正义学派的模式。和医学院区分学习如何成为一名医生和如何成为一名公共健康专家的方法一样，法学教育应当融合两种教学方法，一种训练学生成为为特定客户服务的私人律师，另一种培养学生成为公共律师，即肩负值守国家"公共正义"使命的职员。

改革举措 7：在第一年课程设置中注重理论与实践相结合。目前第一年课程中的案例教学课上教授的是过时的、脱离生动现实的法律。融历史、哲学、法律社会学于一炉、兼顾法律实务经验的课程设置将会更好地引导学生们成为改革的先锋。

第三方面：改革职业教育

改革举措 8：向就业办公室拨款，实现51%以上的学生从事公共利益工作的目标。对就业办公室的拨款不能只满足当前需要，而应当拨款设立公共利益就业办公室，鼓励学生从事与公共利益相关的工作。

改革举措 9：用志业来弥补职业教育的缺陷。应当引导学生们在做毕业规划时将专业、个人和社会三个因素结合起来，思考"有哪些可以把握的机会?""我有怎样的使命?""什么事情需要做?"这些问题。

第四方面：改善预算机制

改革举措 10：减轻以公共利益工作为目标的学生的经济负担和心理负担。学校应当建立相关制度，保障毕业后从事公共利益工作的学生不被学费债务所困扰。这一目标虽然在很大程度上已经被开创性的 LIPP（低收入保护项目）实现，但是背负巨额学费债务并且不确定这笔巨债是否能被 LIPP 偿还的心理负担仍有待消除。

改革举措 11：向国会寻求民事法律援助拨款。哈佛法学院应当像其在 DREAM 法案（Development, Relief, and Education for Alien Minors Act,《少数族裔发展、援助、教育法案》）上的坚定立场一样坚定支持民事法律援助拨款，运用其影响力推动国会资助"法律之下的平等、公平"。

改革举措 12：建立一张需求驱动的、遍布居民社区的法律服务网。哈佛法学院应当借鉴 1958 级校友建立的公益律师服务中心的模式，运用接受的捐赠和校友们的力量建立起这样的机构，实现两个目标：为新晋毕业的从事公共利益工作的毕业生提供创业服务；为全国需要法律援助的居民区提供服务。

法学界已有人开始回应这份报告。

乔治敦大学法学院教授大卫·伏拉戴克（David C. Vladeck）说："皮特·戴维斯的这份报告对于所有关心法学教育和律师在社会中的作用的人士来说都是必读的。我们国家的法律制度将普通美国人民拒之门外，少数富人之外的大量民众的法律需求没有得到满足。为公司企业工作的律师远多于为民众服务的律师。很多学生抱着从事公共服务工作的愿望来到哈佛法学院，但在受教育的过程中大多数人都放弃了原先的理想，转而从事企业法律方面的工作。戴维斯向我们揭示了哈佛法学院在学生中营造改变职业路径的压力的做法，这种压力虽然不那么明显，但哈佛和其他精英法学院一样，向学生灌输公司法律工作比公共服务工作更体面、更赚钱的理念。戴维斯有力地提出，哈佛法学院亟需认识到这一现象并探究其原因。正如他所说，哈佛法学院宣称自己的使命是培养为正义事业和社会福祉而献身的领袖，但即将成为华尔街律师的毕业生们很少忠于这一使命。戴维斯不仅提出了问题，还提供了这一问题的解决方案，建议哈佛和其他法学院采取这些举措实现哈佛的承诺。如果法律是实现正义的工具，那么美国精英法学院是时候认真聆听戴维斯的建议了。"

纽约第一位公共辩护人（类似于中国的法律援助律师）马克·格林（Mark J. Green）表示："当哈佛法学院隆重庆祝其两百周年纪念日时，皮特·戴维斯关注的则是可能的未来。他向我们表明，即使是一所伟大的法学院，也可能辜负其初衷。他还告诉我们如何改变现状。"

大法官伦得·汉德（Learned Hand）是哈佛法学院 1896 届毕业生，他曾说道："如果我们要捍卫我们的民主制度，我们必须牢记：正义不应当限量供给。"当一百年后我们庆祝美国建国三百周年时，我热烈盼望美国人民对哈佛法学院学生、教职员工和校友们的评价是——他们帮助我们保卫了民主制度。要使其变为现实，改革者们需要在未来几十年使我们的学校更好地履行公共利益使命。我希望这份报告能够对实干家们有所裨益。是时候行动起来了！

（编译/段阳蕃）

# 抵制"法律人治国"

　　**[编者按]**　美国最高法院大法官肯尼迪宣布退休后，特朗普迎来任内第二次任命最高法院大法官的机会。他提名的布雷特·卡瓦诺（Brett Kavanaugh）曾是大法官肯尼迪的助理。提名通过前，有女性指控称多年前曾遭卡瓦诺性侵，但共和党人宣称联邦调查局的报告证明了卡瓦诺的清白。民主党人担心卡瓦诺就任后，这位偏向于保守派的法官会将最高法院推向极右，平权法案、堕胎权等重要问题都有可能受到波及。哈佛大学法学与历史学教授塞缪尔·莫恩于2018年10月在《波士顿评论》发表《抵制"法律人治国"》[1]一文，就此给出了一些建议。莫恩指出，考虑到保守派将长期控制最高法院这一事实，美国民主党和进步主义人士必须发展一种新的政治修辞，通过民主过程决定政治议题，从而控制司法官在美国政治体系中的作用。这意味着美国民主党要抵抗"法律人治国"，拥抱大众民主政治。

## 困境：右翼控制下的最高法院

　　在一名女性指控布雷特·卡瓦诺曾进行性侵后，民主党人为阻止他成为最高法院大法官而奋力一搏。然而，联邦调查局出具的报告宣称了卡瓦诺的

---

〔1〕　Samuel Moyn, "Resisting the Juristocracy", *Boston Review*, http://bostonreview.net/law-justice/samuel-moyn-resisting-juristocracy，最后访问日期：2019年5月25日。

清白，他的提名获得通过几乎已成定局。显然，自由主义者和进步主义者将不得不对美国司法机构受右翼控制的硬性事实做出反应。

作者推测，卡瓦纳成为大法官后需要对平权法案、堕胎权利等事项进行投票。此外，宪法第一修正案将继续为经济权力服务，其余宪法法律也将捍卫商业利益。上一次出现类似的境况是在富兰克林·罗斯福担任总统时期。当法院变为富人和强者反对政治多数的工具时，罗斯福与最高法院进行了对抗。

宪法以及长期以来对它的解释，将大众的统治变为精英统治，将民主变为法治。宪法的规定使得民主党必须在一个政治体系中进行战斗。在这个体系中，一些美国人已经有过两次由少数族裔总统治国的经历。由于对高级司法系统的崇拜，民主党人面临着一个有着无限权力的机构，它将自己的意志强加给大多数对事情有着不同处理方式的美国人。

正是由于制度赋予宪法法官极大的权力以做出巨大的政策决定，这次提名才会发展为一出闹剧。具有讽刺意味的是，在这场闹剧中，对于法律本身的关注消失了，人们关注的焦点是性侵是否曾发生、恰当的调查方式是什么、司法"气质"是否重要等。大法官候选人的实际法律观点早已被推到焦点之外。

## 应对：利用民主的力量

罗伯托·昂格尔（Roberto Unger）曾写道，美国的特点是"一心一意地关注高级法官及他们的选择，将其视为民主政治最重要的部分"。这种症状在左派和右派中都有反映，并且他们在几十年内选择"以改进解释之名义，从法官那里获得公民政治未能提供的好处"。然而，在民主国家，应该由人民制定自己的法律。

作者指出，进步主义者在面对敌人掌控下的最高法院时，唯一的选择就是着手长期计划，重申民主。如果进步人士想要避开司法激进主义的干扰，他们必须接受民主及其风险。他们需要为了多数决原则重铸基本法律在社会中的角色，让法庭逐渐失去影响力，在适当时机改变不够民主的宪法。这就要学习上一代保守派的做法。正是保守派盗用了最初由进步主义者提出的"我们正在经历'司法政府'"的说辞。保守派说服美国民众，无论法律文本如何表述，是左派而不是右派时常利用宪法法律实现自己的政治诉求，而实际上事实恰恰相反。进步主义者需要收回他们失去的掌管权，而要做到这一点，他们要放弃常规的、与高级司法机构勾结的方式。

即使右派更为频繁地借助司法命令达成目的，自由主义者也花了很长时间才放弃用法官权力来将他们的偏好制定为法律。在这一点上，有关隐私权和"实质性正当程序"的决策最为显著。从赋予妇女堕胎权利的罗伊诉韦德案，到使同性婚姻合法化的奥贝尔格费尔诉霍奇斯案，自由派与肯尼迪大法官结成了联盟——他们在自由主义理论基础上促进女性和同性恋的权利，从而捍卫独立于国家控制的个人自由选择。在最高法院受到右派控制的情况下，左派所在乎的案例受到威胁甚至可能被推翻，那么其将造成沉痛的打击。如果这样的事无论如何都会发生，那么就只能用转向民主战略的方式，来坚持那些最重要的事项。

作者进一步指出，对于左派来说，更好更大胆的选择是支持改革。通过议会立法剥夺司法管辖权、利用手段阻止司法机构审议关于堕胎或平权行动相关的案件，这些方式即使在现行法律原则下也不会明显违宪。实际上，右派多年来一直在使用这些立法阻止移民和囚犯进入法院。另外，习俗和先例的变化也可能削弱司法霸权。例如，通过施加压力或法律的强制，使得最高法院在法官们无法达成一致意见时成为一个事实上的咨询机构。这些步骤使得进步主义者将计划带入群众，从而为他们的政治诉求赢得多数人支持。

即使相关基础研究已证明法官有党派属性，美国仍然期待最高法院代表国家的原则和价值观行事。实际上，当法官有权决定最重要的问题时，这种党派关系的影响只会增加而不会减少。宪法的神话很难实现——"给法官授权将有助于实现进步主义者追求的结果"，这种观念不过是已然落空的美好愿望。根据作者的总结，在各级立法机构中，利用民主权力而非司法机构的法律文化，是取得进展的唯一途径。

（编译/汤心仪）

# 国际法学者应该少谈专业，多读小说

[编者按]　本文原是于 2018 年 12 月 10 日发表在 Opinion Juris 网站上的一篇访谈,[1] 作者采访了刚刚在国际法研究机构 T. M. C. 阿塞尔研究所 (T. M. C. Asser Institute) 第四届年度讲座上发言的马蒂·科斯肯涅米 (Martti Koskenniemi) 教授。科斯肯涅米是芬兰赫尔辛基大学的国际法教授，一直从事国际法的研究和教学活动。他在访谈中提到，反全球化浪潮的兴起或极右翼的发展并不能单纯归为经济或社会问题。以政治的角度思考，这是一种"夺回控制权"、重建社会地位的思想体现。科斯肯涅米也对国际法的发展现状提出了自己的观点，认为国际法转向"管理"的观念，是背离初心的行为。访谈最后，科斯肯涅米给从事国际法的人们给出了一些建议，强调人们要接受不确定性，重塑专业精神，破除所谓的权威文化。

## 人们为什么"强烈反对"国际法及其机制？

科斯肯涅米认为，人们反对国际法主要有以下两方面的原因：

首先，反对的这些人试图和那些所谓的在"全球化不可避免的浪潮"中被"抛弃"的人们建立一种同情的关系。这种社会和经济观点看到了一些人没能享受全球化的成果这一事实，并加以利用。这些被"抛弃"的人们对于

---

〔1〕　Dimitri van den Meerssche, "Interview: Martti Koskenniemi on International Law and the Rise of the Far-Right", *Opiniojuris*, http://opiniojuris.org/2018/12/10/interview-martti-koskenniemi-on-international-law-and-the-rise-of-the-far-right/, 最后访问日期：2019 年 5 月 29 日。

自己所遭遇的剥削会进行反击，比如批评精英阶层和城市生活，投票支持英国脱欧，选举特朗普为总统，还有反对那些他们认为使自己被剥削和边缘化的罪魁祸首。作者不否认这些观点所反映的经济和社会现象，他反对的是人们对这些现象的理解，认为"只要我们将剥夺的东西还给他们，一切问题就会消失"。将这些现象简单解释为一种经济的、制度的或社会的问题是十分糟糕的。

其次，从政治角度思考这一问题，这是一种"夺回控制权"的表现，更具体地说，这是一种重建白人男性权威的观点，是一种文化议题。这种观点认为，"这些20世纪60年代后期崛起成为精英阶层的人，这些发号施令的人，占据控制权的时间太长了。""夺回控制权"意味着白人男性希望回到20世纪60年代前期，回到女性、同性恋者，还有像乔治·索罗斯（Jorge Soros）这样的犹太人慈善家等少数群体"不对他们指指点点"的年代。这样"才能重新掌控自己的生活"。所以说，这不是对经济剥削的担忧，而是对丧失社会地位的担忧。

### 国际法规则从形式主义走向管理主义：初心何在？

科斯肯涅米认为国际法对自身的理解发生了改变，这个改变遵循了一定的时间轨迹。

19世纪70年代时，国际法以促进民族国家建设为目标开始建立，当时它一边在欧洲推动自由主义的立法，也一边在融合帝国主义的成分。一开始，国际法是在对独立国家以及国家间联系的理解之上建立的。国家间通过正式的外交途径与其他国家相互联系，同时巩固了自己的地位与身份特征。国家实现其独立性，往往在国际法的范畴中。这是对独立国家的旧的理解，然而这种理解已经不适用于今天的情况了。

在20世纪90年代，国家原则逐渐转向反国家原则，并且推动了一系列全球性的事件。国际法此时转变为一种专家型的学科，随大流地开展了很多管理型的项目："管理国际贸易""管理世界环境""管理难民问题"的项目，等等。从事国际法的人不得不学习专业词汇，如管理方面的词汇，这样他们才能把国际法作为"一种管理全球性问题的有用工具"。这一切都是 20 世纪 90 年代自由主义所想象的"对世界的管理"。

然而，这一切和国际法的初心是相违背的。国际法应当是建立在这个想法之上的：获得和平与平等的民族自治国家可以实现公正。但公正与和平这类词汇并不能轻易转化为"解决问题"的管理模式。1990 年代，从事国际法的人在管理型的世界中迷失，人们不再提起民主、公正这些事情了。人们仍会谈自由贸易、人权、安全和环境这些"重要事项"，但已经完全脱离大多数人的实际生活。人们逐渐接受艰苦的生活环境，不平等现象增加。这无疑是"精英阶层看似和其他人平等对话，但实际上只是在不断加强自己的特权"。

国际法背离初心的原因在于：全球化和国家主义是非常复杂的、相互矛盾的两种现象。但人们往往用简单的思维来看待它们。因此解决办法只有两种：要么全球化，要么民族国家。当然这两种是极端情况。在 19 世纪晚期，从事国际法的人已经知道国家的利弊，因此呼吁一种"更加开明的爱国主义"，指的是能够接受他人对国家主义的不同理解。在这种国家主义中，有一些很有价值的思想。但出于某些专业性的考虑，大部分从事国际法的人逐渐学会把国家视为敌人，认为"国际化是好的，而国家是坏的"。20 世纪 90 年代，他们逐渐按照这种假设进行法律实践，相信"一切都会变得国际化"，"国家是危险的、有害的"，"国家主义害处很大"。但事实并非如此。他们期望的是利用国际市场建立更小的国家，自由的如守夜人一样的国度。如今后果出现了。因此，从政治角度思考这一问题是很重要的，人们不是仅仅有全球化或国家这两种选择，人们可以考虑应该选择哪一种"国家"或"国际化"。但其实这并不能分出优劣或输赢。

## 国际法的发展应该抛弃专家文化

科斯肯涅米认为，国际法有能力表述多数人所追求的价值观和目标。但目前的国际法不是一种非常好的状态。国际法学者可能自诩对于世界发展有良策，但这样的自信可能正是影响国际法发展的重要原因，导致人们对管理型专家失去信任。因为人们去求助这些专家，让他们给出解决问题的办法时，他们仅用35秒就回答了如何解决中东危机、欧元区危机、网络间谍、房价等问题。尽管专家自己也不太确定，但他们回答问题时总是自信满满，因为媒体只希望一个答案而不在意"如果"或"但是"的问题，但这恰好是一个好的专家应当考虑到的事情。所以，这种迷信专家权威的文化会摧毁有意义的政治主张或讨论。而且，这种迷信专家的文化是全球化的现象。所以同样地，这种国家主义的反对思潮也反对这种专家文化。

### 从事国际法的人应该减少专业化，掌握更普遍的东西，有更宽阔的视野

科斯肯涅米建议学习国际法的人们应该多看一些小说、电影还有漫画。因为学习同理心，从他人角度思考问题是很重要的。在加来丛林里难民的生活是怎样的呢？其他人的感受是什么？这些东西都是人们从小说里学到的，而不是从条约的规定里。尽管这些话都是陈词滥调，但在这个趋向"管理"而不脚踏实地深入社会的世界中，这些还是很有必要记住的。

### 从事国际法的人可以采用"文化形式主义"思考问题

"文化形式主义"是一种悖论或是矛盾。这是相反的两个概念，文化是实质的、历史的、深厚的。而形式主义是抽象的、浅薄的。如果把这两个概念放在一起，人们会明白这个概念所主张的是一种悖论，一种不可能实现的状态。通过这种矛盾的说法，科斯肯涅米想传达的是人们的实践状况总是在两端之间变换：某一时刻你要成为一个形式主义者，另一时刻你又必须扎根于文化中处理问题。

研究法律的人希望自己深深扎根于社会，希望法律能够反映人们的身份以及他们所追求的事物。但他们也希望法律能够与社会保持距离，告诉人们应该做什么，而不仅仅是什么。可能"文化形式主义"是现代法律中紧张关系的另一种表达。

也许人们可以将"文化形式主义"中的模糊性视为对纠正专业精神的努

力，引导行业变得不那么确信，能够接受不确定性，"就像我们在漆黑的家中感受到的那种不确定性一样"。其实，这就是人性：复杂、自相矛盾。我们无法完全管理自己的生活。所以，国际法应当承认这个弱点，承认它的幼稚之处，并且在讨论公正、平等、和平时允许别人发出笑声。

（编译/梁锐）

# 一个国家如何面对历史中的"原罪"？

[编者按] 美国 2016 年大选最显著的现象便是白人至上主义死灰复燃，并成为美国政治摆脱不掉的阴影。美国白人带着对左派政治的仇恨，怀着对亡国亡种的忧虑，试图反抗 1960 年代左翼运动和 1980 年代全球化运动带来的边缘化命运。这种反抗展示着美国当代政治的走向，但也有其深远的历史维度，因为它表明，尽管经过几轮政治和思想运动的"漂白"，种族中心论仍然构成了美国根深蒂固的历史认同。这不仅仅是一个美国问题，更是一个更为普遍的面对历史的态度问题，是如何认识一个国家或者民族的过去的问题。在此背景下，美国《外交事务》杂志 2018 年刊登了一期专题《不死的过去》，[1] 通过对比美、德、南非和卢旺达的历史原罪，对这一问题做出了深刻探讨。

对任何一个国家来说，历史从来都不是简单的回忆，而是无论在政治实践还是公共心理方面，都牵涉着过去、现在与未来的各个面向。用《外交事务》编辑高登·罗斯的话来说，每个国家都面临来自前代的"原罪"。无论种族灭绝、奴隶制还是政治集中迫害，宽恕如何实现？忘记与压制，发掘与重塑，不同国家的实践为我们进一步思考前路的方向。

---

[1] Annette Gordon-Reed, "America's Original Sin"; Richard J. Evans, "From Nazism to Never A-gain"; Nikita Petrov, "Don't Speak, Memory"; Sisonke Msimang, "All Is Not Forgiven"; Phil Clark, "Rwanda's Recovery", *Foreign Affairs*, January/Feburary 2018 Issue, https://www.foreignaffairs.com/is-sues/2018/97/1, 最后访问日期：2019 年 5 月 25 日。

## 美国的原罪：奴隶制与白人至上的遗产

尽管《独立宣言》自美国建国初就将自由、平等作为美国人的建国理念，但实际上其对奴隶制的默许埋下了美国白人至上主义原罪的种子。

一种观点认为，黑人作为英国三角贸易带来的遗产，被初建的美国作为十足的他者，以奴隶的形式置于社会最末端，实际是为了减缓白人移民内部的不平等。由于外表上明显的肤色差异及进入美洲大陆时奴隶的身份，黑人很容易便被作为美国社会的少数群体边缘化，为美利坚民族共同体的构建做了垫脚石。

因此，即使奴隶制被废除，美国依旧没有改变其白人主导的模式，白人至上主义作为黑奴原罪的遗产已经根深蒂固地植入美国社会内部，使种族问题和冲突在美国一直阴魂不散。

事实上，这不是历史的巧合或偶然，当第一代奴隶主领导人建构美国价值观时，种族问题就被作为社会价值观的重要手段。与其说第一代领导人因疏忽默许了奴隶制，不如说他们从一开始便构筑着一种白人至上的种族观。

因此，自联邦初始，白人至上的种族观就作为第一代领导人的观念，被隐蔽地植入美国的意识形态，并塑造了一大批因此受益的高等学府及上层阶级，而这一原罪式的意识形态，直到21世纪才被人们发现并重新审视。

也许林肯的解放黑奴运动是将黑人拉回美国主流社会的尝试和契机，但历史学家指出，南北战争之后，对黑人叙述和想象的话语权似乎仍掌握在南方手中，这使得黑人解放的日程延期。直到20世纪中叶，黑人人权运动的兴起再次将解放黑人提上日程，但面对根深蒂固并在几次反复中不断加强的白人至上观念，黑人进入美国主流社会还有很长的路要走。而要清楚黑人为何迟迟无法进入平等自由的美国社会，我们需要回溯其黑奴制的原罪及其塑造力强大的白人至上的遗产。

## 从纳粹到永不重来：德国如何完成自己的过去

通过战后六十年的不断努力，德国已经对纳粹历史达成了共识，这种共识在一定程度上植根于德意志民族的本源，并通过无数有意的建构得以加强，在此情况下，尽管面对难民带来的外来异质性的冲击，出现了一些想要颠覆当前德国主流意识形态的极端政党和组织，但这些组织希望利用纳粹思想重新点燃德国以实现自己目标的努力只是徒劳。

二战后德国队纳粹历史的反响可以大致划为三波思潮。三波思潮层层推进，不断建构并强化着德国人对纳粹历史的共识。

第一波是战后至冷战前，这一时期，作为战败国的德国实际无力自我塑造共识，由于被盟军占领，只能任盟军对纳粹留下的遗产随意处置，并在此过程中带来德国人自身的信仰危机。无论是炸掉第三帝国大使馆还是凿碎纳粹的巨大万字标志，都是在盟军的主导之下。盟军通过这些举动，主要针对希特勒一手缔造的政治形式和经济政策进行狂轰滥炸，以此缓解战后西方普遍对政治经济信心不足的经济危机，以粗暴手段向民众显示西方仍有力量。这一策略对盟国的民众有作用，但对处于更深刻的信仰空虚的德国，却是进一步挖空其民族认同的过程。因此才会出现，在战后的民调中，德国人并没有对纳粹展示出忘却的共识，而是认为纳粹的思想是好的，只是执行过程中出现了问题。由于纳粹历史已经不可避免地成为德国历史的一部分，盟军对纳粹历史的狂轰滥炸也是对德国人的攻击，而已经无力应对的德国人只能被动地接受盟军的行为。但这一外部强加的行为并不能达成真的共识，因此，在这个阶段，纳粹是无法被抹去的。

第二波思潮出现在冷战时期，德国不幸地被分离成两个对峙的国家。尽管柏林墙两边的意识形态冲突很大，但两边的政府都意识到德国认同构建的重要性。面对经济疲软、失去活力且精神空虚的德国，东西德的领导人都做出了构建德国认同的努力，他们试图寻找其他精神元素以替代纳粹在1930年代植入德国的种族主义倾向。当西德从西欧的基督教传统中寻找替代时，东德则强调以共产主义信仰替代纳粹。由于政治的集权与否或经济的计划与市场这类政策冲突仍然鲜活地展现在德国人面前，针对仍在风口浪尖的政治经济分歧构建认同常引起更大的冲突，而德国已经无力面对如此折磨。因此，东西德的反思浪潮都针对希特勒的种族主义，可以说是表面无法弥合分歧之下的第一个潜藏的共识。柏林墙两侧都开始了对集中营历史的整合，为集中营建筑寻找不同的替代品，以抹去其中的种族主义倾向。通过各种纪念碑的建立，这一时期建立了德国人对犹太人曾经惨遭屠杀的责任与有罪的共识。

如此共识并非一时产生的，它的建立基础从二战后便一直存在，并不断加强。在德国对纳粹历史构建的过程中，始终有一种动力给予支持。这便是反战求稳的动力，无论以什么替代品填补空虚，无论在火热辩论中选择怎样的政治经济政策，无论集中营被改造为商场还是公园，德国人最深刻的共识都在于追求民族的稳定和延续性。这成为支撑德国构建历史共识的不变的基础和动力。

而如今，这一动力也受到了外界的挑战。作为一个民族国家，有明确边界的民族共同体，其认同局限于这个边界之中，而难民的涌入带来了复杂的异质性，也正因此，德国内部出现了极端的排外主义。但是，默克尔的难民政策正是德国半个世纪以来对纳粹历史共识的最好体现，即德国人有罪且需要通过赎罪保证民族的稳定性和永生。因此，在这个坚实动力和共识的支撑下，排外主义似乎无法颠覆德国。

## 没有什么被原谅：南非种族隔离之殇

作为经历了几十年种族隔离的新兴民族国家，南非的历史聚焦于种族问题及其延续的种种问题。本文作者将这一矛盾集中在真与善的冲突之中。尽管曼德拉通过谈判促成种族间和解的尝试获得了成功，也为南非的民主化做出了贡献，但这一和解只是暂时的，事实上，南非至今仍纠缠于白人与有色人种之间的矛盾。半个世纪以来，种族隔离留下的伤疤在各个冲突事件中隐隐作痛，成为南非挥之不去的灰色记忆。

南非的种族隔离政策来自于几个世纪前进入好望角边的殖民政策。当日不落帝国的白人军官踏上南非的土地时，面对强烈的异质性，种族主义被自然而然地带入到这里。南非的民族独立并非运动，并非来自土著，最终获得独立的南非民族并非似美国一般的熔炉，而是纯粹由白人构成的想象的共同体。这一共同体充斥着白人的优越性，排斥土著和其他有色人种。种族主义自此生根，并顺畅地存在至 20 世纪 80 年代中期。当曼德拉成立真相与和解委员会时，对人权的推崇压倒了种族主义，然而对真相的追求又将和平主义带向了另一极端。真相与和解，成为一对无法和谐共存的矛盾，时不时地刺痛着南非社会。一方面，种族隔离的受害者希望血债血偿，然而另一方面，面对人权的大旗，复仇的渴望被压抑，白人同样以人权为挡箭牌，僵持其中。为了避免冲突，血淋淋的真相继续被隐藏，而一旦有人扒开陈年旧事，双方互相的不满，混杂着双方对当权者隐藏真相共同的不满进一步爆发，冲突层层升级。伤口还未愈合，便又一次被撕裂。作者认为，真相与和解委员会实际并非真正寻求真相，而是在推翻种族隔离的白人政府之后，新政府与新总统构建其统治合法性的行为。这一合法性，不可避免地需要对历史进行清算，但同时也带来了新的问题。

当然，将寻求真相的行为置于和解与原谅的基础之上，的确为南非的种族和解与宽容提供了一条可行的路径。尽管探求真相一边常常失败，带来各种冲突，但和解一边则逐渐做出成绩。在将近三十年的历史回顾和调停中，原谅逐渐成为社会共识，以南非社会主流意识形态的姿态逐渐生长。当我们试图确立南非作为一个民族国家的民族精神时，我们无法直接从土著黑人部落中提取，亦无法从作为殖民者进入的白人中萃取，经过几个世纪的纠缠，最终这一民族精神可以被构建为一种不同群体之间的原谅与调解，尽管这种原谅以牺牲真相为代价。

当然，生根于一个民族记忆中的历史并不容易被完全处理。就算种族问题能够通过真相调解委员会的合法性建构被淡化，新的问题依旧层出不穷。经济和生活水平的不平衡存在于各个国家，由于其不可避免地被打上种族隔离政策的烙印，当人们寻求经济状况提升不成功时，种族隔离便再次被提出，使这个民族从遗忘的梦中惊醒。因此，作者仍然认为，遗忘症并不能解决所有问题，如果民主政府不能提供一个经济上公正平等的社会，历史只会似幽灵一般阴魂不散。

### 卢旺达的重建：作为政策的铭记

与前几个剪不断、理还乱的头绪相比，对卢旺达的评述似乎给出了一个相对明确的答案。作者根据自己大量的访谈结果，为我们梳理了卢旺达在经历那场大屠杀灾难之后层次清晰、顺遂而成的重建过程。从纪念仪式到公众教育，从经济发展到社会和解，这一过程可以说包罗万象，既有纳粹之后德国不断建起的纪念碑，也有南非真相与和解的尝试。这个由政府包办的社会重建，顾及了社会的各个阶层、各个方面，循序渐进，最终取得了不小的成绩。与其他国家相比，卢旺达的历史重建最有条理，也最全面，取得的巨大成功也被作者推崇。

这与卢旺达本身面对的问题有关。卢旺达大屠杀的惨案已无需赘述，然而，正是这场将这个国家化为一片废墟的惨绝人寰的灾难，使得卢旺达的历史重建开始于一张白纸，也为曾经对立群体的重新融合和理解提供了可能性。

那一场大屠杀毁灭了一代人，甚至使卢旺达出现了文化断裂，而正是这一断裂，抹去了卢旺达人的历史记忆，将历史恩怨和群体异质性限制于部落的差异。而这一差异尽管是一贯的，但其一致性也使公共宣传和教育更容易找到消弭异质性或淡化异质性的方法。历史纠纷被大屠杀的血泪简化为杀与被杀，看似是最深的家仇，但实际上当一代人的记忆都因死亡而消逝时，家仇中家的成分减少，文化的成分亦减少，同时，在代际的不断新陈代谢中，这段记忆能够通过诸如经济发展等淡化并逐渐替代。对于这样一场非文化性质的灾难，由于其没有留下很多能够深入记忆、烙下深刻烙印的文化性的历史材料，也使其更容易被处理。大屠杀于卢旺达人，逐渐成为一个出现在课本中的历史事件，而非情感记忆。

如果说有情感记忆，这份记忆也为对立双方和解提供了可能性。面对如此生灵涂炭，此时的双方正如二战后的欧洲一般，没有人愿意再使用暴力，没有人承担得起如此暴力的代价。在这场灾难中，没有人是受益者，因此，双方实际拥有共同的情感基础，即和解的需要。抓住这种共同的需要，卢旺达政府得以通过不断的和解一点点释放人们隐藏在心中的怒气，从而在满足释放需要的同时达到和解。

因为大屠杀造成了过于惨痛的后果，在文化断裂之后的卢旺达能够重建一套新的价值系统和情感体系，保持国内的稳定和不断发展，这是令人欣喜的。在某些政策方面，其亦对其他国家的历史重建有很强的借鉴意义。

然而，作者并未停留于此，而是看到了卢旺达历史重建中政府主导这一特征，并在此继续做文章。此处，作者指出卢旺达社会内部隐藏的不满和异质性，面对这种变化，卢旺达政府并没有做出充分的反应，而是继续在保持自己执政地位的过程中掌控着整个国家历史重建的过程。而长期的政府高压似乎也带来了反抗，作者担心如此继续只会积累不满而造成下一波灾难。的确，在卢旺达历史重建的过程中，尽管政府起主导作用，但地方民众的创造力和忍让也是重建不可缺少的一部分。因此，当重建已经获得了不小的成绩，政府应当还民众其应有的空间，况且如今的民众已经接受了公众教育，似乎不再是之前的乌合之众。

作为专题的最后一篇，卢旺达大屠杀的历史记忆给我们以信心，当然需要看到的是，卢旺达的问题可以说是各国中较容易处理的，想要理解并重建其他不死的幽灵般的历史，仍需更多努力。

（编译/王静姝）

# 极端右翼是美国真正的恐怖主义威胁

**[编者按]** 2001 年 9 月 11 日，世贸中心双子塔遭恐怖袭击倒塌，几个月后美国发动反恐战争，大兵压境阿富汗。十八年后，美国的恐怖主义威胁是否解除？本文对此有不同的看法。《极端右翼是美国真正的恐怖主义威胁》[1] 一文由彼得·伯根和大卫·斯特曼撰写，发表于 2018 年 10 月 30 日的《外交事务》杂志。彼得·伯根曾供职于 CNN，他因于 1997 年对奥萨马·本·拉登进行电视采访而闻名，这是本·拉登在西方媒体世界的首秀，也被视为其公开向美国宣战的标志。大卫·斯特曼曾任《外交事务》杂志南亚版编辑，对美国本土的恐怖主义与极端主义亦颇有研究。在本文中，作者指出"圣战组织"不再是当今美国社会面临的主要的恐怖主义威胁，相反，一种根植于美国政治生态并由互联网催化的新型恐怖主义威胁正应运而生。近年来的多起暴力袭击体现了这种威胁的破坏力，而美国政府及社会显然尚未做好应对它的准备。

2001 年 9 月 11 日，19 名接受了阿富汗"基地组织"（Qaeda）训练的阿拉伯劫机者，于短短几小时内在美国本土夺走了近 3000 人的生命，这是美国自建国以来伤亡最惨重的恐怖袭击。从那时起，美国人对国土安全和恐怖主义的理解开始重塑。

不幸的是，这种理解越来越与现实脱节。美国人没有认识到，圣战组织

---

〔1〕 Peter Bergen, David Sterman, "The Real Terrorist Threat in America, It's No Longer Jihadist Groups", *Foreign Affairs*, October 30, 2018, https://www.foreignaffairs.com/articles/united-states/2018-10-30/real-terrorist-threat-america，最后访问日期：2019 年 6 月 3 日。

不再是该国面临的主要恐怖主义威胁。"9·11"以后，再无境外组织得以在美国本土发动类似的大规模恐怖袭击。相反，将如今的美国置于险境的恐怖主义威胁是"独狼式"恐怖袭击。美国滋长这些"独狼"的环境包括枪支的泛滥与互联网上日益激化的意识形态冲突等。

就在最近，这种多因的、内生的恐怖威胁变得悲剧性地清晰起来。美国前总统巴拉克·奥巴马、金融家和慈善家乔治·索罗斯，以及总统唐纳德·特朗普的批评者们收到了一系列包裹炸弹。在肯塔基州，一家超市附近发生了枪击案，这场目的在于攻击黑人教堂的扫射造成了2人死亡。周六，一名男子在匹兹堡犹太教堂开枪打死了11人，且枪手曾多次在社交媒体上发表仇视犹太人和难民的言论。

这些袭击表明，这个国家面临的最迫切的恐怖主义威胁主要是国内威胁。美国社会中无处不在的枪支、政治两极分化、以世界末日般的暴力撕裂中东和北非社会的负面国际形象、汹涌的种族主义及民粹主义浪潮，再加上互联网的力量，推动了政治领域的暴力活动。

无论袭击者宣称自身是右翼还是左翼人士、圣战组织支持者还是黑人民族主义者，今天的政治暴力行为都更像是上述意识形态的混合体。在"9·11"之后，这些暴力袭击已经造成了近200人死亡。如果将那些政治诉求不清晰而个体动机更明确的袭击包括在内，死亡人数则远不止于此。以个人动机为主的袭击包括骇人的"非自愿独身者"（Incel）暴力袭击和一系列校园枪击案，"非自愿独身者"泛指自认为由于外界原因而被迫独身的群体，该群体成员的特点是厌恶女性。要解决这些国内威胁需要一个重塑美国社会的进程，且这一进程将涉及社会的方方面面。从现状来看，要完成这一任务比摧毁外国恐怖组织要困难得多。

## 圣战组织（Jihadist）的失败

自"9·11"以来，"基地组织""伊斯兰国"（ISIS）和巴基斯坦"塔利班"（Taliban）等极端组织在美国本土的行动能力明显受限。2010年5月，由巴基斯坦塔利班训练的费萨尔·沙赫扎德（Faisal Shahzad）在纽约广场设置炸弹爆炸未遂，这是该组织在美国本土开展的、最后一次几近成功的袭击行动。

受"伊斯兰国"训练的恐怖主义分子则从未成功地在美国本土开展致命的恐怖袭击。2015 年，在一场由得克萨斯州加兰市举行的宗教漫画竞赛中，因主办方组织参赛者描绘伊斯兰教先知穆罕默德的形象，"伊斯兰国"即策划在这场展览中进行袭击。该事件中的两名袭击者埃尔顿·辛普森（Elton Simpson）和纳迪尔·索菲（Nadir Soofi）都是美国公民，从未去过"伊斯兰国"的训练营。他们在展览中心外朝警卫开枪，然后遭到还击毙命。事后证明，在此次袭击中，"伊斯兰国"通过加密应用程序直接与袭击者通信，并指挥了本次袭击。

当然，继续防范外国恐怖组织是有道理的，因为其威胁袭击美国本土的可能性仍然存在。但是，这种防范之道的关键只是如何管理一个几乎从未失败的反恐机构的问题。

事实上，自"9·11"以来，美国发生的以圣战组织的名义开展的恐怖袭击全都是由美国公民或合法永久居民实施的，这与特朗普对该威胁的理解背道而驰。总统将工作重点放在将假定的外国恐怖分子赶出国土上，从这一层面而言，特朗普的旅行禁令是在解决一个并不存在的问题。

## 新威胁如何不同

圣战组织的确是新型恐怖主义威胁的一部分，但并不是以特朗普和其他许多人相信的方式存在的。威胁主要来自受到圣战意识形态启发，但未受外国恐怖组织训练或直接与外国恐怖组织交流的袭击者。根据追踪政治性暴力的研究机构"新美国"（New America）的报告，自"9·11"事件以来，这些袭击者已在美国造成了 104 人死亡。值得关注的是，"伊斯兰国"于 2014 年开始熟练使用互联网进行线上信息传递，而此后发生了 8 起致命的"圣战行动"（自"9·11"事件以来，如此大规模的"圣战行动"仅 13 起），造成死亡的人数占前述死亡人数的近 3/4。可以说，"伊斯兰国"组织是借助其在社交媒体上的宣传力量组织了在美国本土上的一次又一次袭击，而不是依靠其在叙利亚、伊拉克或者其他冲突地区的训练营和武装力量。

根据"新美国"的研究，在"9·11"事件之后，由诸如种族主义、反政府主义和极端反堕胎思想等启发的极右翼恐怖主义袭击，已经造成了86人死亡。然而，新的威胁不仅限于极右翼分子。2017年6月，来自路易斯安那州的共和党众议员史蒂夫·斯卡利斯（Steve Scalise）在华盛顿附近练习棒球时遭人枪击，他是众议院中排名第三的共和党人，而枪手詹姆斯·哈吉金森（James Hodgkinson）强烈反对总统特朗普的政治观点。同时，在过去的三年中，受黑人民族主义影响的袭击者在两次恐怖袭击中造成了8人死亡。

与此同时，并非完全由传统的政治异见或恐怖主义思想引发的袭击也在增加。2018年4月，袭击者亚历克·米纳辛（Alek Minassian）在多伦多驾驶货车冲上人行道，造成10人死亡。这位袭击者还在社交媒体上模仿"伊斯兰国"袭击者的承诺模式，发表了"自愿独身者起义"（The Incel Rebellion）的言论。事实上，由"自愿独身者"发起的恐怖袭击并非首次。2014年5月，当埃利奥特·罗杰（Elliot Rodger）在加利福尼亚大学圣巴巴拉分校附近通过开枪扫射、车辆冲撞和刀刺的方式造成6人死亡后，就留下了长达百页的"宣言"。多伦多货车袭击案袭击者米纳辛在其"宣言"中还向这位校园枪击案主谋"致敬"。

## 迎接挑战

20世纪70年代，诸如"地下气象组织"（Weather Underground）等自发组织的团体在美国本土实施了数百次爆炸和劫持事件（仅在1975年，该组织就声称为25起爆炸事件负责），如今的美国尚未面临如此大规模的恐怖袭击，但这并不意味着可以放松警惕。近年来，美国发生的许多袭击事件都带来了比以往更惨痛的后果。据反诽谤联盟（Anti-Defamation League）称，匹兹堡枪击事件是美国历史上对犹太人最致命的袭击事件。2016年6月12日，出生于纽约皇后区的奥马尔·马迪恩（Omar Mateen）在奥兰多的Pulse夜店制造了枪击案，造成49人死亡、53人受伤，这是"9·11"以后死亡人数最多的恐怖袭击，而枪手本人被证实曾受恐怖组织"伊斯兰国"的极端思想影响。

新型恐怖主义威胁有逐渐蔓延的风险，不幸的是，特朗普对极右翼恐怖主义视而不见，而他的知名支持者们，如卢·多布斯（Lou Dobbs）和安·库尔特（Ann Coulter）则否认右翼恐怖主义的存在。此外，包括坎迪斯·欧文斯（Candace Owens）与总统的儿子小唐纳德·特朗普（Donald Trump, Jr.）在内的右翼媒体人士和活动家都忙于兜售有关近期袭击事件的阴谋论观点。与此同时，政治活动，特别是右翼政治活动，正在走上更激进的道路。近来，数起由极右翼分子组织的公开游行中出现了暴力，包括去年在夏洛茨维尔举行的"右翼联合"（Unite the Right）示威集会上的严重暴乱，一辆汽车撞入反向示威人群，导致一名白人女性希瑟·海耶（Heather Heyer）遇难。

这种新型恐怖主义威胁无法通过过度关注"圣战主义"这一意识形态来解决。这种威胁根植于复杂的国内政治生态和连接全球的互联网对美国人的影响，旅游禁令显然无法解决这一问题。相反，要积极面对今天的恐怖主义威胁、防止美国乃至世界政治坠入激进主义的深渊，需要强有力的执法和对松散的枪支管制法律所致危险的反思，需要出台政策以规范社交媒体上传播暴力思想的行为，还要借助社区团结（commercial resilience）的力量。

自"9·11"以来，政府在摧毁外国恐怖组织袭击美国本土的能力方面取得了极大的成功。但是，就重建和加强社会有效应对新型恐怖主义威胁的能力而言，美国还有更艰辛的道路要走。

（编译/文玉婷）

# 特朗普如何助长了法西斯右翼势力

[**编者按**]　特朗普就任总统后，排外、民粹、种族主义的阴影挥之不去，甚至在特朗普有意识地包装下愈演愈烈。针对此问题，哥伦比亚大学政治学、法学教授伯纳德·E. 哈科特，于 2018 年 11 月 29 日在《纽约书评》上发表《特朗普如何助长了法西斯右翼势力》[1] 一文，着重分析了特朗普精致的政治话语中蕴含的新右翼立场以及这一政治话语给美国社会带来的灾难，呼吁美国人民要正确地认识并自觉抵制新右翼观点，让社会和国家重回稳定。作者首先介绍了何谓"新右翼"，这是一个包含了战前白人特权、20 世纪的法西斯主义、20 世纪 70 年代欧洲极右运动，以及如今自称为"另类右翼"的反动概念的集合。其次，作者历史地分析了美国"新右翼"如何在欧洲右翼思想的影响下产生流变，"多元文化主义者如何成为现在的种族主义者"。最后，探讨了特朗普如何在新右翼话语的掩饰下变得越来越激进，如何小心翼翼而又技巧娴熟地动员极端分子、鼓舞反革命极端力量，让美国社会面临陷入暴力内乱的危险之中。

特朗普自上台以来，频繁使用"新右翼"话语及蕴含其中的政治逻辑。一方面，在其直接刺激下，白人种族主义势力和极端组织数量急剧增加；另一方面，这些虚伪的政治言辞经过媒体的放大后，煽动了社会不稳定分子实施暴力行为，加剧了社会的危险性。因此，作者认为，美国人民需要正确地认识并反对这种激进的右翼话语，使国家重回稳定的道路。

---

〔1〕　Bernard E. Harcourt, "How Trump Fuels the Fascist Right", *NYR Daily*, November 29, 2018.

## 何谓美国的"新右翼"

"新右翼"是一个包含战前白人特权、20 世纪的法西斯主义、20 世纪 70 年代欧洲极右运动，以及如今自称为"另类右翼"的反动概念的集合，以 20 世纪 60 年代末和 70 年代欧洲极右运动为基础，核心观点是，基督教异性恋白人正受到威胁，传统核心家庭处于危险之中，"西方文明"正在衰落，白人需要重新证明自己。

《公平聆讯：其成员和领导者话语中的权利》（2018）一书旨在为"特殊右翼"群体提供发声渠道，其责任编辑乔治·肖对"另类右翼"的意识形态作出如下概括："那就是白人和其他不同的人群一样，拥有合法的群体利益。"他们的主要目的在于讨探白人保守派不允许讨论的"种族"问题，肖认为，"白人的种族灭绝正在进行中，需要对此负责的是犹太人、穆斯林、左翼分子和非白人"。

## 美国新右翼在欧洲右翼派影响下的流变

美国的新右翼势力大量吸收欧洲右翼思想。得益于如由于史蒂夫·班农（Steve Bannon）的欧洲之行等思想交流和出版物的传播，美国新右翼主义开始成为所谓的"国际民族主义"的一部分。法国新右翼思想家纪尧姆·费耶（Guillaume Faye）在《欧洲新右翼领导宣言》中提出，一个民族的长期活力在于生育，在于其生物学特征和人口更新的维持，在于其健康的道德观点，在于其文化创造力和个性，所以要提防任何可能分散正面抵抗力量的东西。这一极端宗谱主义观点也被美国新右翼吸收。弗里伯格在《真正的权利回归：真正的反对派手册》中则认为，犹太人、同性恋者、穆斯林或其他少数族裔构成了漠视欧洲本土人口利益和欧洲传统价值观的群体。

欧洲右翼的核心观点是主张反种族主义，甚至是多元文化本身。作者认为，所谓的反种族主义本质上依然是一种种族主义，因为它鼓励"欧洲身份的瓦解"和"欧洲社会的多元种族化"。这一论点被迅速地纳入到美国新右翼语录——"多样性和多元文化主义最终并没有丰富白人的生活，反而使白人社会更贫穷、更危险，最终会使白人无法生活"。在美国新右翼的话语逻辑下，种族成为"在生活的各个方面用来对付［白人］的武器"，为了打击这种"双重标准"，必须允许白人"有权利追求自己独特的命运，不受大量与自己不同的人的拥抱"。

作者指出，这种所谓的基于性别或种族的群体权利，是对宪法所规定的个人人权和自然法理念的直接攻击。美国国家安全委员会战略规划办公室成员里奇·希金斯（Rich Higgins）在《总统与政治战争》（*POTUS & Political Warfare*）一书中也表达了类似观点："'跨性别认知'模因是在最基本的层面上对一个人进行攻击，它剥夺一个人宣布自己性别的生理事实的权利。"

## 新右翼话语定义下的美国总统

作者指出，特朗普绝非一位娱乐者或者小丑。相反，他小心翼翼且技巧娴熟地运用民粹主义者的原话与他们交流，将新右翼的观点包装在自己的政治言辞中，不经意地发布给民众。在作者看来，特朗普之所以能成为美国总统，很大程度上也是由于白人至上主义的国内基础以及日益加强的全球极右运动的助力。

诸如，在采访和记者招待会上，特朗普频繁使用"全球主义者"这个词来形容加里·科恩这样的犹太顾问或科赫兄弟那样的共和党反对派。作者指出，这是典型的明知故犯的反犹太诽谤。此外，特朗普还自称为"民族主义者"，向全国各地的白人民族主义者伸出援助之手，顶着穆斯林禁令的压力直接和《什么是"政治正确"》的作者威廉·林德这类极右人员对话。正如作者前文所述，无论是"全球主义者"还是"民族主义者"，本质上都是右翼话语逻辑下白人至上主义的"漂亮糖衣"。

特朗普深知语言的力量，他有条不紊地以包装精致的政治话语进行口头攻击，给他封闭边境、本土主义、社会排斥和惩罚性过度的政治计划煽风点火。例如，在夏洛茨维尔"右翼联合"集会的惨案中，或者在针对管道爆炸案嫌疑人的行动中，他刻意保持沉默，没有谴责右翼暴力分子塞萨尔·萨亚克。上述种种都在证明，一种新的右翼话语正在重新定义美国总统，并在新法西斯主义、白人至上主义、极端民族主义和反革命这类更加庞大的政治形态的掩饰之下，日益走向极端化的悬崖边缘。

在特朗普的煽动下，美国新右翼正在危险地极化，但美国民众对于特朗普如何精心策划、有意鼓励和动员极端分子，将这群人作为获得关键政治选区的中坚力量一直缺乏足够的关注。美国人民应该认识到，特朗普不仅仅是在对白人民族主义者和白人至上主义者"吹狗哨"，他正在通过社会学家所说的"有脚本的暴力"煽动极端分子和反革命力量。如果美国人民不尽快采取行动，我们就有可能陷入威权主义的恶性循环或者暴力内乱的漩涡之中。

（编译/龚玲）

# 另类右派的欧洲根源

[**编者按**]　在 2016 年前，另类右派还只是一场仅限于互联网的小众运动，甚至没有一个清晰的定义。人们一度将其用来指代特朗普的整个右翼民粹主义基本盘，此后其本质才逐渐明晰：另类右派是一场聚焦于白人身份政治、淡化其他议题的白人民族主义运动。有观点认为，另类右派不过是美国政治中古老的种族主义张力的最新迭代，但亚拉巴马州立大学政治学系副教授乔治·霍利发表于《外交事务》上的文章《另类右派的欧洲根源》却主张，另类右派在意识形态上的目标是同美国种族主义运动的历史决裂，从而在欧洲右翼的思想资源与策略中寻找供自身发展的能量。[1] 这种观点，不仅对美国右翼势力的内在发展逻辑进行了深刻分析，而且还将特朗普大选胜利后的美国政治与欧洲局势相结合，为读者了解世界政局提供了一种更为动态、新颖的角度。

## 另类右派：小众势力的借风使船

在 2016 年美国大选期间，一个极度边缘化的小型右翼运动将自身卷入了全国性政治讨论之中，并使主流记住了它的名字："另类右派"（alt-right）。这个前几年还只活跃在互联网上的现象，如今却因特朗普的当选而全国闻名。

---

〔1〕　George Hawley, "The European Roots of the Alt-Right", *Foreign Affairs*, October 2017, https://www.foreignaffairs.com/articles/europe/2017-10-27/european-roots-alt-right, 最后访问日期：2019 年 5 月 25 日。

连特朗普的前任首席战略师史蒂芬·班农都一度将自己的网站 Breibart 称作"一个为另类右翼打造的平台"。

事实上，这个派别在前几年连定义都是含混的。2016 年，另类右派曾被用来指代特朗普的整个右翼民粹主义基本盘。随着时间推移，其本质才逐渐明晰：另类右派是一场聚焦于白人身份政治、淡化其他议题的白人民族主义运动。有观点认为，另类右派不过是美国政治中古老的种族主义张力的最新迭代，但亚拉巴马州立大学政治学系副教授乔治·霍利却主张，另类右派在意识形态上的目标是同美国种族主义运动的历史决裂，转向欧洲右翼寻求思想资源和策略。

2017 年 8 月，在弗吉尼亚州夏洛茨维尔的一场另类右派的集会中，一名抗议者被杀、数十人受伤的新闻，将这个群体霎时推向了风口浪尖。但公众对其了解依旧微乎其微。有人提出，另类右派不过是美国政治中原有的种族主义压力的翻新。实际上，另类右派的终极愿景——一个种族同质化的白人国家，的确与三 K 党、雅利安国与民族联盟等早先存在的群体很相似。但它却在风格与实质内容方面以新颖且独特来自我标榜，它不仅试图将自身同无效的暴力与被戏称为"白人民族主义"的盛景相区分，还更偏向于瞄准社交媒体与在线留言板上玩世不恭的千禧一代。同时，在思想上，这场运动代表了对过去美国种族主义运动的突破，并非源自美国历史，而是与欧洲极右翼思想与战略一脉相承。

霍利教授指出，所有关于另类右派的知识要素都需要澄清一点。另类右派不是一场高雅、精致的学术运动，而是一群信奉白人民族主义巨魔的线上暴徒。但其思想并非毫无哲学基础。首先，它依靠的是尼采拒绝民主与平等主义的思想，另类右派正在思想领域进行斗争（有时还会获胜），若想成功打击它，就需要知道这些思想究竟是什么。

## 取法欧洲：新右派理论的激励

美国历来不缺少种族主义的理论家与知识分子，而这些另类右派的名人，时常会被那些所谓的欧洲新右派理论激励。这个出现于 20 世纪 60 年代法国的派别，迎着激进的左翼高潮而生，彼时整个国家都已陷入了革命边缘。而一个叫作阿兰·德·贝诺斯（Alian de Benoist）的年轻右翼人士却领导着一拨人组成了欧洲文明研究组（GRECE），试图为一个拒绝自由主义、共产主义和过度法西斯主义的新政治秩序提供哲学基础。

欧洲新右派从一开始就是一个不同寻常的思想融合地。即便拒绝了法西斯主义与纳粹主义，但它依然从这两种主义的知识源泉中攫取了不少灵感。看看那些对其影响至深的保守革命作家就知道了：法律理论家卡尔·施密特（Carl Schmitt）与历史学家阿图·莫勒·凡·登·布鲁克（Arthur Moeller van den Bruck）。新右派的目的在于，为欧洲寻找出一条既不同于苏俄的共产主义，也不同于英美的自由主义的道路。它也曾考虑过，但最终拒绝了一个基于公然的种族主义的政治。相反，这场运动将其论点置于文化之中。霍利教授总结道，欧洲新右派的思想家们拒绝了这样的观点：人人都是可以普遍互换及定位的，主张每一个独立的个体都会从一个特定的文化视镜打量世界，即每一个身份中非常重要的组成部分就是其所继承的文化。他们进一步论证了所有文化都有"保留差异的权利"，或者保留他们主权和文化身份、免于全球资本主义与多元文化主义所带来的同质化影响的权利。文化对于其身份维护的权利反过来也隐喻了他们同时享有的另一重权利——排斥或驱逐威胁到其凝聚力与连续性的族群与思想。

新右派对于平等主义的拒绝与它麾下的极右主义先驱知识分子们，足以清晰地表明其右翼倾向。但其同时也会采纳左翼理论与修辞，比如新左翼反对全球资本主义的做法，并从反殖民主义运动中借鉴了有关文化特殊性的论证，如欧洲殖民项目是一个错误，美国正试图将世界的每一个角落都"美国化"，摧毁着一路上所有独特的文化。

然而，这场运动的批评者们声称，其政治只不过是法西斯的品牌重塑。无论其哲学基础如何，欧洲新右派对于移民和多元文化主义的敌意实质上与其他更明确的种族主义极右运动相比十分相似。同时，来自右派的批评也不绝如缕，如纪尧姆·费耶（Guillaume Faye）就认为，欧洲新右派对于差异高尚且普遍化的说辞是虚假的。他指出，抽象的形而上政治是为了说服精英、改变文化，但21世纪白种人的比例在稳定下降，欧洲人已经没有时间再等待文化景观的改变了，相反，实用政治必须从今天起步。

## 日益相似：不可忽略的危险性

可以想象，欧洲新右派自诞生之日起就鲜有在除法国和其他欧洲以外的国家引起轰动，尤其缺乏来自美国右翼势力的关注，因为其几乎拒绝了美国保守派的每一个因素，包括资本主义、基督教以及对美国国际霸权的支持。同时，语言因素也不可忽视。然而，在过去的十年中，欧洲新右派的观点在美国日益广为人知，这很大程度上归功于美国极右翼中有影响力的人物对这场运动的发觉。美国主流保守主义的合法性衰落，推动了人们对于右翼思想替代品的寻找，来取代日益被人们认作是僵化与抱残守缺的思想观念。取自欧洲新右派的思想观念，对于那些希望为粗暴的种族主义态度加上理智光芒的人来说也是作用深远的。

在霍利教授看来，欧洲极右势力对美国同行的影响力，目前已经超出了政治理论的范围。它借鉴了欧洲极右翼倡导的激进主义策略，并在日益转向所谓的快闪族，即支持者们迅速地集合，宣布他们的信息，并在反对抗议者集合之前消散——这正是一种欧洲身份运动多年来热衷的手段。最后，霍利教授倡导，人们应当正视这些日益增长的相似性的意义，即便不会形成一场联合的、全球的极右运动，大西洋两岸的激进右派成员日益善于借鉴彼此的思想、学习成败经验的特点是不可被忽略的。那些研究这些现象的人必须秉持着一个国际视角，如果一个右翼的思想、策略或基因在某一个情景下被证实是成功的，那么它也可能出现在其他情景中。

（编译/李雪妍）

# 亨廷顿的思想遗产

[**编者按**]　塞缪尔·亨廷顿（Samuel Huntington）和弗朗西斯·福山都是当代西方政治学理论的代表人物。在塞缪尔·亨廷顿所著《文明的冲突》（Clash of Civilizations）一书出版二十五周年之际，美国著名日裔政治学家弗朗西斯·福山撰写了《亨廷顿的思想遗产》[1]一文作为纪念，并于 2018 年 8 月 27 日发表在《美国利益》杂志。福山首先肯定了亨廷顿的突出贡献，认同其关于民主衰退的现象分析；但也指出，亨廷顿的理论在很多方面并不符合当今现实。相对于亨廷顿用"文化"来描述当代世界，福山认为，用"身份"进行表述更为恰当；相对于亨廷顿对质疑自由民主并不是普世价值，现代化也不只是基于西方价值观，福山认为宏观来看世界的发展历程是相似的，社会组织形式具有普遍性。然而，亨廷顿的伟大之处，并不一定在于他所论断的一切都是正确的，而是在于后来者将其许多重要思想概念化，并引发了持续的思考与讨论。

在过去的二十多年里，在无数国际关系概论课程上，塞缪尔·亨廷顿的大作《文明的冲突》，都被拿来与福山所著的《历史的终结与最后的人》相比较。在本文中，福山针对彼此的不同观点进行了讨论。

---

〔1〕　Francis Fukuyama, "Huntington's Legacy", *American Interest*, August 27, 2018, https://www.the-american-interest.com/2018/08/27/huntingtons-legacy/, 最后访问日期：2019 年 5 月 26 日。

## 民主是否衰退

当今世界并没有像上一代那样，正在与自由民主政府融为一体。亨廷顿观察到，第三波民主化浪潮使民选政府国家增多。但是，自此以后，这波民主化浪潮开始逆转，拉里·戴蒙德（Larry Diamond）称其为民主的衰退。[1] 民主国家的数量和质量发生了重大变化，并且由于民粹主义勃兴的影响，其政治制度的自由支柱也受到威胁。

在 20 世纪政治的工业化背景下，左翼意识形态的分裂主要由围绕资本和劳动力的有关经济力量的问题所界定，而在当前，有了越来越多基于身份问题的政治派别，其中许多问题更多地是由文化而不是由狭义经济学来界定的。这种转变不利于自由民主的机体健康，其功能失调的头号范例正是美国：唐纳德·特朗普的崛起，对美国政治的制衡机制造成了严重威胁。

西方国家当前经济衰退的原因显而易见：民粹主义受全球化的不平等影响驱动；大量移民跨越国境，挑战了传统民族认同观念，引起了文化反抗。在目前的讨论中，没有人能够确定，当前民主的衰退是将会演变成一场全面衰退，标志着全球政治向某种替代政体类型的根本性转变，还是更像一场将会触底反弹的股市调整。然而，有很多理由怀疑这些力量是否足够强大，以至于最终能够克服导致世界在经济和政治体制方面进一步趋同的因素，或者导致与 20 世纪初规模相当的严重的地缘政治冲突。毕竟，民主国家具有纠错机制，在经济正在增长的国家中，作为民粹主义支持核心的农村、受教育程度较低的部分人口正处于长期衰败状态。然而，在这一点上，这种断言不过是猜测而已。

## 共同的主题：文化

亨廷顿后期著作都有一个共同的主题：文化。这不仅仅体现在其《文明

---

〔1〕 Diamond, "Facing Up to the Democratic Recession", *Journal of Democracy*, January 2015.

的冲突》一书中。亨廷顿认为，文化在很大程度上塑造了人们的政治行为，而这些文化定义的偏好，在社会经济现代化面前是持久的，最终将超越现代经济学界定的理性利己主义。但是，这里也存在一个文化上的争议：根据亨廷顿的观点，民主化浪潮并不是基于对一系列关于民主的普世价值的广泛接受，而是基于拉丁美洲和欧洲新兴民主国家的基督教传统，实际上，通常是天主教的文化背景。

正如福山在评论亨廷顿著作时所指出的那样，亨廷顿关于文化的总体论述无疑是正确的。在《我们是谁?》一书中，亨廷顿认为，北美的"盎格鲁—新教徒"定居者为这个国家的成功做出了贡献，但并不是因为其种族，而是因为其文化价值观，包括新教伦理、洛克式个人主义信念、对国家集权的不信任等。这些文化价值观已经脱离了特定的族群根源，成为所有美国人的共同价值观。

然而，除了其"文化是政治行为的持久性决定因素"这一观点应该得到充分肯定之外，亨廷顿在其《文明的冲突》一书中的许多观点也存在问题，比如，"文化最终植根于宗教"与"广泛的宗教信仰而非更具体的身份，将会构成未来的世界秩序"这两个观点。

亨廷顿的认识远远领先于当代大多数观察家，他指出，在当代政治中，宗教的回归是一种新兴力量，但是，当代世界对身份认同的论断是基于许多其他类型的群体团结，宗教只是其中之一。宗教可能存在于欧洲和美国新民粹主义运动的背景之下，但是，它们也受到大量旧式民族主义以及种族、民族、经济不平等和共同历史记忆等因素的影响。

亨廷顿对未来全球秩序的性质有一些非常具体的判断，这些判断在当前的历史节点上很容易被忽视。他并不是简单地说不同文化群体会发生冲突，而是说旧的意识形态分歧，将会让位于由六七个大的宗教文明构成的世界秩序。这些文明单位内部的团结程度将超越文明界限，以至于开始表现得像 19世纪的传统帝国一样，各自结成相互对立的联盟。

作者在《文明的冲突》一书刚问世时就指出，唯一一种以文明冲突的方式进行思考的文化是伊斯兰世界。在西方，除了帕特·布坎南（Pat Buchanan）这样的少数民粹主义者之外，没有人仍然把西方视为"基督教世界"，而不是建立在自由启蒙价值观之上的文明。

## 身份概念而非文化概念是对当代政治的更好表达

理解当代政治的更好方式或许是通过身份概念，而不是基于宗教文化或文明。身份是一种现代概念，它产生于这样一种信念，即每个人都隐含着一个内在自我，其尊严往往被周边社会忽视，甚至受到鄙视。身份政治的核心不是对物质、商品或资源的需求，而是对个人的种族、宗教、民族尊严甚至其个性的认可。

事实上，对有关身份认同心理的深入研究发现，很多被贴上宗教极端主义标签的东西，实际上并不是由宗教信仰本身所驱动，可能只是意味着个人的虔诚和对特定教义的承诺。甚至，宗教只是一种手段，通过建立民族身份认同进行政治动员。因此，从身份认同的角度而非宗教文化的角度来观察同样的现象，更加符合当前现实。亨廷顿认为，文明正在以牺牲民族为代价变得更有凝聚力；社会融合正在发生，但却是在跨国文化层面上进行。在福山看来，事实恰恰相反：不同的身份认同要求，往往会将社会分裂成越来越小的各种身份群体。

美国是身份认同的突出典型，却导致了无休止的纷争，而非各个文化群体的团结。在 20 世纪 60 年代的社会运动之后，身份认同政治在美国发展蔓延。在这场运动中，非裔美国人、妇女、残疾人、土著美国人、男同性恋者、女同性恋者，都认为自己受到了各种形式的歧视和边缘化，而交叉重叠的边缘化类别又不断促使全新身份的产生。

相对于亨廷顿的文化概念，身份概念是对当代政治的一个更好的表述，因为它既是社会建构的，也是可讨论的，正如目前关于美国民族身份认同的讨论所表明的那样。相比之下，亨廷顿所说的文化是固定的，几乎不可能改变。身份既不是与生俱来，也不是古已有之。基于民族或宗教概念的现代身份，是由政治活动人士为特定目的而创造的，并可能因为政治斗争结果的变化而被其他身份取代。

因此，尽管文化确实很重要，亨廷顿的理论实际上在很多方面并不符合当前现实。西方民主国家内部在民族认同问题上有诸多分歧。同样，在世界其他地区，文明冲突是政治分裂的诸多表象之一。唯一的抗衡力量，是像中国和俄罗斯这样的强大国家，而不是基于共同文化价值观的跨国实体。

## 现代化是否只基于西方价值观

亨廷顿在《文明的冲突》及有关著作中提出的最重要的观点，与普世价值问题有关，目前仍争议重重。亨廷顿不相信普世价值的存在。在他看来，世界上每一种伟大的文明都是围绕一系列共同价值观而建立的，这些价值观具有其复杂的历史背景，并自成一体。

亨廷顿特别指出，自由民主并不具有普世价值。它源自西方经验，在很大程度上植根于欧洲的基督教历史。因此，并无充分理由认定自由民主价值观将会在世界其他不同文化区域生根发芽、开枝散叶。民主价值观之所以扩散到日本或韩国等地，是由于美国政治、军事和经济实力的影响；但是，如果这种力量相对于其他文明的力量有所下降，民主思想的吸引力也会随之减弱。

但作者主张普世价值，并认为社会组织形式具有普遍性，能够对处于相同发展水平的不同社会功能需求作出回应。虽然现代化在某些方面并不是由文化所决定的，但却是一个连续不断的过程，而如果从宏观角度观察人类历史，就会看到人类社会组织的长期演进，经过了不同阶段：从以狩猎采集为主的群体，到部落形式的组织，到具有国家级政治组织的定居农业社会，再到高度复杂的国家治理的大型城市—工业化社会。这些不同的阶段，在世界各地不同的地理、气候和文化条件下都曾经出现过。

亨廷顿提出的长期悬而未决的问题是：根深蒂固的文化价值观，是否会遥遥无期地阻碍某些社会的现代化进程？如果这些社会实现现代化，它们在政治制度上会趋于一致吗？这些问题尚无定论。数十年来，西方社会一直认为，现代化只能建立在西方价值观基础之上，但是，东亚的崛起却否定了这一观点。如果东亚成为富裕的高科技社会，人们要求更多政治参与的可能性，这也许是判断政权类型具有趋同可能性的理由。

（编译/吴彤）

# 部落主义和娇惯的美国心灵

[**编者按**] 《部落主义下的美国》[1] 是安德鲁·苏利文对乔纳森·海蒂特 (Jonathan Haidt) 和格雷格·卢金诺夫 (Greg Lukianoff) 的《娇惯的美国心灵》(The Coddling of the American Mind) 一书的评介，书中阐述了美国当今社会盛行的部落主义的发展现状，在部落主义盛行的社会，每一次冲突都被部落主义者用来进一步对社会大众进行刺激和分化。部落主义下社会氛围紧张的原因在于全球化的赢家和输家之间的脱节和社交媒体即时的动员、持续的刺激和匿名条件。而代际转移更是加剧了这一趋势，iGen 一代在文化变革的影响下使部落身份最大化。最后作者以书中引言中马丁·路德·金的一句话作结，指出包容是消融部落主义的方法。

## 部落主义的产生与现实表现

乔纳森·海蒂特和格雷格·卢金诺夫在《娇惯的美国心灵》中注意到人类是在基因上就具有部落战争性，从婴儿时期开始，就本能地将世界分为内群体和外群体。就像拉比乔纳森·萨克斯 (Jonathan Sacks) 所说的那样，智人本能地将世界从根本上"分为无可指责的好和无可救药的坏"。部落本能是我们有部落领袖的原因，而这个领袖反过来加强了他的支持者和反对者的部落

---

[1] Andrew Sullivan, "America Land of Brutal Binaries", *Interesting Times*, September 21, 2018, 载 http://nymag.com/intelligencer/2018/09/andrew-sullivan-america-land-of-brutal-binaries.html? gtm=top&gtm=bottom，最后访问日期：2019 年 5 月 30 日。

主义。正是这种对内群体和外群体反射性的、低级原始的分类，如今被社交媒体、特朗普可怕的身份政治、校园文化和企业文化推动，营造出一种社会中似乎只有两种不可改变的类别的假象：压迫者和被压迫者；精英全球主义者或正派的"普通人"。人们必须选择一个阵营，否则就会变成当前讨论的局外人。

过了一段时间，部落主义最原始的触发点——种族、宗教信仰（或缺乏宗教信仰）、性别、性取向——主宰了公共空间。正如新网站 Quillette 的创始编辑克莱尔莱曼（Claire Lehmann）所言："左派觉醒者有自己的道德等级制度，其中白人男性居于最底层。另类右翼的道德等级则将白人男性置于顶端。"中期选举与医疗、行政权力或宪法准则无关（尽管所有这些都将受到威胁）。它们主要是关于你属于哪个部落，并且这些部落越来越多地按种族和性别分类。各方目前正在尽其所能最大限度地扩大这些部落冲突，以寻求权力。这不是自由民主。

部落主义盛行使社会中充满了两极分化的紧张氛围，在这种两极分化的环境下，从非种族的角度来处理每一桩丑闻的细节和复杂状况几乎是不可能的。每一刻的冲突都在进一步刺激和分化着我们，就像一个无休止地循环着怨恨、正义和复仇的循环。部落主义毁掉了理性。

最近，被提名为最高法院大法官的布雷特·卡瓦诺（Brett Kavanaugh）被可靠指控在其十几岁时曾犯性侵罪，这一事件恰恰印证了《娇惯的美国心灵》一书的观点。在两极分化的社会中，对于卡瓦诺，只有两种评价，他要么是司法和道德的完美典范，要么是一个意图摧毁和控制所有女性生活的撒谎的强奸犯。

无独有偶，伊恩·布鲁玛（Ian Buruma）发表了一篇关于一名遭受 23 项独立性虐待指控但却洗清了所有嫌疑的男子的文章，这篇有争议的文章使他丢掉了《纽约书评》的编辑工作。因为一次判断失误，布鲁玛现在受到的惩罚与一个怪诞的连环施暴者——莱斯·穆维斯（Les Moonves）的一样。

在这样一场内战中，最高法院无法发挥其应有的作用——以非部落的方式解释法律，因为它需要参议员之间的某些共识，而这被双方都认为是邪恶的同谋。在部落主义情绪的支配下，双重标准同样令人窒息。前最高法院书记员埃德·韦兰（Ed Whelan）在推特上大放厥词，他指出仅仅因为一个（犯罪）规划就把一个中学老师说成是"真正的"攻击者，这是难以置信的鲁莽和邪恶。韦兰先是冠冕堂皇地表示，任何人都不应该在没有证据的情况下被指控强奸未遂，因为这将永远玷污了被指控者的声誉，接着他就在同样拿不出任何证据的情况下指认其他人是罪魁祸首。双重标准的部落主义就是这样摧毁思想和理性的。

## 部落主义激化的原因

虽然暴民和部落一直与我们同在，但是海蒂特和卢金诺夫提出了目前的紧张氛围突然变得浓烈的各种具体原因。煽动者利用了全球化的赢家和输家之间存在的严重脱节。社交媒体给了大量的虚拟人群即时的动员、持续的刺激。另外，最为重要的是匿名这一便利条件。匿名使街头暴徒可以隐藏自己的身份，同时他们实施暴力和攻击性行为的能力被迅速激发。

海蒂特和卢金诺夫对代际转移如何加剧了这一趋势尤其敏感。他们的假设是，iGen 一代（出生于 20 世纪 90 年代中后期）的成员就是在这种环境下长大的，目的是使部落身份最大化。在海蒂特和卢金诺夫看来，iGen 一代被告知，安全远比暴露于未知更重要，他们应该永远相信自己的感觉，生活是好人和坏人之间的斗争。这会使他们变得幼稚、情绪化、部落化。这些孩子被剥夺了自由，没有面对危险和独立克服危险的经验，他们一直被监控着。他们的父母年龄较大，兄弟姐妹较少。历史上最安全的一代也成为最焦虑、最沮丧、最容易自杀的一代是有原因的。并不是因为他们脑子里都有偏见和歧视，而是他们没有能力正确地看待这些问题。因此，他们不再像学生们过去所做的那样反抗权威，而是把权威当作安全毯一样紧紧抓住，恳求他们像父母一样保护自己。

这就是文化变革的感觉。由上层赋予合法性，由下层强制执行。支持革命、庆祝革命、执行革命、证明自己的声望就变得很有必要。太吹毛求疵的人将会是下一个被斩首的人。当人总是处于危险之中时，就不存在限制性原则。

我们生活在一个悖论中。我们的社会比以往任何时候的犯罪和危险都更少，然而威胁却随处可见。与人类历史上的任何社会相比，当今社会在种族和文化上都变得更加多样化，但却被"白人至上主义者"或"成群结队的非法移民"困扰。男同性恋者、女同性恋者和变性人生活在一个对当今绝大多数人以及五年前的人来说不可想象的世界里，然而我们的领导人却告诉我们，我们正"被包围"。当女性在我们的经济和文化生活中表现出色时，当她们取得了为前辈们所认同的非同寻常的成功时，她们的反应是愤怒，是极其愤怒！海蒂特和卢金诺夫认为，这种心态与临床上的抑郁情绪非常相似，会让人小题大做，偏执多疑，无法理性处理受害者情绪，并反而使其不断升级。他们认为，我们整个社会都需要一个良好的认知行为治疗来控制我们的情绪，而不是持续不断地提高部落狂热。但是个体能动性是部落最不想要的。他们想让你陷入一种集体的受害者心态，并且不断恶性循环。

## 部落主义的化解

虽然没有人可以摆脱部落主义的本能，但是在海蒂特和卢金诺夫的书中，却引用了一句几乎完全颠倒了当今政治对话的话以提出部落主义的化解之道。马丁·路德·金曾说："当我的兄弟们试图画一个圈来排斥我时，我会画一个更大的圈来包容他们。"更多的包容让事情变得更好。这也是我们赢得我们这一代人最大的民权胜利——婚姻平等的方法。我们通过画越来越大的圈来做到这一点，通过把对方视为真诚的辩论者，呼吁共同的人性，呼吁我们作为公民的共同之处，而不是作为部落成员的分歧。

（编译/蒋雨璇）

# 美国因种族问题分裂为两块领土

[**编者按**]　枪击事件和暴力示威一直是影响美国社会秩序稳定
的顽疾，持续撕裂着美国的社会秩序和自由民主制度。2017 年，美
国自由派政治评论员克里斯·海耶斯在《名利场》杂志撰文，他从
近年来最严重的弗格森暴乱[1]入手，分析了 20 世纪 60 年代民权运
动以来的美国少数族裔的处境及其对于美国的影响。[2]作者指出，
美国已在事实上分裂为两块领土——殖民地和真正的国家。国家之
中有我们所熟知的法律保护之下的自由民主制，然而在殖民地中，
却是白人对黑人施加的血腥镇压和难以遏制的暴力活动。如果这种
分裂持续下去，边缘区域的暴力最终会危及中心地带的和平与自由。

　　1968 年，尼克松总统在共和党代表大会上发言提倡"法律与秩序"，半
个世纪后，另一位共和党总统（指特朗普总统）发表了相似的演说，但作者
认为，这并非尼克松演讲最重要的主题。彼时的美国刚刚通过了民权法案
（《1964 年民权法》，Civil Rights Act of 1964），全美各大城市的抗议声此起彼伏，
尼克松总统不得不承认黑人对平等的诉求，并在纸面上给予他们应得的权利。
他说道："让我们一起来搭建桥梁，在分裂美国黑人和白人的鸿沟之间搭建人
类尊严之桥。美国黑人和美国白人一样不需要更多助长依赖的政府项目（指

---

　　〔1〕　弗格森暴乱：指密苏里州弗格森市 2014 年 11 月黑人迈克尔·布朗（Michael Brown）被白
人警察射杀之后发生的抗议活动。
　　〔2〕　Chris Hayes, Vanity Fair, "How America Became A Colonial Leader In Its Own Cities", March
2017, https：//www.vanityfair.com/news/2017/03/how-america-became-a-colonial-ruler-in-its-own-cit-
ies, 最后访问日期：2019 年 5 月 26 日。

政府救济）。他们不想成为国家领土内的一块殖民地。"在他的描述中，生活在"国家领土内的一块殖民地"的平民沦落为领取政府救济的人，而非积极谋求自身生计的公民。

尼克松所说的"美国黑人不想成为国家领土内的一块殖民地"当然是正确的，但他的话一语成谶，在这次演讲过去半个多世纪后，美国建立起了尼克松所说的真正意义上的国家中的殖民地，而且不仅仅是对于黑人，也覆盖了其他少数族裔。顾名思义，殖民地是一片没有真正自由的领土，一个借由外部控制而非内部控制来维持的地方。在这里，法律是控制的工具，而不是繁荣的保障。这里的政治体系以刑事司法为中心，经过长期运作，这个体制越来越像美国国父们所继承并拒绝的那个体制，尽管他们曾经为了打碎这一政治体系而流血牺牲。

美国的刑事司法制度并不是种族对立严重的一整套制度，而是存在着两套截然不同的制度。一套（国家）是民主国家中通常具备的警察制度，另一套（殖民地）是只有在殖民地才可能见到的警察制度。警察制度是国家极其重要也极其危险的一项功能。独裁国家利用警察制度实行恐怖统治，但是同样令人不寒而栗的事实是美国人民却通过民主手段建立起了一种殖民制度：美国人民用投票做出了镇压同胞的决定，选举出了承诺阻止全体人民共享自由果实的领导人。由此，多数美国人将少数美国人置于锁链与镣铐之下。

描写美国大规模监禁的杰作《新种族隔离》（The New Jim Crow）的作者米歇尔·亚历山大（Michelle Alexander）认为我们的时代依然与从前白人至上与压迫黑人的时代别无二致。20世纪60年代的种族隔离在法律上终结了，但又随着大规模监禁的施行而复活。最近几年发生的弗格森暴动和弗莱迪案证实了她的观点。

弗格森暴动由白人警察射杀黑人青年迈克尔·布朗一事所引发，事发地是实行种族隔离的纯白人社区，周围的村庄都是有名的"日落小镇"，即警察确保日落之后黑人不在这里逗留或过夜的小镇。这里的政治制度黑白分明：居民以黑人为主，但白人把持着实权。从市长到市政执行官都是白人，只有一名校董是黑人，市议会成员中也只有一名黑人。警察局长是白人，53名警员中只有3名是黑人。

八个月后发生在巴尔的摩市的黑人青年弗莱迪·格雷（Freddie Gray）之死事件却与弗格森暴动迥然不同。如果弗格森暴动是因为黑人缺乏政治权力，但弗莱迪案却不是，至少看上去不是。巴尔的摩市有黑人议员、黑人市长、一个黑人掌权的议会、一支黑人律师团队，以及多样化种族构成的警察部队。如果弗格森市看起来像种族隔离，那么巴尔的摩则是另外一回事。过去的种族隔离由两套压迫制度构成：一方面，在公共和私人领域禁止黑人享有社会经济平等，另一方面，在制度上剥夺黑人的政治权利，确保黑人没有民主代表。后来，民权法和选举权法终结了法律上的种族隔离制度，为黑人选出的政治力量创造了法律条件（如黑人众议院议员、黑人市长、黑人城市议会议员、黑人警长、甚至少数黑人参议员和一位黑人总统）。但是这种权力十分有限，并且在部分地区异化为一种几个世纪前的殖民政治手段：吸收殖民地精英进入政府权力机构，同时保留被殖民对象。

黑人如今的确拥有了更多的政治权利，但黑人们却感觉比以往任何时候都危险。黑人可以在这个国家生存发展，但他们永远成不了真正的公民。警棍的威胁高悬在他们头上，即使是一位著名的研究非洲与美国黑人的哈佛教授，也会在哈佛大学校园里突然被戴上了手铐，仅仅因为有人怀疑他是盗窃犯。

种族划分了国家和殖民地的界限，但是种族本身是一个多变的概念。白人身份是个虚幻的概念，但却能带来巨大的利益。黑人身份是个多变的词语，却能够真实地取人性命。在国家中，你有权利；在殖民地中，你只有被命令的份儿。由于美国的种族分类始终处于变化、消失和重现的过程中，殖民地和国家的界限也就始终在变化着。在许多地区，二者的界限在每个街区都不同，只有居住在其中的居民才知晓这道微妙的界限。

被射杀的迈克尔·布朗所居住的弗格森市的某街区是一片低矮的公寓，紧挨着八区，住在这里的共和党人市长詹姆斯·诺尔斯表示这里一直是"一个问题"，这片街区就是作者所说的殖民地。两英里外的农贸市场，即布朗被射杀的时候市长所在的地方，属于国家。克利夫兰市西部，12岁的塔米尔·莱斯曾在这里的一个公园玩耍时被射杀，属于殖民地。巴尔的摩市西部，弗莱迪·格雷死去的地方，属于殖民地。芝加哥市南部，拉奎因·麦克唐纳曾在这里被射杀，也属于殖民地。

这是一种后民权运动时代的社会秩序，这种秩序不再把去种族隔离当作首要任务，转而采取了一种事实上的种族隔离政策，国家被区分为"好社区"和"坏社区"、"好学校"和"坏学校"、"内城"和"卧室社区"。这一切都不是偶然的，而是一系列政策长期实施的结果：从联邦住房指导方针，房地产经销商到数万校董、小镇议会、业主联合会做出的划分国家和殖民地的决定，每一个政策都参与塑造了这个社会秩序。

在殖民地中，暴力潜伏在各个地方，违反规则将是致命的。桑德拉·布兰德，一位在得州监狱中死去的 28 岁黑人女性，曾经因为在变换车道时没有开信号灯而被逼停。沃特·斯科特，一位在躲避北查尔斯顿警官追击时被射中背部的 50 岁黑人男性，因为三个刹车灯中的一个没有亮而被警官逼停。弗莱迪·格雷，仅仅是因为和一位警察进行了眼神接触而被迫奔逃。

在国家之中，刑事司法系统就像平板电脑的操作系统一样，在后台安静地运转着，从事着其所必要的工作以确保居民们可以过上正常而有效率的生活。在殖民地中，刑事司法系统像电脑病毒一样运作，它不时出现在居民面前，在他们最不方便的时候扰乱他们的正常生活，而且这种叨扰是有规律的，介入成了常态。

在国家中有法律；而在殖民地中，只有对于秩序的恐惧。在国家中，公民请求警察保护他们；在殖民地中，被殖民对象逃离警察的追捕，警察给予他们的是迫害。在国家中，你有权利；在殖民地中，你只有被命令的份儿。在国家中，只有法庭判你有罪时你才有罪；在殖民地中，你生来就有罪。维持地区秩序的警察们很直观地把握住了这种界限的关键，正如一位巴尔的摩警官所说："不要把这些罪犯当作公民来对待。"

在国家中，居民们可以在安静的、车不多的道路中间散步，正如作者和弗格森市市长所做的一样。他们在一个洒满落叶的街区交谈，这里的居民以白人为主，街道上都是维多利亚式建筑和弯曲的回廊。街上看不见警察。严格来说，他们违反了法律，不应该在道路中间行走。但是没有警察会去执行这条法律，因为，这条法律的目的是什么？有谁被伤害到了吗？在半英里之外的殖民地，违反法律在道路中间行走却可能会引发一系列事件，并最终导致你死在国家机器之下。

美国分裂为两块领土的事实所带来的后果是致命的，任何人都无法置身事外。比如，滥用刑事司法的顽疾已扩展至白人群体。殖民地的人口以黑人和棕色人种为主，但是在金融危机、去工业化和持续多年的涨薪停滞之后，这套在殖民地中发展起来的控制制度正在扩展到越来越广的工薪阶层白人之中。白人罪犯的构成也越来越倾向于贫穷和教育水平低的白人。更可怕的是，在殖民地中适用的武器很有可能被用于国家之中，边缘地区遭受的暴政和暴力最终会渗透进中心区域。美国警察射杀的黑人数量高得惊人，但它们射杀的白人数量也令人咋舌。

即使国家中最有同情心的居民也会认为，这是别人的问题。是的，美国的监禁率当然很高，警察枪杀手无寸铁的黑人的确很糟糕，它们当然也愿意看到这种状况有所改变，但他们从不觉得这和他们有什么关系。

现实早已给出了相反的答案。

（编译/段阳蕃）

# 为什么部落主义能够解释世界

**[编者按]** 对群体认同的追求是人类的本能，有时甚至凌驾于意识形态之上。然而，部落主义的力量鲜少影响政治和国际事务的高层讨论。耶鲁大学法学院教授蔡美儿于 2018 年 6 月在《外交事务》上撰写《部落世界》[1] 一文，提出要重视当今国际社会中的部落主义因素。她指出，美国决策者对部落主义力量的忽视是阿富汗战争、伊拉克战争和越南战争遭遇失败的重要原因。低估部落主义不仅导致了对外政策的失败，还会加剧美国内部各族群的分裂。近年来，美国的人口结构变化和阶级固化使得部落主义崛起，更在特朗普鼓吹的民粹主义下进一步发酵。不仅仅在美国，部落主义的抬头已经成为世界范围内必须关注的问题。

人类与其他灵长类动物一样都是部落动物：一旦从属于某个群体，便会积极地寻求使群体成员受益、无偿惩罚他者，甚至不惜以自己的利益为代价。但在作者看来，这一常识却往往被政治和国际事务的高层讨论所忽视，尤以美国为甚。美国政策制定者习惯于从民族国家或意识形态斗争的角度看世界。但在很多情况下，人们最珍视乃至愿意为之牺牲的身份不是国家，而是族群、地区、宗教或宗派宗族。对这一事实的忽略，导致了过去五十年美国外交政策中最严重的几次失败。

对部落主义力量的忽视不仅影响了美国人怎么看世界，也影响了对自己

---

[1] Amy Chua, "Tribal World", *Foreign Affairs*, July/August 2018 Issue, https://www. foreignaf-fairs. com/articles/world/2018-06-14/tribal-world，最后访问日期：2018 年 7 月 7 日。

所处社会的理解。在发达国家的人们，特别是世界主义精英们看来，"部落"这个词代表着一种与西方复杂性截然相反的原始产物，而自己早已生活在后部落时代。但事实上，部落主义在世界各地仍然强大。近年来，部落主义的力量已经开始撕裂发达的自由民主国家，甚至动摇战后的自由国际秩序。要真正了解今天的世界及其前进的方向，就必须承认部落主义的力量，否则只会使它愈发强大。

## 越南：超越意识形态的认同

越南战争可以说是美国历史上最羞耻的军事失败，一个超级大国输给约翰逊总统口中所说的"可怜的小国"在当时是难以想象的。现在众所周知的是，美国政策制定者从严格的冷战视角来看越南，没有意识到越南人民追求民族独立的积极性高于对马克思主义意识形态的承诺。但即便在今天，大多数美国人对越南的民族层面仍然知之甚少。

由于美国政策制定者完全忽视了冲突的民族层面，所以没有看到他们在越南采取的几乎所有支持资本主义的措施都促使当地人对抗美国。华盛顿的战时政策扩大了"主导市场的少数"的财富和权力，他们作为中间人，处理了美军大部分的供给和后勤。事实上，华盛顿在西贡扶持的政权要求南越人和北越同胞厮杀，在让华人持续富裕的同时战斗至死。作者讽刺道，如果美国想要积极破坏自己的目标，恐怕找不到比这个更好的方案了。

## 阿富汗：普什图力量

9·11恐怖袭击事件发生后，美国派兵到阿富汗铲除基地组织并推翻塔利班。华盛顿完全把它看成一个反恐任务，而再次忽略了民族认同的核心重要性。

阿富汗的民族和部落关系相当复杂，有着长久的相互竞争和仇视的历史。两百多年来，最大的族群普什图人统治着这个国家。但1973年普什图君主制的垮台，1979年的苏联入侵，以及随后几年的内战颠覆了普什图人的统治地位。1992 年，由塔吉克人和乌兹别克人的联盟夺取了控制权。几年后，塔利班在这种背景下出现了。塔利班不仅是一个伊斯兰运动，也是一个民族运动。普什图人成立并领导塔利班，其中的绝大多数成员也是普什图人。正是普什图人感到对其主导地位的威胁刺激了塔利班的崛起，并赋予了它持久的生命力。

美国决策者和战略家却几乎没有关注这一事实。2001 年 10 月，美国与塔吉克和乌兹别克人领导的、被认为是反普什图的北方联盟联手，在短短 75 天内推翻了塔利班政府。美国人此后建立的政府被普什图人认为是对自己的边缘化。虽然华盛顿精心挑选的阿富汗领导人哈米德·卡尔扎伊（Hamid Karzai）是普什图人，但塔吉克人领导了政府中的大多数关键部门。塔吉克人富裕了起来，而美国空袭则主要集中在普什图地区。尽管许多普什图人对塔利班深恶痛绝，但很少有人愿意支持一个将他们的利益置于他们深深怨恨的对手之下的政府。

在美国入侵阿富汗十七年后，塔利班仍然控制着该国的大部分地区，美国历史上最长的战争仍在继续。今天，许多美国学者和政策精英都逐渐意识到阿富汗的种族复杂性。不幸的是，这种对群体身份中心地位的认识来得太晚了，并且仍未能有意义地影响美国的政策。

## 伊拉克：民主的分裂力量

低估集体认同的政治力量也推动了美国在伊拉克的失败。2003 年，美国入侵的策划者和支持者低估了伊拉克什叶派、逊尼派和库尔德人之间的裂痕之深，也没有认识到部落和宗族忠诚在伊拉克社会中的核心地位。更重要的是，他们忽略了主导市场的少数群体的存在。

逊尼派统治了伊拉克数个世纪，首先是在奥斯曼统治下，然后是在英国统治下通过逊尼派精英间接统治，再是萨达姆·侯赛因统治。在美国入侵前，占人口大约 15% 的逊尼派阿拉伯人在经济、政治和军事上统治着这个国家。相比之下，什叶派构成了贫困人口的绝大部分。

在这种情况下，包括作者在内的少数学者警告说，伊拉克的迅速民主化可能会严重破坏稳定。不幸的是一语成谶：民主没有给伊拉克带来和平与繁荣，反而引发了宗派战争，最终导致了伊斯兰国的出现：一个致力于杀害什叶派"叛教者"和西方"异教徒"的极端主义逊尼派运动。

2007 年美军进入伊拉克的结果证明，如果华盛顿更加关注伊拉克的群体身份，最初的入侵和占领结果可能会有很大不同。在伊拉克战争期间，美国军队第一次对该国复杂的宗派和种族动态进行了自我教育。通过建立什叶派和逊尼派酋长之间的联盟以及推动温和派打击极端主义分子，美国军队取得了巨大的成功，宗派暴力以及美伊两国军队的伤亡人数急剧下降。

## 美国：特朗普与沿海精英

美国与遥远的越南、阿富汗和伊拉克一样，不能免受部落政治力量的影响。近年来，美国已经开始出现发展中国家里典型的破坏性政治：民族主义运动的兴起、对制度和选举结果的不信任、对外来少数族群的仇视……最重要的是，从民主转变为零和博弈的政治部落。

作者认为造成上述现象的原因有二：第一，人口的大规模转变使得白人将在历史上首次失去多数地位。如今白人也体会到了少数族群的脆弱和被威胁感，因此本能地退回部落主义，变得更加孤立。这种反应在已经极化的社会背景下又加剧了对抗：每个群体都感到自己被攻击、欺凌、迫害和歧视；第二，在历史上，美国从未产生一个主导性的少数族群，都是由相对统一的白人多数支配。但近年来随着美国社会流动性的下降和白人内部阶级分化的加剧，美国可能会出现自己主导性少数派，即常被称为"沿海精英"（coastal elites）的群体。他们主导着美国经济的关键部门，大多生活在沿海地区。"沿海精英"不属于任何一个族群，但在文化上与众不同，往往怀有世俗主义、多元文化主义的价值观，容忍少数群体，支持移民和渐进政治。他们极其孤立，被许多中产认为对国家利益漠不关心。

在作者看来，2016 年美国总统大选中发生的事情和主导性少数派在发展中国家里参与选举那样，促成了民粹主义运动的兴起，呼唤"真正的"美国人。但与发展中国家的民粹主义不同，特朗普的民粹主义并不仇富。恰恰相反，特朗普本人就自称是亿万富翁，让人不禁好奇他究竟如何使反建制的选民支持这么一个会使超级富豪更富的超级富豪。

作者给出的答案是部落主义。一方面，特朗普敢于发表一些能引起与白人选民种族偏见共鸣的言论；另一方面，在品味、鉴赏力和价值观上，特朗普实际上与白人工人阶级很相似。维系部落的根本是身份认同。特朗普的许多选民认同他说话穿衣的风格、鲁莽的行事方式。特朗普因为政治不正确、不女权、读书少、爱吃快餐等被认为是自由派（主要是沿海精英）攻击的同时，也深受其他众多选民认同。同时，在美国反建制不等于反财富。当致富的美国梦远去的时候，人们控诉建制、法律、移民，乃至理性，但不会控诉梦想本身。

## 如何逃离部落

政治部落主义正在分裂美国。作者认为，如果这个问题存在出路，就必须解决经济和文化问题。对于数千万工薪阶层的美国人来说，传统的财富和成功之路已被切断。此外，在某种程度上，美国精英可能没有意识到，他们自己的地位也已经变成了世袭。在美国实现财富比以往任何时候都需要精英教育和社会资本，而大多数低收入家庭无法在这些地方竞争。政治部落主义在经济不安全和机会缺乏的条件下迅速发展。数百年来，经济机会和向上的流动性帮助美国比其他任何国家都更成功地融合了不同的族群。美国向上流动性的崩溃应被视为国家危机。美国需要塑造一种能团结各种群体的国家身份。第一步就是要开始弥合海岸和内陆间互不了解且相互鄙视的鸿沟。

然而，部落主义抬头不仅发生在美国。部落民粹主义正在整个欧洲爆发，削弱了对欧盟等超国家实体的支持，甚至威胁自由主义的国际秩序。对世界各国来说，统一不是理所当然的，只有通过努力工作、有魄力的领导和集体意志才能实现。作者最后呼吁道，世界主义的精英不妨承认自己虽然信奉宽容原则，但实际上高度排外，在无意中促成了仇恨和分裂。

（编译/邵依琳）

# 美式资本主义与民主不相容

[**编者按**]　美国如今是一小部分掌控权力的寡头统治。经济不平等问题突出，贫富差距悬殊，民主规范被侵蚀。美国的民主危机四伏。特朗普这个民粹主义煽动者就是利用了处于经济焦虑下的美国人对文化的怨恨。为了挽救美国的民主，各个党派均提出了不同的方案。艾瑞克·列维茨撰写的文章《美式资本主义与民主不相容》[1] 认为，关键是要认清美式资本主义与民主不相容的问题。与维护民主规范相比，改善经济体系的不平等问题更加突出。但在经济改革中，可能会遇到"新洛克那场景"的难题。

## 对美国民主的两种诊断方案

特朗普的反对者在美国的民主不健康这一点上达成了共识，并分别给出了自己的诊断意见。

第一个诊断方案由比较政治学者、自由主义专家及反对特朗普的保守派作出。他们批判共和党人对特朗普的支持，以及特朗普攻击司法独立性等"反民主"行为。宪法不是完美无缺的，所以他们认为民主不能仅靠法律来维持，还需要人们遵守某些非正式的规则。在他们看来，建立两党联盟是治愈美国的良药，只有两党联合起来捍卫以规范为基础的秩序，才能防止特朗普

---

〔1〕　Eric Levitz, "America's Version of Capitalism Is Incompatible With Democracy", *New York Magazine*, May 23, 2018, Eric Levitz, "America's Version of Capitalism Is Incompatible With Democracy", *New York Magazine*, May 23, 2018, 最后访问日期：2019 年 6 月 3 日。

巩固权力。

第二个诊断方案由社会民主思想家从另一个角度出发，分析美国存在的问题。他们强调美国的财富分配差距悬殊，批评万恶的资本主义在吞噬这个国家。国家机构专门为富人提供服务，减轻他们的税收，扩大企业的权利，甚至让他们逃脱法网。与此同时，政府部门的政策却在一步步将穷人逼上绝路。他们也认为民主不能仅靠规范来维持，还需要市场监管与工会来监督资本家，否则财富将集中在顶层少数人的手里。但他们认为，解决问题的关键在于实施新的经济政策来改变不平等的经济体系。

作者强调，每一方都清楚规范被侵蚀和经济不平等是美国民主的病症所在，但是对于这两个问题的重要性存在分歧，而且作者指出维护规范与重新分配经济权力两者之间存在冲突。

## 资本主义是否与民主相容

作者尖锐地指出以上分析中存在一个致命缺陷，即没有人发现美国的资本主义实际上与民主不相容。

第一种论证认为资本主义的失败导致了狭隘的民粹主义横行，所以得出的结论是，经济体系改革有利于保护民主规范。其实在经济形势不好的时期，人们极其容易接受极端主义思想，以此来守住他们的尊严和社会地位。而且，美国的政治经济自四十年前通货膨胀开始就急转直下，贫富差距不断拉大。美国民众逐渐丧失对政府机构的信任，认为国家经济已经被富人和大企业操纵了。特朗普的专制民粹主义正是利用了这种心理。

第二种论证则指出，美式资本主义无论如何都是实现真正的民主不可逾越的障碍。美国大选已经完全被富豪阶层把持，选民投票率逐年降低。作者特别指出，经济因素是阻碍人民主权的最大障碍。美国的绝大多数公民每天都要为生计操劳奔波，完全没有时间参与政治公共生活。

## 民主运动必须以经济改革为中心

作者称，与维护规范相比，以经济改革为核心的运动更加可行。普通民众显然更关心他们的工资收入是否足够维持生活，而不是关于执法独立性等问题。但是如前所述，问题在于，如果出现了"新洛克那场景"难题该如何解决？

罗斯福政府时期就曾出现民主规范阻碍经济改革的情形。为了恢复国家繁荣，罗斯福推出了一系列新经济政策，然而却遭到最高法院的频频否决。于是罗斯福采取了非常手段，宣布了"法院填塞"计划，在最高法院增加和他观点一致的法官，改变最高法院大法官的构成比例。罗斯福的此项计划被视为对司法独立性的攻击，明目张胆地剥夺公民权利来达到巩固自身权力的目的。这种将经济公平置于规范保护之上的做法损害了民众对民主的崇尚。但是作者也指出，最高法院阻碍进步的经济改革与破坏司法独立性的风险是相当的，在全球生态危机的背景下，美国将重现"新洛克那场景"难题。美国政治家应仔细思考如何解决这一问题，最重要的是牢记美国的资本主义与民主无论如何都是不相容的。

（编译／胡晓雪）

# 商业化不是政府的未来

[编者按] 在 20 世纪 80 年代后，福利国家带来的负担成了政府的不能承受之重，美国政府也开始转向，政府更多地像一个商业化的企业一样运作，商业和市场的元素更多地介入，企业开始提供部分公共服务，政府也在人事等制度方面进行改革。然而这种转变并非全无争议，一方面，民众对此变化颇有微词；另一方面，商业、市场的逻辑是否适合政府，能否帮助政府更好地运行，是一个值得思考的问题。加州大学洛杉矶分校的法学教授乔尔·迈克在其著作《宪法政变》[1] 中探讨了美国政府商业化的转变，并作出了评述，可以帮助我们更好地理解政府职能转变，以及政府和市场的区分，并回答政府应当如何运行这一问题。

## 政府机构的转变

从 20 世纪 80 年代起，里根总统开始推行改革，私有化和商业化的逻辑侵蚀着政府。具体体现在两个方面：第一，在简政放权的口号下，越来越多的政府职能开始由私人企业承担。私人企业对于公共领域的介入体现在各个方面：既包括基础设施的建设，也包括对政策制定的影响。在监狱、交通等多个本身属于公共事业的领域，企业已经取代了政府实际承担的职能，似乎

---

[1] Jon Michaels, "How the American Government Slowly Became a Business", *Constitutional Coup*, https://www.theguardian.com/commentisfree/2017/dec/18/american-government-business-privatisation-jon-michaels，最后访问日期：2019 年 5 月 30 日。

以市场化的逻辑更有效率、更低廉地提供着服务。第二，政府内部的人事组织等方面也受到商业逻辑的影响，公务员从终身职位转变成可以随意被解雇。到特朗普的执政阶段，这种商业化的逻辑被贯彻得更为彻底，特朗普甚至计划取消一些对公务员职业的法律保护。除了企业进入传统的政府所应担负的公共职能的领域外，政府机构本身也在以商业化、市场化的逻辑运作。

## 政府与市场化逻辑的脱节

但是，此种转变的存在是值得反思的，并不因为市场化已经是一种普遍的趋势而具备天然的正当性和合理性。第一，市场化逻辑下承诺的更为高效、低成本的服务并不一定能够兑现。第二，政府与企业存在着本质上的不同，企业的效率导向、精简机构等都是建立在企业最大化股东价值这一单一目标之上的，公司的结构、制度设计与利益导向都与这一目标相适应，并有效地促进了企业和市场的发展。但政府并没有类似的单一目标。它是道德、司法、自由民主等多方面综合在一起的事业，且国家内公民群体的多元化也决定了代表公共利益，服务于公民的政府很难确定单一的目标。因此，政府也就无法在单一目标的指引下构建自己的制度，确立自己的政策，向市场化的方向转型。

恰恰相反，政府所需要的是多元的声音。即使真的有可能妥善排列公众的利益，确立起一个目标，也仍然不应当将其作为政府的发展方向。因为绝对的权力会滋生腐败，主权者的权力必须关进制度的笼子；并且，在整合公众利益时可能存在多数人暴政的危险，对于一个国家而言，少数派的存在并非没有意义，利益上的多数也不代表全然正当。因此，保障多元声音，关注不同群体的利益，更加具有现实的意义。

## 宪政机构的意义

美国的政治体制建立在分权之上，分权的制度设计是预防暴政、保证国家运行的基础，尽管如此，这种设计似乎带来了诸多繁复的程序，甚至有时显得浪费时间，但对于主权的运行是必要的。在今天，企业化和市场化的逻辑实际上正在动摇分权的力量，而这是亟需警惕的。

（编译/彭雨溶）

# 新自由主义黑人精英的背叛

[编者按]　黑人自由斗争群体内部的具体观点存在很大差异。在发表于《卫报》的文章《塔那西斯·科茨是黑人自由斗争中的新自由主义代表》中，康奈尔·韦斯特引述和批评了科茨的新自由主义观点，展示了自己的激进派主张，严肃地表达了推进黑人自由斗争的坚定意愿。[1]科茨是美国当代著名作家、记者，2015年获得麦克阿瑟奖，2016年入选《时代周刊》"全球最具影响力100人"，曾获得美国国家图书奖、美国有色人种促进会形象奖，并入围普利策奖、全美书评家协会奖终选名单。韦斯特则是杰出的激进民主知识分子。他是哈佛大学公共哲学教授，并拥有普林斯顿大学名誉教授的称号。他的经典著作《种族问题是大问题》（*Race Matters*）享有盛名。

## 虚假的反抗

科茨正确地发现白人至上无处不在，甚至确实提醒我们要注意白人至上主义的掠夺效应。不幸的是，他几乎没有发觉黑人群体对此所做出的反击，且从来没有把这个丑陋的历史遗留问题与以下现象联系起来：掠夺性资本主义实践、帝国主义政策（战争、占领、拘留、暗杀），而且黑人精英拒绝直面

---

　　[1]　Cornel West, "Ta-Nehisi Coates is the Neoliberal Face of the Black Freedom Struggle", *The Guardian*, December 17, 2017, https：//www.theguardian.com/commentisfree/2017/dec/17/ta-nehisi-coates-neoliberal-black-struggle-cornel-west，最后访问日期：2019年5月28日。

贫困、父权制、对变性者的歧视。科茨代表了新自由主义一派。新自由主义体制鼓励人们忽视华尔街势力和美国军方政策的核心作用，以及美国黑人群体阶级、性别和性向的复杂动态变化。

作者尖锐地指出，科茨不关心真正的"反抗"，他只不过为了个人写作目的而反抗，不关心群体行动，并因此赚取了那些并不想分享权力或放弃特权的新自由主义者的鳄鱼眼泪。科茨或许觉得无法对抗一个坚持视他为其中一员的群体，然而新自由主义者声称他是他们中的一员，不过因为他没有威胁到现有秩序。当他威胁到现有秩序时，他才开始了对抗。

科茨高呼自由、主张"反抗"，但他的自由观是新自由主义的。在他的世界里，各种族群体其实同质，自由则具有个体性。阶级不存在，帝国也不存在。科茨称自己文学"梦想"的成功多亏了持有新自由主义观念的奥巴马总统的推动。他由衷欣喜地写道，"我看到巴拉克·奥巴马的星星在政治天空上划过时……我从来没有见过这么多白人为一个既不是运动员也不是艺人的黑人欢呼。他们似乎也因此而爱他，当时我还想着……他们也可能会爱我。"这说明科茨对白人的认可抱有执念。

## 理解偏差与视而不见

科茨之所以能够成功，其实是因为他所持有的白人至上主义的宿命论和对黑人自由的悲观主义思想，正符合新法西斯主义、美国风格的特朗普时代的特点。

科茨巧妙地引用了已故伟人德里克·贝尔（Derrick Bell）消沉的世界观。但贝尔为黑人的反击而狂喜，因黑人的抵抗而高兴，为了他对黑人和正义的热爱冒着生命危险和职业风险。20世纪最伟大地揭露了白人至上主义事实的马尔科姆·X（Malcolm X）对美国也持有非常悲观的态度。然而，他的悲观主义既不廉价也不抽象，而是浸透着血和泪，满含对黑人和正义的热爱。

科茨曾写道，"……马尔科姆·X拥有'我们活生生的黑人男子气概'，是'我们自己的闪耀的黑人王子'。今天只有一个人能承受这双重的敬意——奥巴马。"然而，作者发现这样的类比实在荒谬。科茨对马尔科姆·X——反对美国帝国最伟大的预言者，以及奥巴马——美国帝国第一位黑人首脑究竟是谁都存在严重误解。科茨称赞奥巴马是一个"有极强道德感的人"，却对那563次无人机袭击、针对未经审判的美国公民的行刺、2016年投到5个以穆斯林为主的国家的26 171枚炸弹和在51天内由被美国支援的飞机杀害的550名巴勒斯坦儿童不置一词。很显然，他狭隘的种族部落主义和短视的政治新自由主义观完全没有跟踪到华尔街的贪婪、美国帝国的罪行或黑人精英对贫穷的漠视。举例而言，他没有认真关注在我们群体中最脆弱的那群人，即不成比例地受暴力、贫穷、漠视和不尊重影响的少数群体所处的困境。

由此可见，作者与科茨之间的分歧是实质性的，且十分严肃。作者代表黑人自由斗争中的激进派，拒绝在生态、性别以及任何方面割裂阶级、帝国和其他形式的控制的现实与白人至上主义的联系。文章中的批评体现的是对真相和正义的追求，而不是斤斤计较，更不是恶意攻击或私仇报复。黑人群体内存在很深的分歧，但或许重视黑人身份的人们需要一同关注大家共处的残酷世界。

（编译/陈默涵）

# 美国左派为什么拥抱帝国

[**编者按**]　以"左"与"右"区分政治派别，可以追溯到 18 世纪末的法国大革命。近年来，右翼势力在世界范围内的抬头引发了全球性的关注与警惕，人们密切关注着强权政治是否即将回归。然而，2017 年 8 月在美国弗吉尼亚州的一场冲突，却将美国左派推入了公众的视野。冲突中被推倒的雕塑，曾经象征着南北的和解，如今却成了撕裂美国社会的导火索。而在其背后蠢蠢欲动的并非右翼势力，而是美国的左派。这个看似意外的情况，在美国罗切斯特大学历史学在读博士莱尔·杰里米·罗宾看来实属正常。他在《国家》杂志上所撰写的文章《美国左派为什么拥抱帝国》[1] 就指出，左翼在美国从来不是一盏"省油的灯"，通过回顾其百年的变迁史，罗宾表明，美国左派的历史就是一部反叛史。而目前的种种迹象表明，他们正走在一条回归帝国主义的道路之上。

## 风起云涌：美国大选后的左派浪潮

2016 年，特朗普的当选无疑使得右翼势力一度风头更劲。然而一年后，一场爆发于美国弗吉尼亚州的夏洛茨维尔市的冲突，让人们霎时间察觉到了美国左派的蠢蠢欲动。大选结束后，左派频频以出格的行为煽动着社会的仇

---

〔1〕　Lyle Jeremy Rubin, "The Left's Embrace of Empire", *The Nation*, March 28, 2018, https://www.thenation.com/article/the-lefts-embrace-of-empire/，最后访问日期：2019 年 5 月 25 日。

恨，以表达对民主制度的失望。而在美国罗切斯特大学历史学在读博士莱尔·杰里米·罗宾看来，这一切都是有历史渊源的。在美国历史上，左派其实一直扮演着反叛的角色。如今他们对言论自由的打压、对不同意见的仇恨和对不同政见的诋毁，都证明了他们正走在回归帝国的道路上，而这个帝国，在 1898 年美国鹰将翅膀从菲律宾延伸到波多黎各时便已形成。

作者总结道，从网络电视和公共广播中，人们可以发现一个相似的模式：美国霸权主义的支持者，始终都被视作智者。从前总统布什的演讲撰稿人大卫·弗鲁姆（David Frum），到《旗帜周刊》的创立者比尔·克里斯托尔（Bill Kristol），再到《大西洋月刊》的主编杰弗里·戈尔德贝尔格（Jeffrey Goldberg），均是如此。自从特朗普当选后，两党都支持大幅增加军事预算，用于布什时代监督权力的延伸，对俄罗斯、朝鲜和伊朗的制裁，对叙利亚巴沙尔·阿萨德政权的打击，以及对俄罗斯周边地区的挑衅，特别是在乌克兰，武器和其他形式的军事援助持续流向一个充满法西斯同情者的联合政府。然而其中的一些政策，如对俄罗斯、朝鲜的制裁是有争议的。可这些争议都始终没有进行，即便在大多数的左派媒体中。这意味着对于帝国的假定从一开始就被承认了。无论出于什么目的，主流的美国左派机构已经支持了近期对帝国的恢复及与之相伴的军国主义的复苏。

然而，在作者看来，这一切完全在意料之中：美国左派的历史很大程度上本就是一部自私自利又狂妄的反叛史，为了短浅的目标一再拥抱帝国冒险，总是回来纠缠左派及帝国的受害者们。左派认为国内和国外，或者曾一度是内部或边界的地方，可以彼此分开来理解。在此，作者做出了警惕性意味的论断，这段由白人精英铸就的历史之所以不够起眼，原因在于左派选择的种族后果太过于隐蔽，从而无法预测他们即将造成的浩劫。

## 循环往复：绵延百年的帝国梦

在美国，学童都会学习一个词叫"天定命运"，但鲜有人对 1845 年发明这个词的人、杂志编辑约翰·奥沙利文（John O'sullivan）有所了解。这位彼时的工会主义者、反垄断主义者和反资本主义者，曾非常厌恶自上而下雇佣劳工的安排，蔑视货币体系中的封建不平等，并欢迎向西扩张以避免工厂及城市的掠夺。但他却逐渐发现，独立自耕农的田园生活已不复从前，本土的社区早已被破坏或流离失所。随着全球利润日益依赖于国家认可的奴役，白人的自由和非白人的非自由之间的联系逐渐紧密，奴隶制在领土和意识形态上都占据了上风。他于是从纽约的改革家，转向了墨西哥战争的鼓吹者，之后又蜕变为亲联邦的宣传者，而这一转变在当时是有一定代表性的，如同 19 世纪三四十年代千千万万的工人运动领袖一般，摇身一变成为奴隶制的辩护者，又如那些在 1892 年主张平均主义改革如八小时工作制及关闭私人银行的民粹主义者，在六年后支持了美西战争。作者指出，在未来的扩张主义的迭代中，可以看到他们意识形态的后代，尤其是在反共产主义的左翼中，其中相当一部分人被迫宽恕类似的罪行，如与拉美的法西斯主义者以及南非的种族隔离政府建立战略联盟。

威尔逊总统的国务卿布莱恩，早在 1913 年珍珠港事件之前就成为第一批建议将日本移民遣送回内陆的人之一，这是为了解决彼时太平洋地区对于日本霸权和侵略加州的恐惧。但是威尔森用一种自由的人道主义语言粉饰了他的隔离主义冲动，强调对境内及跨越国家边境的不文明地区进行管理规制。这被记载在了历史学家尼基尔·辛格（Nikhil Singh）于 2017 年出版的书《种族与美国的长期战争》（Race and America's Long War）中，他将种族化的纪律扩大形式称作"内外战争"。

在此期间，以约翰·杜威（John Dewey）为首的作家，鼓励美国参与一战，将其视为一次能够开启群众运动、集体计划和现代官僚体制时代的革命性行动。被遗忘的反对派、伟大的作家兰道夫·伯恩（Randolph Bourne）在他临终前曾警告说，战争将永远体现"国家的健康"。但曾五次当选美国社会党总统候选人的尤金·德布斯（Eugene Debs）却由于抗议征兵而入狱。无政府主义者艾玛·戈尔德曼（Emma Goldman）同样面临着牢狱之灾，并且伴随着 1919 年威尔森的第一次红色恐慌（First Red Scare），她被驱逐出境。而类似的麻烦也伴随着更广泛地镇压激进分子、移民和黑人的行动而来，这些行动都掌握在意识形态范围内统一的战争党派之手。

杜威最终吸取了教训，1932 年，他甚至呼吁美国人民将战争宣布为非法。

杜波依斯（W. E. B. Du Bois），那个号召黑人放下抱怨"团结起来"支持战争的人，也改变了立场。他在其他方面对帝国和种族等级制度的产生之间的联系进行了精明的批判，且杜波依斯再也没有相信过美国政府是帝国的例外。但是对于大多数和杜威、杜波依斯同时代的思想革新的人，情况却并非如此。美国的例外主义在 20 世纪 30 年代的"人民阵线"（the Popular Front）及之后几十年的左翼自由派中实际上获得了发展，即便是推崇新政的总统、富兰克林·罗斯福自己，也时常为战后摆脱帝国统治的秩序而沉思。日本的拘留，对东京和德累斯顿的轰炸、对广岛和长崎的原子弹轰炸——这些归根结底都是剧作家谢利尔·帕特尔（Shaija Patel）称之为"帝国特权"的症状，其已经存在了数个世纪，并将在未来继续对下层民众制造暴力。

在富兰克林·罗斯福去世后，自由民族主义变成了左派的唯一选择。共产主义崩溃了，残存的社会主义者或进步派投降了，尤其是在 1948 年亨利·华莱士（Henry Wallace）在拒绝否认共产党的支持后，在总统大选中的尴尬亮相更是如此。20 世纪 70 年代时，进步派为了他们的信誉，的确设法迫使邱奇委员会（Church Committee）展开一次对数十年来广泛的调查情报机构滥用职权的全面调查，从而导致了延续至今的监督改革。

到了 20 世纪 90 年代，美国左翼又返回到了它的标准模式——帝国的好警察。在这方面，也许没有人比美国前任司法部长埃里克·霍德尔（Eric Holder）更能象征帝国主义的痕迹。辛格将 20 世纪 90 年代中期霍德尔在华盛顿的"拦截盘查"的联邦检察官就职典礼，与他数十年后作为司法部长为奥巴马的无人机计划辩护相提并论，而这个计划已杀害了不计其数的公民。霍德尔将对美国民众的无人机战争等同于警察杀害潜逃的嫌犯。他援引了一个法庭的裁决，认为"从宪法上讲，运用致命武器来防止（假定的暴力嫌疑人）逃跑并非不合理"。这个故事不仅说明了毒品战争、犯罪战争和恐怖战争之间的联系，还同样象征着其他东西——也就是，在帝国官僚体系的上层，被大肆吹捧的黑人代表的怪异讽刺。

## 左派在今天：不可忽视的危险因子

辛格在自己的书中写到，黑人激进的传统总是对帝国残忍之手发出最强烈的抗议之声。而这样对内外战争的批评还延续了数代人。但罗宾同样也指出，并非只有黑人激进分子在呼吁人们关注资本主义帝国的无所不在的专制，一些组织也明显传递了这样的观点，包括伯尼·桑德斯有时也表达了相似的感受，只是姿态更为温和。

纵观全文，作者用凝练的笔触回顾了美国左派的历史，在右翼势力夺目的今天，其为我们看待美国社会冲突提供了一个易被忽视却又十分重要的视角。他认为，如今，一场名为"黑人生命运动"（Movement for Black Lives）的活动，是对"白人至上主义、帝国主义、资本主义和父权制相互关联之体系"最有力的反应，它由五十余个黑人解放组织组成，要求从大幅削减军费到支持抵制、撤资和为自由巴勒斯坦而进行的制裁斗争。这一点也不令人意外。让左派的其他人从他们身上得到启示，或许是时候了。

（编译/李雪妍）

# 美国白人为什么深陷贫困？

[**编者按**]　随着白人工人阶级兴起，民粹主义盛行，特朗普上台，美国政治趋于右倾，针对这一现象的研究也再次展开。然而此类研究仍延续研究黑人问题时的模式，对白人穷困群体问题的研究似乎只是隔靴搔痒，聊胜于无。时任美国民主社会主义者国家政治委员会委员、纽约工会成员、《雅各宾》杂志特约编辑克里斯·迈索纳于 2017 年在《催化》上发表的文章《新贫困文化》[1] 对《乡下人的悲歌》(*Hillbilly Elegy*)、《白色垃圾》(*White Trash*)、《本土异邦人》(*Strangers in Their Own Land*) 以及《新少数》(*The New Minority*) 这四部关于贫困文化研究的作品进行评论，作者首先分析了特朗普深受白人工人阶级支持的表象，揭示这四部作品与新闻媒体一样混淆了表征与原因，偏重于强调白人工人阶级的文化形态，而缺乏对整个政治经济社会背景的结合分析，认为这与工人阶级研究中复兴的"贫困文化"的论述别无二致。在此基础上，作者指出白人贫困文化的根源在于其窘迫的经济状况，而用以消除阶级歧视的阶级对话也以精英阶层为中心，并未触及深层结构原因。同时作者认为，当下白人工人阶级政治上对政府规制的反对与趋于右派的倾向是由其经济考量与政治身份认同所引起的。

---

[1]　Chris Maisano, "The New 'Culture of Poverty'", *Catalyst*, 2017, https：//catalyst-journal.com/vol1/no2/new-culture-of-poverty-maisano, 最后访问日期：2019 年 5 月 20 日。

麦克道威郡曾是世界最大的煤炭开采与加工工业中心之一，而随着机械化、西部煤炭生产商的激烈竞争以及天然气液压破碎法的出现，麦克道威煤炭工业跌入低谷，经济也随之衰落。然而麦克道威郡并非所谓的"特权地区"，其绝大多数居民为白人。在2016年的总统大选中，这个地区中75%的投票者支持唐纳德·特朗普，这高于特朗普在整个州中的投票支持率。媒体将白人的绝望与对特朗普似乎排山倒海的热情相联系，作者认为媒体夸大了白人工人阶级在特朗普当选中的推动作用，并指出当下许多学者也陷入了类似的误区：他们混淆了表征与原因，以牺牲政治经济因素为代价，过分夸大文化与身份，而未能对如何打破当代政治困局提出任何见解。基于此，作者在四个方面予以阐述：

## 白人贫困问题有其经济结构的根源

黑人"贫困理论"由社会学家奥斯卡·刘易斯（Oscar Lewis）构建，参议员丹尼尔·帕特里克·莫伊尼汉（Daniel Patrick Moynihan）则使之普及，其思想来源可追溯到自由主义左派，而非沙文主义右派。在他们看来，黑人陷入贫困并非由于经济结构或法律制度的歧视，而是由于一系列明显专属于"黑人群体"并代代相传的价值与行为。这种论述成为减少福利国家的理由：政府为贫困黑人提供补贴，实质上是为黑人的病态行为买单，最终反而使其堕于贫困。

查尔斯·默里（Charles Murray）在其1984年出版的《失去理由》（Losing Ground）中对此观点进行阐述，获得了民主党人与共和党人的一致赞扬，比尔·克林顿称其为对社会的"卓越贡献"，并直接刺激了终结福利国家的运动。其1994年著作《钟形曲线》（The Bell Curve）延续此见解，并公开辩称种族智商测试结果的差异根植于种族基因的差异。而在其最近的著作《分崩离析：美国白人处境（1960-2010）》（Coming Apart：The State of White American 1960-2010）中，默里认为近十年来白人之间愈来愈紧张的阶级分化也可以用不同的文化价值和行为模式来解释。

而在J. D. 万斯（J. D. Vance）的畅销回忆录《乡下人的悲歌》里，默里的影响随处可见。阶级并非政治经济的结构问题，而是文化认同，这本身就接近于种族的范畴。万斯认为，与他一同长大的苏格兰裔和爱尔兰裔美国穷人并非为其面临的黯淡经济前景所阻碍，而是由于乡下人世代相传的拉马克式的道德堕落：这些穷人们都无一例外地放纵怠懒。

作者认同默里和万斯区别白人精英与不断增长的贫困白人之间的文化差异，认为文化差异的确可以在某种程度上解释二者在结婚率与离婚率、未婚生子、教堂参与度以及毒品滥用的分化，但作者认为贫困白人这些社会失范行为有其不可避免的经济根源。巨大的经济压力使其难以维持正常的家庭结构与社会行为，同时也迫使其从事为社会所不认可的行为。作者指出，铁锈地带的贫困白人与其背井离乡去获得一份微薄的薪水，倒不如待在家里领取残障补贴或贩卖冰毒。

## 贫困白人的话语权

将阶级问题转化为文化认同范畴的势头并不限于右派，当代左派通常将对"阶级歧视论"的讨论用以代替对政治经济和阶级结构的慎重思考。阶级歧视论主要与态度、老套成见以及人际行为相关，而并未从结构上理解阶级关系。其拥护者往往试图暗中引入结构问题，辩称强者的阶级歧视态度是以牺牲阶级底层为代价来构建公共政策和制度规则的。而对阶级歧视论的批判也并不意味着是一场自下而上彻底推翻阶级歧视结构的运动，而是一次由上层跨越阶级鸿沟"构建桥梁"的态度转变。其目标并非使工人加入联盟或社会主义党派，而是让精英加入讨论，理解并开放其阶级特权，但在其开放阶级特权的后续处理则尚未解决。

作者认为，这种对不同阶级间个体成员的主观人际关系的持续关注完全忽视了资本主义作为客观社会关系系统的运行方式。正如埃伦·梅克辛斯·伍德（Ellen Meiksins Wood）的观点：资本主义对普遍市场的依赖必然对经济活动施加了一定的必要规则：竞争、利润最大化、积累和生产率增长。工人和资本家都服从于市场的约束，都不得不遵从其要求以生存。抛开个人信仰、态度和价值观不提，他们别无选择，只能如此。剥削的发生并非因为业主和雇主对工人怀有偏见，而是由于激烈的市场竞争持续刺激他们去削减成本、加重工人劳动和降低薪资。基于此，作者认为即使立刻就可以消除对工人阶级的偏见，阶级剥削仍会持续。并且，那些态度可能会再次出现，因为虐待他人总是需要一个理由。

而自由主义者南希·伊森伯格（Nancy Isenberg）所著的《白色垃圾》（White Trash）大量依赖精英阶层编纂的资料，主要关注这些人的困扰：生育、种族纯正、道德退化以及优生学，而贫困白人则极少有机会为自己发声，而当有机会时，通常是政客、地主、记者、小说家和媒介专员替其发声。作者认为，《白色垃圾》并不是真正意义上的美国阶级结构或阶级关系的历史，而是关于阶级歧视论的历史，同时这本书也同样陷入学界有关白人特权主流论述的困境：表面上致力于以有色人种的能动性为中心并予以配合，但实际上它始终将注意力重新转回到白人的思想、动机和行为上。基于此，穷人的历史成了精英者对穷人所思所为的历史。在作者看来，所谓"阶级对话"不过是上层精英阶级的独角戏，仅仅是类似于"种族对话"的阶级版本，并不会对终结阶级歧视做出实质上的推动作用。

## 贫困白人的理性选择

在所有试图解释特朗普时代右翼政治吸引力的书籍中，阿莉·罗塞尔·霍克希尔德（Arlie Russell Hochschild）的《本土异邦人》（Strangers in Their Own Land）可能是受教育的自由主义者中最受欢迎的一本。霍克希尔德遍访那些城市中的破败角落，希望理解为何许多低收入白人反对那些对其有利的政策。该书作者通过对路易斯安那州多年的实地调查，试图解决一个她称之为"大悖论"的问题："需要帮助但原则上拒绝帮助"。虽然自19世纪70年代开始，路易斯安那州预算中矿产收入的比例锐减，但石油和天然气仍在该州的劳动市场中发挥着重要作用。霍克希尔德在很大程度上忽略了这些因素（其"工业"一章仅有12页），而着重于文化影响，她将当地人对环境规制的反对描述为对生活的感知。在这种观点看来，政治不是利益之争，而是矛盾论述的冲撞。这仅是一场"同一地区居民间不同观点与看法"的文化冲突，而对于客观自身利益的考量则为原始的情感所取代。

作者以书中考察对象珍妮丝·阿瑞诺（Janice Areno）为例，指出霍克希尔德仅依赖一个情感侧面来解释其茶党政治倾向，而对其工业主导的生活背景视而不见。作者认为在由采掘业主导的地区，煤炭工业与社区生活交织缠绕，密不可分。尽管控制污染或许是这些居民的利益所在，但从造成污染的工业中所得的收入和就业也是其利益。基于对其所面临的经济结构的考量，他们选择支持保护商业，反对政府及个人主义政治，而这一切都出于其理性的选择。

## 贫困白人的政治身份认同

由于底层白人投票者对特朗普的大力支持，选举后的大多论述都集中于"种族与文化不满"。自由主义记者热衷于这类表述，并一心捍卫第三条道路自由主义的残余，使其免受左派出其不意的意识形态挑战。其中贾斯汀·格斯特（Justin Gest）的《新少数》致力于研究白人工人阶级及其在当代政治中的地位，为其政治行为提供了背景诠释。格斯特指出，20 世纪 70 年代末，资本撤出铁锈地带，工会关系与工厂就业一同崩塌。而那时恰逢移民和有色人种的迁入，工人阶级党派对其传统基础失去兴趣，转而为新群体发声。在缺乏替代的政治诉求时，许多人会将他们的边缘化以文化术语来解释，并将富有的自由主义团体和所谓的上升的少数群体视为敌人，而非资本与权力。在此背景下，主张排他性策略的极右派当然会自然而然地吸引本土白人工人阶级。同时格斯特提议对白人工人阶级予以认可并将其作为民主党派联盟中的一个利益群体，与非裔美国人、非异性恋者和拉丁裔处于同等序列。然而在社会主义者看来，这无疑标志着第三种道路自由主义意识形态的最终胜利，并排除了打破文化主义政治困境的任何可能。其结合更像是利益群体云集的"社团"，必定会使那些被推举代表的个体受益，而并不会推动构建更广泛的政治联盟。以伯尼·桑德斯为代表的社会主义者认为，白人工人阶级的贫困问题并不是由移民、同性恋者、黑人或穆斯林所导致的，而是由富人所致。消除富人权力才是建立和维持真正的工人阶级运动的起点。其观点与作者不谋而合，他们均认为贫困白人问题的根源在于经济，其政治行为应围绕经济问题进行讨论。

（编译/张雨凡）

# 2008 年之后，美国人不再相信美国梦

[编者按]　透过美国太平盛世的表象，《纽约杂志》撰稿人弗兰克·里奇着眼于美国社会的另一面——恐慌、绝望、黑暗的社会氛围。在 2018 年 8 月发表的文章中，[1] 作者认为，巨大的贫富差距使得长久以来为美国人所仰赖的对于社会公平的信条和对美国梦的追求逐渐坍塌。特朗普和奥巴马一样，作为个人，都不是这种社会氛围的始作俑者，但民主党和共和党在面对高层人士攫取财富、扩大贫富差距时，同样都无所作为。显然，资产阶级并不遵守经济公平的规则，自 19 世纪末的 "镀金时代"，美国开始创造巨额财富以来，这个问题就一直不断被提起，却从未得到解决。盖茨比式的美国梦中暗含的对人类无限潜力的想象已经显得过于幼稚，美国该何去何从？

2018 年的美国，似乎是一个太平盛世：基地组织或其继承者再也没有组织针对美国的大型恐怖袭击；美国军队从未全面参与任何地面战争；美国工人们享受着 4% 的失业率；投资阶级和 401（K）持有者也从 GDP 增长和股市繁荣中受益——根据道琼斯指数，自 2001 年 9 月 10 日收盘以来，股市上涨了约 250%；据盖洛普民意调查披露，在美国最受钦佩的人是美国第一位非裔总统——一个在他当总统之前没有人听说过的人，一个在 21 世纪初没有人能想象到的现象；喜剧成了增长最快的文化产业。

---

[1]　Frank Rich, "In 2008, America Stopped Believing in the American Dream", *New York Magazine*, August 6, 2018, http://nymag.com/daily/intelligencer/2018/08/frank-rich-2008-financial-crisis-end-of-american-dream.html , 最后访问日期：2019 年 5 月 29 日。

对美国人来说，还有什么不值得高兴的呢？事实证明，还有很多。出生率创历史新低，而自杀率达到三十年来的最高水平；大规模枪击和阿片类药物泛滥无处不在。作者认为，美国的社会氛围可以说达到了进入现代以来最为黑暗的时期，更像是 1929 年——那时，美国发生了前所未有的经济崩溃，从大银行到家庭农庄，数百万美国人失去了工作和家园。

这种社会氛围的根源，要回溯到 2008 年 9 月，雷曼兄弟的倒闭引发了经济危机。这场经济危机对美国造成了比七年前的 9·11 事件更为持久的生存性威胁，以至于十年之后，表面的繁荣与和平也无法遮掩人们的这种想法：这个国家的一切都被打破了——种族关系、医疗、教育、宗教、法律、基础设施、新闻媒体，以及这个文明和社会的基本道德。

作者进一步指出，"美国梦"，这个松散的公民概念已经破灭。连同其一样为时代所埋葬的，还有该信条背后的假设：长远来看，不断上涨的经济浪潮将在同等程度上使所有美国人受益。当这种经济浪潮在 2008 年回落，其下的废墟一一显现之后，人们才发现，这不过是一个谎言。自马歇尔计划以来，美国不断对世界所宣扬的对进步和利润的无限信念，已经被证明是一种残酷的错觉。

经济危机从未带来任何可能有助于恢复这种信念的可能。华尔街的强盗们和大多数他们所在的银行一样逃脱了惩罚。债务缠身的千禧一代失去了霍雷肖·阿尔杰式的自我救赎之路，转而开始嘲笑美国"每一代人都会比之前那代过得更好"的传统信条；婴儿潮一代则面临着医疗保健等生活必需品愈加难以负担、无力凑齐养老资金的现状。

人们很容易将这种社会氛围全都归咎于特朗普，但作者认为，尽管特朗普加剧了这种不满情绪，却并不是始作俑者。特朗普的天才之处在于，利用了这几十年来伴随着全球化和技术剧变美国国内所酝酿的不满情绪，并把这种情绪当作一种武器。二战后，这似乎成为了美国政治的一个基本原则，即任何竞选总统的人都必须表现出罗斯福式的、昂首挺胸的乐观情绪。但特朗普的立场却是，美国是一个极度需要再次伟大的国家。正如他所提出的口号"Make America Great Again"那样。在 2015 年那个灾难一般的日子，他走下特朗普大厦的扶梯，宣布参选，并愤怒地宣称："可悲的是，·美国梦已经不复存在。"他抓住了制造悲观主义并将其视为爱国主义的商机，并且将其垄断。他对体制"被操纵"的判断并没有错，然而他"修复"体制的计谋却是在共和党自私和贪婪的当权派的全力配合下，为他自己、他的家族以及他身边充满骗子的圈子攫取财富。

同样地，作者也不认为奥巴马造成了这种社会氛围。2008 年，尽管经历了 1929 年以来最严重的金融危机，但奥巴马的当选给当时的美国社会带来了真诚的希望。他宣言要雇佣有才能的人把我们从让很多美国人受害的华尔街的贪婪和犯罪中解救出来，他发誓要缩小两场挥霍无度的战争，他成为许多美国年轻人的榜样。而他当选总统的事实也让许多人相信，这个国家最终可能会以某种方式摆脱奴隶制的原罪。在任期间，尽管受到了党派斗争的阻挠，同时也犯了一些不该犯的错误，奥巴马最终还是成功地带领美国走出了经济危机，并在很大程度上使得美国从战争中解脱了出来。但他也不得不在移民政策和金融改革上让步。当选民开始从"是的，我们可以！"转向"不，我们不行"或者"不能"时就显露出来，他的总统其实当得还相当稚嫩。

作者认为，美国当前这种不满情绪的产生是可以一直被追溯的。冷战时期的经济繁荣强化了世界对于美国"富裕的中产阶级的想象"，并向世界证明，美国资本主义制度在当时比苏联制度更为先进。这种想象的核心，是"相信自由市场资本主义将惠及所有人"，相信其成果将得到公平分配，"为不断壮大的中产阶级提供美好生活"。虽然对美国黑人来说，这种平等主义即便在经济繁荣的鼎盛时期也仍是一个神话，但是大多数白人都有着这种对经济公平的基本信念，以此"激励着美国白人工薪阶层和中产阶级遵守规则"。但这种信念和激励背后的前提性的假设是，资产阶级也同样遵守这些规则。

但是，资产阶级是否遵守经济公平的规则呢？事实上，自 19 世纪末的"镀金时代"（Gilded Age）美国开始创造巨额财富以来，这就一直是个悬而未决的问题。1900 年，《纽约邮报》（*New York Post*）发表的一篇社论就曾抱怨，千万富翁很少满足于平等地位。这篇社论指出，"美国梦"——在当时仍是一个尚未被普遍使用的术语——可能会被他们的贪婪终结。类似地，在 1908 年发表于《时代周刊》的一篇社论再次提出"美国梦"，倡导"财富的公平分配"，并指出保险公司高管和校长的薪酬之间的巨大差异："为什么我们把最高的薪酬给了金钱贩子，而把最低的薪酬给了教化理想的老师?"事实上，民粹主义运动在美国繁荣与萧条的每个周期中都会提出类似的问题，但并没有产生持久的效果。

在经济大衰退期间，两大政党应对高层人士对财富的攫取时的无视与失职——或者说是串通一气——也变得显而易见。比如，2011 年，奥巴马总统大张旗鼓地召集了一个新的就业委员会，并以促进两党合作的姿态，任命了一位著名的共和党人 CEO——通用电气的杰弗里·伊梅尔特（Jeffrey Immelt）。正如《纽约时报》很快报道的那样，奥巴马政府中似乎没有人知道或关心通用电气自 2002 年以来解雇了五分之一的美国员工。并且，在 2010 年，通用电气几乎没有为其 142 亿美元的利润缴纳任何联邦税。而富有的民主党人，高盛的加里·科恩（Gary Cohn），加入特朗普政府之后立即退出，只为确保减税政策，没有任何道歉。

自诩自由主义的改革者们如果在道德上放任自流，无法对经济主体起到监督作用，那么就只会加剧国民对精英阶层的厌恶。正是这样的真空使特朗普有了可乘之机。而一旦入主白宫，他就会以"税收改革"的名义，进行美国有史以来最富有的人最大规模的盗窃活动。作者最后指出，也许 2008 年金融危机的唯一好处是，揭露了两党与腐败的经济秩序长达数十年的勾结，从而破坏了两党的建制。

（编译/陈风雅）

# 阶级和不平等：马克·里拉与自由主义的危机

[**编者按**]　特朗普入主白宫，这一事件一度引发了美国知识分子的恐慌。本文作者、耶鲁大学法律兼历史教授塞缪尔·莫因认为，解读特朗普的成功离不开 1968 年以来的这段历史。马克·里拉在《自由派的过去和未来：超越身份政治》（*The Once and Future Liberal：After Identity Politics*）一书中从新的角度出发，重新解读了这段时期。

里拉的书出版后，塞缪尔·莫因在《波士顿评论》上对其加以评论[1]。他指出，里拉认识到了美国自由主义存在的历史和现有问题，他敏锐地捕捉到了自恋主义分析的局限，却没有仔细审视美国自由主义和民主党的失败为何会发生，也没能从结构角度加以分析和认识，而是用逃避的姿态结束了他的研究。塞缪尔·莫因还指出，里拉没有提供民主党和美国自由主义的出路，只是提出了另一种象征主义政治。

## 身份政治：马克·里拉的洞见与局限

长期以来，有一派美国自由主义者将福利国家视作负担，批判其只服务于白人工人阶级，认为罗斯福新政对受到忽视的穷人、非裔美国人和妇女而言极不公平。进而他们也在批评新政自由主义的结构性缺陷以及造成这种局

---

[1]　Samuel Moyn, Class & Inequality, "Mark Lilla and the Crisis of Liberalism", *Boston Review*, February 27, 2018.

面的冷战地缘政治。越南战争后这种批评愈演愈烈，流动在各党派之间的是白人身份政治和反国家主义经济学，直到特朗普成功入主白宫。

为什么会走到这一步在很大程度上取决于如何看待自1968年至特朗普当选的这段历史。马克·里拉在《自由派的过去和未来》一书中讲述了这段历史，认为新保守主义崛起时，美国福利国家自由主义的败局就已注定。新保守主义没有改造自由主义过度国家化的局限，而是接纳了身份政治。在里拉看来，美国自由主义如果想要自救，就必须面对这一政治结构，建立新的民族主义。但他没有仔细审视自由主义的自我改造为何会失败，而是以一种逃避的姿态终结了他的研究。

里拉以批评左派著称，但其论点却很依赖卡尔·马克思，其在文章中用两个关键章节向马克思喊话，诉诸"物质条件"来解释在特定时期什么样的政治才是合适的，以及为何进步人士会与右翼分子结成联盟。因此1968年至特朗普之间的这段历史不仅涉及文化因素，也有经济和政治层面的原因。

里拉认为，左派沉迷于寻找意义和个人身份并接受个人主义并非偶然。同一时期的右派支持并行的经济自由主义，并使得国家原子化。20世纪60年代的难民们首先提出了集体主义，然而遭到失败，后来他们教给自己学生的不再是社群政治，而是自恋文化。

的确，物质条件强烈影响着改革者的想象力。经济新自由主义时代使进步人士接纳了许多令人兴奋的事业，并令其向个人主义和任人唯才的方向倾斜。总体而言，里拉对于美国和民主党的叙事仍更多地从上层建筑出发，它需要多关注基础。更重要的是，里拉聚焦于人文学科的新左派，却忽略了政府和党派政治。他敏锐地捕捉到了对自恋文化主义分析的局限，但没有认识到结构的力量。

## 民主党何以失败？

20世纪70年代以来，民主党在政坛和权力上就与共和党站在了一起，这不仅是因为象征着新自由主义的身份政治，更在于新自由主义本身。民主党在国家政策上失败了，或者说已经和所谓的对手建立了相差无几的政策，希拉里·克林顿的失败就是力证。不过奇怪的是，里拉诉诸物质条件来解释身份政治如何成为新自由主义，却没有解释为何民主党长期以来都是新自由主义者。

在里拉的叙述中，大学十分重要。里拉将大学说成是由拥有终身职位、教导学生治疗身份创伤的激进分子构成的机构，认为大学已经从思想自由的顶峰掉进了充斥着令人窒息的顺从和思想警察的深渊。但里拉没有为这些说法提供实物证据，其实他对大学的了解程度也存疑，而且他需要明确这对于民主党的命运扮演着多重要的角色。

在其"1968到自恋文化"的叙事中，里拉对大学的执念使很多不相容的现象同质化了。作者认为，这是因为里拉没有从个人主义自我关注的角度来探求"身份政治"构成的共同认识如何运转。里拉指控的群体是被污名化的关注受害者命运的情感共同体，但在这些共同体中，其实很难看出他所谓的从"我们"向"我"之间的分裂。"寻找自我"这一内向的政治浪漫主义形式并不能解读里拉想解决的群体认同的问题。

里拉在对"黑人的命也是命"（black lives matter）的攻击中说，"在民主政治中，为赢得信徒和选举而设定高于必要的协议条款无异于自杀"。但是，任何成功的社会运动都不会事先明确计算出社会能容忍多少不公正现象被纠正，然后仅以此要求为限。不过，"黑人的命也是命"与里拉的美国自恋文化原本就不相容：它与嬉皮士向学生们传授的有关个人真实的放纵性伪政治学无关，而是对警察不受惩罚现象的回应，也是自由主义者与保守主义者一起为城市黑人穷人建立的一个共同的国家，而不是重新创设里拉所说的为他们服务的罗斯福制度。总之，催生"黑人的命也是命"这类运动的是新保守主义和新自由主义，而非新浪漫主义。

美国一直以来都存在一种群体政治，就这一点而言，近来没有太大变化，也无法将近期的杰出群体与自恋文化结合起来。可以说，群体运动以一种适应其所处时代的强大力量阐明了一些原因。但更进一步，经济自由主义的胜利不在于左右群体兴衰（群体兴衰取决于存在的需求），而是让工会等运动衰落，并使其他运动兴起：在阶级自由的条件下实现种族正义，"依附"于新自由主义的女权主义等等。在这个意义上说，这也不是对美国自由主义所需要的大学中的身份政治的批判，而是对社会中自由主义经济学的批判。总之，美国的问题或许就是里拉所说的"环境自由主义"，但相比于早期新保守主义，真正让罗斯福自由主义走上下坡路的，其实是现代美国政治各个领域中的自由市场意识形态。

### 里拉的困惑：何为民主党的方案？

里拉看到了民主党需要一个方案，但错在面对结构正义问题时保持了沉默。里拉最有力的观点是，他坚持认为政治不仅仅是批评权力，更是行使权力，进而赢得权力。他认为，如果进步主义分子不仅要动员民众，而且要赢得胜利的话，就要争取与每一个地方的所有美国人重新结合起来。他也有理由认为，今天特朗普对其进步主义敌人的主要威胁不是"暴政"，而是诱惑他们重蹈不再提供主要替代方案的覆辙。民主党需要的不是抵抗，而是全新的愿景，如果新政也无法挽回，就需要一个新的进步主义党派。

里拉没有说明何为新愿景。他自己也承认他所说的公民民族主义是虚空的，如果他不能充实这一主义的内容，就会再犯"不重视白人男选民的真实利益"这一错误。里拉想告诉大家，只要民主党依然需要男性白人去赢得大选，他们就应该在战略目的上缓和对于白人至上主义的指控。但更好的解决方案应该是提出一个重新构想跨越现行界线的共同利益的方案。

如果没有方案，里拉在其著作中对公民的召唤就仅仅是一个身份政党与身份社会的社群主义诉求——就好像他其实同意他所挑选的敌人的观点：人们最想要的（或者最有效的）是一种有意义的政治。里拉谴责一种象征主义政治，然后提出了自己的象征主义政治。他严厉批评了一种政治存在主义，但如果公民民族主义无法围绕新的政治体系形成，它又能是什么呢？

### 美国自由主义的出路

特朗普当选后，美国主义者们才刚刚开始正式为国家的结构争议设计方案。令人不安的是民主党对此史无前例的、利于国家也利于竞选前景的任务采取了回避的态度。里拉的观点引起了骚动，但其真正的价值在于揭示了自由主义者的混乱，他们只是在真正行动之前凭直觉认为有必要改变他们的方式。

里拉要求的新罗斯福式分配方案必须要有当代新政的支持，这种新政必须考虑最初的新政发起时的阶级争议，包括对种族和性别有关的自由主义冲动的促进。

罗斯福的天才之处在于不以美国身份的名义超越特定的身份，而是坚持市场为富人服务。里拉有时也承认，最初的自由主义并不为所有人群服务。这一事实构成纠正自由主义疏漏的绝佳理由，许多民主党人也正致力于此，直到 1968 年之后，民主党人被迫停止自己的脚步，国家也走上了另一条道路。如今美国社会正义和尚未看到起点的自由主义需要的出路并不是新政，而是新保守主义与自由主义的交汇点。

（编译/马延婧）

# 马克思主义宪法观的复兴

    **[编者按]**    自美国宪法以来的资本主义宪法创造了一个自由神话，但在历史唯物主义的检视下，这只是一种掩盖阶级本质的形式宪法。当下日益分裂、矛盾的世界，呼唤着马克思主义作为知识渊源在宪法学研究领域的回归。2018 年 2 月，格拉斯哥大学法学院教师马克·哥德尼在"法律形式"网站发表了《实质宪法导论：传统和构成》[1] 一文，重提马克思主义宪法学的思想成果——实质宪法。在本文中，作者梳理了这一概念自拉塞尔（Ferdinand Lassalle）至法律制度主义的学术渊源，指出过往的研究都轻视了宪法秩序的物质性，为此，作者提出了采用亚里士多德的四因说分析实质宪法构成的研究方法，并分别讨论了实质宪法四个构成要件的具体内容。最后，作者提出，宪法学研究应同时关注形式宪法与实质宪法，而后者更是研究的真正挑战所在。

## 实质宪法的传统

    金融危机以后，作为知识渊源的马克思主义在国际法等法学领域内逐渐回归，但是宪法学研究中仍未出现马克思主义的复兴，在此，本文作者指出，拉塞尔提出的实质宪法概念是遭到污名化与抛弃的最为知名的马克思主义宪

---

    [1] Marco Goldoni, "Introduction to the Material Constitution: Traditions and Constitutive Elements", *Legal Form*, February 9, 2018, https://legalform.blog/2018/02/09/introduction-to-the-material-constitution-traditions-and-constitutive-elements-marco-goldoni, 最后访问日期：2019 年 5 月 3 日。

法学研究成果。

拉塞尔在对自由宪法作为掩盖潜在阶级模式和生产关系的形式主义的批判中提出了"真正的宪法",与虚伪、欺骗性的形式宪法对立,拉塞尔认为实质宪法的基础必须建立在"特定社会中社会力量永远且唯有真实有效的关系"之上。然而,作者认为,这一理论错误地将实质宪法与形式宪法截然分开,拉塞尔法律维度不发挥宪法功能的观点是有局限的。

查尔斯·比尔德(Charles Beard)在《美国宪法的经济观》(The Economic Foundations of the American Constitution)中的分析聚焦于"国父"们的个人和阶级利益,本文作者肯定其为使用历史唯物主义研究宪法理论的另一次有力尝试。作者认为,比尔德的观点正确地指出了不考虑必然相关的政治经济状况,不可能理解宪法秩序,但是错误地把宪法秩序与政治经济的关系看作单向度的,导致不鼓励对生产力组成状况进行分析,进而使得个体与集体的力量晦涩不清。

在鲁道夫·斯门德(Rudolf Smend)等第一波法律制度主义者(legal institutionalists)那里,实质宪法作为服务于通过宪法秩序整合社会的目标功能出现。作者认为,这一传统的积极经验在于将宪法秩序与社会制度一起研究,局限则在于出现了对事实与规范的绝对二元分割,而且在描述宪法秩序形成中忽视了社会内部的分歧。

在作者看来,尽管以上两种马克思主义宪法学的传统都提供了有益见解,但共同的基本问题在于,它们倾向于轻视宪法秩序的物质性。作者指出,相较于自由主义宪法,实质宪法的主题应当定位于与社会秩序形成的内在关联,研究实质宪法,必须认识到,宪法秩序深植于矛盾且必然片面的社会的自我描述之中。

## 实质宪法的构成

如何研究宪法秩序的物质性?作者提出,在现代法律秩序的语境下,实质宪法由四个构成要件组成,采用亚里士多德的方法归纳,即四因。

第一个要素是形式因:政治、法律统一体的产生。法律秩序与政治秩序都与具体的时空维度相联结。作者认为，尽管在资本主义秩序中，这一维度的支配形式一直由国家和帝国（states and empires）形塑，然而以欧盟为例，超民族国家层面上存在其他类型的时空维度。

第二个要素是质料因：对于构筑社会关系至关重要的社会和法律制度。作者认为，金钱、家庭、公私财产等常被视作归属于私法的制度，都对实质宪法的形成和发展造成了重大影响。

第三个要素是动力因：实质宪法的主体。作者认为，这一要素属于实质宪法的政治维度，是唯物主义分析的关键要素。尽管政治系统通常被认为是动力的主要来源，但如工会和社会运动等其他主体在某些语境下也可被纳入分析的对象。

第四个要素是目的因：每一个实质宪法都是围绕特定基本目标的社会、政治力量的浓缩。作者认为，这是实质宪法另一个主观的层面，显示了宪法秩序"也同样是阶级冲突背景下国家目标的表达"，正是围绕着基本政治目标的抉择及其阻力的冲突，集体主体形成了它们的政治认同。

尽管本文主要围绕实质宪法展开，但作者最后提醒，形式宪法与实质宪法二者处于一体的关系，不能轻视形式宪法的研究，通过考察如宪法性规范和惯例等形式宪法，也能发现整个宪法秩序中的特定方面，但是，宪法学理论家们真正的挑战，仍在于理解物质性的本质。

（编译/唐亦文）

# 科尔宾一代与新一轮学生运动的兴起

[**编者按**] 杰瑞米·科尔宾（Jeremy Corbyn）是英国现任工党主席，他反对英国自 2010 年起实施的财政紧缩政策，反对削减公共服务和社会福利支出。2015 年，科尔宾在最后一刻加入工党主席竞选，他只获得了 36 位议员提名，是候选人里最不被看好的一位。尽管面临着来自党内的巨大压力和反对声浪，科尔宾仍然获得了大量民众支持，以高票当选工党主席。作为坚定的"留欧派"，2016 年英国脱欧公投后，科尔宾的地位受到了挑战，党内超过三分之二的议员对他投出不信任票。然而，2016 年的党内选举中，科尔宾仍获得了超过 60% 的选票，成功连任工党主席。科尔宾在工党高层中并不受欢迎，却总能得到民众的大力支持，原因何在？塞缪尔·厄尔发表于《雅各宾杂志》的文章《科尔宾一代》[1] 通过回溯 2010 年英国的学生抗议运动，为我们提供了一种视角：2010 年的学生抗议运动爆发时，大多数政客出于政治需求考虑，都站在了学生的对立面，只有科尔宾主动站出来为他们发声。这些曾经参与抗议活动的学生如今已经褪去青涩，成为支持科尔宾的中坚力量。当年的学生运动虽然以失败告终，却为科尔宾留下了珍贵的政治遗产。

比起许多其他政客，工党领袖科尔宾的政治轨迹可谓是个异数。他一向不被党内看好，脱欧公投后更是有超过三分之二的党内议员对他投出了不信

---

〔1〕 Samuel Earle, "The Corbyn Generation", *Jacobin*, January 19, 2017, https：//www. jacobin-mag. com/2018/01/student-revolt-austerity-uk-corbyn-momentum，最后访问日期：2019 年 5 月 20 日。

任票。但是，科尔宾却仍然连续以高票当选工党主席。由马特·迈尔斯（Matt Myers）所著的《学生抗议运动："紧缩一代"的发声》（*Student Revolt：Voices of the Austerity Generation*）揭示了这种现象的原因。他指出，科尔宾在2016年的胜利可以追溯到2010年的学生抗议运动。科尔宾在抗议期间的表态在学生群体中赢得了许多"粉丝"，而这些人日后都成为了他坚定的支持者。

## 失败的学生运动：被政府抛弃的年轻人

2010年秋天开始，全英国境内有上千名学生走上街头，抗议政府大幅提高大学学费，取消提供给贫困学生的教育津贴。这项改革是英国政府实施的财政紧缩政策的一部分，其目的主要是为了削减财政支出。尽管学生们组织了大规模的抗议，占领了保守党总部大楼并与警察爆发了冲突，但是并未起到作用，议会仍然投票决定将大学学费上限提高至9000英镑。虽然当局坚称这一上限仅在个别情况下才会出现，但事实是，几乎每所大学都把学费上调至这一水平。

不仅如此，参加抗议的学生还遭到了警察的粗暴镇压，以及来自政界的广泛批评。警察动用马匹和催泪弹等手段驱逐街上的学生，卡梅伦（Cameron）和特蕾莎·梅（Theresa May）声称他们是"粗野的乌合之众""破坏分子"。虽然身为在野党，但工党影子内阁的内政大臣埃德·巴尔斯（Ed Balls）选择站在政府一边，对学生的行为表达了谴责；工党党首埃德·米利班德（Ed Miliband）曾考虑实地探访参加示威的学生，但不知是出于顾忌还是其他原因，最终并没有成行。简而言之，这些学生的处境可谓是孤立无援。

迈尔斯在书中指出，2010年的抗议运动对年轻人来说是一次前所未有的教育。按照年龄推算，参加抗议运动的一代人大多为"90后"，社会对他们的印象一直是懒散、麻木、对政治漠不关心，但是抗议运动却激发了这些学生身上的抗争精神，让他们自发走上街头，为了自己的权益而据理力争。事实上，许多参与抗议的学生并不打算读大学，不会受到此次学费改革的影响，但他们依然对教育私有化政策感到不满。他们抗议政府把教育变成私人产品，把学生视为消费者。此外，这些学生也在借此发泄自己被社会和政府"轻视"

的不满和苦闷；参加街头抗议的学生大多来自城市中下阶层或出身少数族裔，比起富裕中产家庭的白人，他们面临着更大的生活压力。

英国的教育私有化进程给在校学生带来了巨大的压力：高等教育的私有化率从 2000 年的 32% 上升到 2007 年的 64%；如今每位英国大学生平均背负着 50 800 英镑的学生贷款，数额位列全球之首。家庭出身较为贫困的学生和少数的族裔学生是财政紧缩政策最大的受害者，不断攀升的学费不仅让大学教育变得遥不可及，而且在金融危机来临时，他们也是最容易丢掉工作的人：2008 年经济危机过后，少数族裔年轻人的失业率从 21% 上升到了 35%。这些年轻人原本是无辜的，却被迫承受了金融危机带来的苦果。

## 与众不同的政治家：科尔宾成功的秘密

2010 年的学生运动没能阻止政府上调大学学费的决心。虽然抗议运动一直延续到了第二年，但参与人数越来越少，也不再有媒体关注。换言之，这次学生运动"无果而终"。但事实真的是如此吗？

厄尔指出，学生们的诉求虽然没有得到回应，但他们的希望却飘落到别的地方生根发芽——这个人就是杰瑞米·科尔宾。抗议运动期间，科尔宾表现出了与其他政客完全不同的态度。他是唯一公开站出来为学生发声的议员。议会辩论当天，科尔宾要求内政大臣与伦敦城市警察负责人进行沟通，放弃针对学生的围堵策略。科尔宾强调，这些学生的行为在他看来完全是"合情合理的和平示威"。科尔宾的盟友约翰·麦克唐纳深入现场，和参加抗议的学生手挽手，共同面对警察的围堵。这些真诚的做法和其他议员表现出的虚伪、冷漠完全不同，很快俘获了学生们的心。

2010 年的学生运动失败后，许多核心参与者并未放弃。有些人后来进入了主流或非主流的左翼媒体，持续不断地发声；有些人如詹姆斯·施耐德（James Schneider）投向了工党的怀抱，成了科尔宾参选阵营中的一员；更多人成为了科尔宾沉默却忠实的支持者，用一张张选票向他表达无言的支持。2015 年，工党在大选中落败后，很多参与学生运动的年轻选民都支持科尔宾竞选工党党首。在某种意义上，是他们顶着党内同僚的反对声浪，成功地把科尔宾推上了党首的位子。而到了 2017 年大选时，黑人和少数族裔的投票率上升到 64% 的历史高位，工党在这些族群中的支持率跃升了 6 个百分点。

2010 年是许多年轻人关心政治的起始，也预示着一种新的政治生态来临。年轻人逐渐走近政治舞台的中心，他们对老牌政客的空洞和虚伪感到厌倦，而在科尔宾身上，他们发现了其他政治家所缺少的真诚和责任感：科尔宾拥有一种坚定不移的信念，他愿意倾听这些出身低微的年轻人的声音，并为他们的利益而奔走。从这个意义上讲，科尔宾的崛起并不是偶然的。他的当选意味着 2010 年的学生运动终于在若干年后开花结果，取得了迟来的"胜利"。

（编译/刘子琦）

# 经济权利应成为美国人权政策的一部分

[**编者按**] 自 20 世纪 70 年代，美国一直充当国际人权卫士的角色，在对外关系上推行"人权外交"。但是其人权政策多局限于政治和公民自由方面，对经济权利从未上升到人权的程度并给予真正的尊重与保护。对此问题，《外交政策》杂志刊登《经济权利应成为美国人权政策的一部分》一文，[1]梳理了美国自第二次世界大战期间和罗斯福新政后至奥巴马政府的人权政策的内容和特点，主要探讨了美国人权政策中是否包含经济权利的问题，并得出结论：美国在推行人权政策时应加入经济权利，否则美国将有可能成为一个承诺促进自由却实际上加剧了全球不平等的国家。

四十年来，美国一直在国际上宣扬人权，并以此作为其外交政策的重要内容，但是美国的人权政策只局限于政治和公民自由，并与世界自由市场自由主义议程相结合。由于忽视了社会和经济权利以及国家内部和国家之间的巨大差距，这些外交政策反而加剧了其意在根除的许多罪恶。因此美国政府必须重新考虑并全面改革其外交政策。

## 二战后美国人权政策内容与影响

在第二次世界大战期间和罗斯福新政后，美国人首先开始认真思考如何

---

〔1〕 Samuel Moyn, "Economic Rights Are Human Rights", *Foreign Policy*, April 2018 Issue, http://foreignpolicy.com/2018/04/09/the-freedom-america-forgot-populism-human-rights-united-nations/, 最后访问日期：2019 年 5 月 30 日。

改善世界其他地区人民的生活。许多人认为，若想形成一项全球性的新政，美国人必须大胆地考虑经济问题，承诺提供并公平分配基本生活用品。美国副国务卿萨姆纳·威尔斯（Sumner Welles）1942 年在阵亡将士纪念日的演讲中指出，"战争结束时只有美国有力量和资源领导全世界走出深陷已久的泥潭，并形成一个免于贫困的世界秩序"。他提及罗斯福在 1941 年的演讲中承诺要促进的"四大自由"（Four Freedoms）之一：免于贫困。威尔斯认为其他地方的不平等问题同样重要。的确，在他看来，纠正各国国内和国家之间的不平等是一项和平任务。1944 年，在罗斯福的倒数第二份国情咨文中，他回顾了"四大自由"演讲，并设想了第二份美国权利法案，其中包括福利国家的经济和社会保障。但是，罗斯福却未将这些豪言壮语转化为实际政策。一项全球范围内的关于生存的新政——以及作为一种全球规范的少量的物质平等——从未实现过。随着第二次世界大战的结束，美国同意将人权纳入《联合国宪章》，并参与起草 1948 年通过的《世界人权宣言》。但华盛顿谨慎地确保没有任何一个新的国际机构有权力通过提供基本权利来保护经济和社会权利。由于受到紧迫的共产主义的威胁，哈里·杜鲁门（Harry Truman）总统确实加大了美国经济发展援助的力度，但这种援助是为政治服务的（如反共产主义），而非人道主义目的。

三十年后，《联合国宪章》的人权条款和《世界人权宣言》被重新提起，并成为美国总统吉米·卡特（Jimmy Carter）领导下的美国外交政策的核心。面对从殖民政策中新独立国家的建立世界范围内新政的要求，卡特甚至考虑支持经济和社会权利。早在 20 世纪 70 年代中期，石油危机和布雷顿森林体系（维护固定汇率超过 30 年）崩塌后，亚非发展中国家与拉丁美洲联合提出了一个"国际经济新秩序"，要求富裕国家在世界范围内支持这个项目。华盛顿的政策制定者们在开始关注全球贫困问题时，曾短暂地承认了这些要求，这些要求是此前富裕国家从未认真对待过的。在 1977 年 5 月的一次演讲中，卡特谈到了"正义和公平的全球性新问题"。他提到除了言论自由和其他公民自由，基本的生存问题也需要人们注意，因为"饥饿、疾病和文盲的直接问题"并未消失。同年春天，卡特的国务卿赛勒斯·万斯（Cyrus Vance）进一步强调，美国的政策应该包括"满足食物、住所、医疗保健和教育等重要需求的权利"。尽管卡特和他的政府偶尔会做出一些华丽的姿态，但他们从未完全制定出促进经济和社会权利的政策。正如国务院官员桑迪·沃格尔桑（Sandy Vogelgesang）后来解释的那样，万斯轻描淡写地提及了经济和社会权利是最后一分钟添加在演讲中的，意在填补"卡特执政初期的真空"。这份声明是在官员们制定出全面的人权政策之前发布的。随着政策的细化，来自发展中国家的压力不断下降，因此也失去了将经济和社会权利纳入基本人权的努力动力。从卡特政府开始，美国的人权政策只关心政治和公民权利。

事实上，当罗纳德·里根（Ronald Reagan）当选总统时，其提名的国务卿人选欧内斯特·勒热弗（Ernest Lefever）的行为险些扼杀了新兴的人权承诺。因为欧内斯特·勒热弗和许多保守党一样，是卡特政策公然的反对者，拒绝在冷战期间的道德问题上扮演任何角色。勒热弗最终没有被任命，美国的人权政策也得以保留。但对经济权利的担忧已经消失，部分原因是美国也在放弃自己消除国内的不平等的新政承诺。从那以后的几十年里，这种新的发展轨迹使得许多国家的经济不平等加剧——这一情况助长了全球民粹主义的兴起。

许多人权活动家，包括只有在冷战结束时才不情愿地开始关注经济和社会权利的美国人，可能会认为 20 世纪 70 年代是错失的机会，因为这些原则已经丧失。事实是，这一错误更加严重：美国政府从来没有通过将经济政策纳入基本人权的手段成功地将人权与全球公平联系在一起，这些经济政策不仅提供基本的生活保障，而且提供平等的结果。这是因为，卡特的总统任期正好赶上了一种经济正统观念的诞生，这种正统观念适逢国家将市场置于优先地位，而狭隘的人权政策赋予了言论自由和身体完整以特权的时代。

虽然有援助空间为外国穷人提供基本的需要，但它却止步于此。正如世界银行行长罗伯特·麦克纳马拉（Robert McNamara）在 1977 年所言："发展中国家在缩小他们与富裕国家之间的差距，其主要发展目标仅仅是为了避免不必要的挫折。"但他补充说："减少贫困是一个现实的目标，同时也确实是一个绝对必要的目标。"为纠正各国之间的不平等而作出的真正努力是不予考虑的，而自由市场改革也导致了一种加剧当地不平等的增长形式。

从卡特时代开始，特别是在里根执政时期，美国开始通过其直接影响及其帮助控制的国际金融机构的长臂来推动自由贸易议程。它从此背离一项优先重视经济和社会权利的人权政策。直到 2011 年，迈克尔·波斯纳（Michael Posner）在巴拉克·奥巴马政府中主持国务院人权政策，采用了罗斯福在美国法学会的一次演讲中的旧有说法，宣称人类尊严有政治因素和经济成分——这些不可避免地联系在一起。但奥巴马政府从未赞同过这些原则。2010 年和 2015 年，当美国官员因在联合国人权理事会（Human Rights Council）的做法受到批评时，奥巴马的律师回绝了将一国内和国际的经济和社会权利结合起来的请求。

在罗斯福和卡特政府期间，将促进经济和社会权利与减少全球的不平等的真正的努力结合起来还是可以想象的，此后此种结合再也没有出现过。毕竟，那些民粹主义者支持者似乎很少是最贫困的那部分人口。相反，那些看到自己的工资停滞不前，而其他人却疯狂获利的人，是当代蛊惑人心的政客们最主要的目标。美国已经见证了一种全球化的形式，其促成了世界范围内极端贫困的显著减少，这一点值得赞扬——尽管中国应该得到最多的赞扬。但是此种全球化在大多数国家造成了急剧的不平等，使不稳定达到了危险的程度。

## 美国人权政策的出路

人权政策为多数派的感受——全球化对他们是否公平的感受所左右，而非是对少数精英们的恩惠。事实上，全球各地的选举结果显示：政客宣称最糟糕的人的人权比他们自己的人权更重要，大多数人对此说法不感兴趣，尤其是他们需要依靠薪水生活时。而反对经济不平等的承诺恰恰吸引了这部分人。因此，如果美国的人权政策能在现任总统的任期内得以延续，那么它应该被重新审视，以帮助世界上最贫穷的国家。这可能是通过促进经济和社会权利，以及更有雄心的消除民粹主义者崛起的政策来实现的。否则，美国将有可能成为一个承诺促进自由却在实际上加剧了全球不平等的国家。

（编译/蒋雨璇）

# 赫拉利论数据独裁

[编者按] 尤瓦尔·赫拉利是世界著名的历史学家，任教于耶路撒冷希伯来大学。他的《未来简史》和《人类简史》给人类认识自身提供了一个颠覆性的视角。作为极为关心技术发展的历史学家，赫拉利关于"数据独裁"的讨论也是极富启发性的。在其《技术独裁的兴起》[1] 和《自由的神话》[2] 两篇文章中，赫拉利做出了一个极为悲观的预言：自由主义将进入前所未有的危机，掌握着先进技术的极少数企业和独裁者将掌握更具支配性的权力，而缺乏这一技术的大多数人将沦为无用阶级，并在数据独裁中永远失去自由。

## 自由主义面临严重危机

赫拉利认为，自由主义已经经受住了三次大危机——第一次世界大战、20 世纪 30 年代的法西斯挑战和 20 世纪 50-70 年代的共产主义挑战。目前，它所经受的挑战则来自于人工智能。

首先，自由主义的哲学基础——自由意志，变得岌岌可危。如今，相信"自由意志"突然变得危险起来。如果政府和企业成功地侵入人类，最容易被

---

[1] Yuval Noah Harari, "Why Technology Favors Tyranny", *The Atlantic*, October 2018, https://www.theatlantic.com/magazine/archive/2018/10/yuval-noah-harari-technology-tyranny/568330/，最后访问日期：2019 年 5 月 20 日。

[2] Yuval Noah Harari, "The Myth of Freedom", *The Guardian*, September 2018, https://www.theguardian.com/books/2018/sep/14/yuval-noah-harari-the-new-threat-to-liberal-democrac，最后访问日期：2019 年 5 月 20 日。

操纵的人将是那些相信自由意志的人。要想成功地侵入人类，需要两样东西：对生物学的良好理解和强大的运算能力。不久之后，企业和政府可能会两者兼得，一旦他们可以侵入你，他们不仅可以预测你的选择，还可以重新设计你的感受。

比如，当你上网时，一个标题吸引了你的眼球："移民者强奸了当地妇女"。你点开了它。与此同时，你的邻居也在上网，另一个标题吸引了她的眼球："特朗普准备对伊朗进行核武器攻击"。她点开了它。这两个标题都是假新闻，可能是由俄罗斯的好事者或热衷于吸引阅读量以增加广告收入的网站制造的。你和你的邻居都觉得点开这些标题是出于你们的自由意志，但事实上你们已经被侵入了。

因此，在21世纪的第二个十年，自由主义逐渐受到批评。自由民主对中产阶级的作用越来越受到质疑；政治愈加部落化；在越来越多的国家，领导人越来越热衷于蛊惑人心和专断。这种政治转变的原因很复杂，但它们似乎是与当前的技术发展相互交织的。促进民主的技术正在变革，并且人工智能可能会带来更多改变。

信息技术飞速发展着；生物技术也为审视我们的内心打开了一扇窗——我们的情感、思想和选择。信息技术和生物技术将给人类社会带来前所未有的动荡，侵蚀政府机构，并可能使我们欲望败坏。基于此，自由民主和自由市场经济可能已经"不合时宜"。

即使某些社会表面上仍是民主的，但算法效率的提高也会将越来越多的权力从个人导向网络化机器。我们可能会心甘情愿地放弃生活的"自主权"，因为经验告诉我们机器算法比情感更可信，最终我们将失去独立决策的能力。Google搜索算法使得我们独立定位信息的能力降低，这一进程也影响着我们的身体机能，如空间导航。人们要求Google不仅要查找信息，还要引导他们。自动驾驶汽车和AI医生将是进一步的侵蚀；尽管这些创新将使卡车司机和人类医生失业，但更大的意涵在于权力和责任将不断向机器转移。

## 无用阶级和反抗边缘化

赫拉利预言，到 2050 年，随着人工智能在广泛的领域取代人类劳动，由于工作机会或者相关教育的匮乏，以及人们没有足够耐心不断学习新技能，一个新的无用阶级可能会出现。在此之前，越来越多的普通人将逐渐被甩入一个无法逃脱的边缘化厄运。

2018 年，普通人感到自己越来越被边缘化。对于在 TED 演讲、政府智囊团以及高科技会议上人们兴奋谈论的那些神秘术语——全球化、区块链、基因工程、人工智能和机器学习——普通人（包括男性和女性）都可能认为这些与他们相距甚远。

在 20 世纪，群众反抗剥削，并试图将其在经济中的重要作用转化为政治权力。现在，普罗大众担心自己被边缘化，他们近乎狂热地利用他们尚存的政治权力。因此，英国脱欧和唐纳德·特朗普上台可能呈现了与传统社会主义革命相反的轨迹。2016 年，特朗普和英国脱欧得到许多人的支持，他们虽享有政治权力，但却担心正失去经济财富。也许，21 世纪此起彼伏的民粹主义并不是为反对剥削人民的经济精英，而是指向那些不再需要他们的经济精英。这场战斗很可能失败。与反剥削相比，反边缘化要困难得多。

## 数字独裁的兴起

赫拉利悲观地预言，一旦某人掌握了操纵人类心灵的技术能力——可靠、廉价和成规模地——民主政治将退化成情绪化的木偶剧。这就是数字独裁的兴起。

就监视来说，世界上许多国家，包括几个民主国家，正忙于建立前所未有的监视系统。例如，以色列是监视技术领域的领头羊，并在被占领的西岸创建了一个全面监视体系的雏形。巴勒斯坦人可以管理西岸的一些城镇和村庄，但以色列人掌控着天空、电视广播和网络空间。因此，只需极少的以色列士兵，就可以监控居住在西岸的大约 250 万巴勒斯坦人。西岸巴勒斯坦人如今的经历，也许只是全球数十亿人最终经历的预演。

机器人可能知道我们最深的恐惧、仇恨和渴望，并以此对付我们。在全球最近的选举和公投中，黑客通过分析选民数据和利用他们的偏见来学习如何操纵选举时，我们便对此已有耳闻。虽然科幻惊悚片往往有大火和烟雾漫天的灾难，但现实中我们点击鼠标可能也要面对此种局面。

人工智能革命最大和最骇人的影响可能与民主国家和独裁政权的相对效率有关。历史地看，独裁政权面临着创新和经济增长的巨大障碍。20 世纪后期，民主国家通常比独裁统治表现更好，因为它们在信息处理方面要好得多。我们倾向于将民主与独裁之间的冲突视为两种不同道德体系之间的冲突，但它实际上是两种不同数据处理体系之间的冲突。民主分权处理信息由多人/机构决策，而独裁统治将信息和权力集中在一个地方。鉴于 20 世纪的技术，信息和权力过于集中是低效的。没有人能又快又准确地处理众多信息并正确决策。

然而，人工智能也许能很快将扭转这种态势。AI 可以集中处理大量信息。事实上，它可能使集中式体制比分散式更有效，因为机器学习在有更多可供分析的信息时更高效。20 世纪专制政权的主要障碍——将所有信息和权力集中在某个地方——可能在 21 世纪成为决定性优势。

总的来说，赫拉利认为，我们应该捍卫自由民主，不仅因为它已被证明是一种比任何其他选择都更为温和的政府形式，还因为它对争辩的人类未来限制最少。与此同时，我们需要对自由主义的传统假设提出质疑，发展出一个更符合 21 世纪科学现状和技术力量的新政治项目。

（编译/吴蔽余）

# 人工智能带来的挑战

[**编者按**]　人工智能越发改变了人们的生活。作为政治家和历史学家，亨利·基辛格在其《启蒙如何终结》[1] 一文中表达了对人工智能的强烈担忧。在基辛格看来，人工智能意味着 15 世纪以来启蒙的终结，而人工智能将给人类社会建立一个陌生的新秩序。然而，人类对此并未做好充分准备，特别是如何克服人工智能内在的诸多缺陷。马德里加尔在《脸书对美国民主做了什么》[2] 一文中则从人工智能的具体运用——社交网络的角度，展示了其对民主运行可能产生的负面影响，包括制造假新闻等信息泡沫、了解用户喜好进而影响用户在民主投票中的行为等，从而给基辛格的悲观断言提供了例证。

## 启蒙的终结

亨利·基辛格从一位历史学者以及一位政治家的角度，表达了对人工智能的担忧。他首先回顾了历史上的启蒙，他认为，迄今为止，对当代历史进程造成最大影响的技术进步是 15 世纪印刷机的发明。它使对经验知识的追求

---

〔1〕　Henry A. Kissinger, "How the Enlightenment Ends", *The Atlantic*, June, 2018, https：//www. theatlantic. com/magazine/archive/2018/06/henry－kissinger－ai－could－mean－the－end－of－human－history/ 559124/，最后访问日期：2019 年 5 月 20 日。

〔2〕　Alexis C. Madrigal, "What Facebook Did to American Democracy——and Why It Was so Hard to See It Coming", *The Atlantic*, October 12, 2017, https：//www. theatlantic. com/technology/archive/2017/10/ what－facebook－did/542502/，最后访问日期：2019 年 5 月 20 日。

取代了礼仪教义，启蒙时代逐渐取代宗教时代。个人思想和科学知识取代信仰，成为人类意识的主要标准。信息通过图书馆的扩张得到存储和系统化。启蒙时代是塑造当代世界的诸多思想和行动的来源。

但是现在，这个秩序在一个新的、更加广泛的技术革命下显得动荡不安。我们无法完全预测新技术的变革带来的影响，它发展到顶点时，可能会带来一个依赖于数据和算法驱动的机器、不受伦理或道德规范约束的世界。在此意义上，启蒙将走向终结。

## 人工智能的问题

基辛格指出，人工智能可能有以下问题：

第一，人的异化。人类的认知失去了个体特征。个体变成了数据，而数据变成了统治者。人工智能可以比人类更迅速而明确地掌握某些能力，随着时间的推移，这可能会让人类变得无能，甚至削弱人类境况本身，因为人工智能把人生变成了数据。

第二，真相让位于信息。搜索引擎算法可以预测客户个人偏好，使算法能够提供个性化的结果，使其可被第三方出于政治或商业目的加以利用。真相变成相对概念。信息可能足以击败一切智慧。

第三，共识政治不再可能。针对微型群体精准投放信息的能力打破了先前就优先事项达成的共识，允许政治讨论中对特定的目的或诉求予以关注。政界领导被困在来自种种特定事项的压力中，不再有时间思考或反思时代背景，压缩了展望未来的空间。数码世界强调效率，会阻拦反思。为达到速度，激进变得比思虑周全更重要。不是内省，而是小团体们的意见，塑造了数码世界的价值观。

第四，人工智能可能犯巨大的错误。首先，人工智能可能会导致意想不到的结果，比如，人工智能由于其内在的语境缺失而误解人类指示。其次，在实现预期目标时，人工智能可能会改变人类思维过程和人的价值。最后，人工智能可能会达到人们预期的目标，但无法解释它得出结论的理由。

基辛格呼吁美国从国家层面系统全面地探究人工智能、研究其含义或开启终极学习的进程。美国政府应该考虑由杰出的思想家成立总统委员会，协助国家扩展视野。有一点很肯定：如果我们不尽快开始这项工作，不久我们就会发现开始得太晚了。

## 实例：脸书颠覆民主

作为人工智能的具体应用，脸书颠覆民主的实例支持了基辛格的悲观论断。

马德里加尔认为，脸书可以在一定程度上影响选举进程乃至结果，从近五年来其发展的历程就可以看出端倪。

早在 2012 年，一项调查就已经发现，脸书让更多的年轻人参与到了总统大选的投票中。甚至可以说，美国年轻人能参加选举投票，大部分功劳都要归于脸书。而到了 2014 年，哈佛大学某位法学学者更指出，脸书可以在无人察觉的情况下决定选举的结果，而且由于拥有海量的个人信息，其必须对用户承担忠实义务。另有一项研究也发现，只要某一地区出现了脸书关于竞选的广告，该地区人们投票的参与度就可以提高近 20 个百分点。脸书自然对此予以否认。作者倒不怎么怀疑，因为脸书可能不清楚自己到底能产生多大的影响，连扎克伯格都不一定明白。研究表明，在 2016 年美国大选最后三个月里，脸书上影响范围最广的一些假新闻大大提高了民众的选举参与度，而结果对特朗普有利。

对于用户来说，脸书可以"给你想要的"，因为"动态推送"（News Feed）功能可以筛选信息并进行预测。该功能通过确定什么是用户想要的，什么是用户希望评论的，以及什么是用户愿意分享的，就可以对用户的喜好和行为进行精准"预测"——甚至还不仅仅是预测，可能更是"告诉"用户怎么做。

作者认为，脸书在制造信息泡沫——一方面是信息太多了，因为它可以为每个人量身定制非常详细的动态消息；但另一方面信息又太少了，因为这些信息缺乏多样性，千篇一律。结果，用户接收的信息越多，有价值的就越少。

　　所以在作者看来，在脸书引领社交媒体的今天，美国选举体制的根基已经遭到破坏——人们看到的新闻、认为正在发生的事件，以及需要理解的信息，全都不可靠了。自然，投票也不可能是理性的了。甚至脸书自己都不能辨别它提供的哪些信息才是真实准确的。这实在太令人害怕。

（编译/吴蔽余）

# 社交网络对于民主的影响

[**编者按**]　随着社交网络日益成为普通民众生活的一部分，其逐渐显示出对民主政治深刻的影响。典型的例证便是社交网络的兴起已经在无形之中影响了西方传统的民主竞选制度，候选人们在社交网络上的直接博弈已经成为影响大选结果的关键性因素。西方学者尼尔·弗格森在《环球邮报》上发表了《社交网络正在引发全球民主危机》，[1] 指出社交网络所展现出对民主制度的威胁甚至比专制独裁统治者还要严重。他认为，一方面网络平台的数据收集能力的增强为集权统治创造条件；另一方面网络平台本身是提供新手段、新方式传播虚假新闻和极端观点的温床，最终社交网络会加深意见的分歧，造成群体极化效应和公共领域碎片化。哈佛大学法学院教授凯斯·桑斯坦在《社交媒体对民主是来说是好事还是坏事?》[2] 中指出：即使社交平台的个性化服务会导致群体极化效应，但社交网络作为一种新的事物仍然可以改善现有缺陷，向更好的方向发展。

## 角度一：社交网络广泛影响民主政治

社交网络深深嵌入民主政治之中，且不受任何监控。现代政治家们必须

---

〔1〕　Niall Ferguson, "Social Networks Are Creating a Global Crisis of Democracy", *The Globe and Mail*, January 19, 2018, https：//www. theglobeandmail. com/opinion/niall－ferguson－social－networks－and－the－global－crisis－of－democracy/article37665172, 最后访问日期：2019 年 5 月 26 日。

〔2〕　Cass R. Sunstein, "Is Social Media Good or Bad for Democracy?", *Facebook Newsroom*, January 22, 2018, https：//newsroom. fb. com/news/2018/01/sunstein－democracy, 最后访问日期：2019 年 5 月 26 日。

正视社交网络的力量，要么积极融于社交网络之中宣扬自己的政见，要么在选举中遭遇失败。特朗普被称为推特总统，显然相对于以微弱劣势败选的希拉里来说，他在社交网络中显得游刃有余。英国首相特蕾莎·梅已然宣布辞职，她所领导的孱弱的政府在脱欧问题上四处被掣肘。其中值得关注的是，这位首相更习惯运用传统议会演讲方式，而不是社交媒体，特蕾莎·梅被称为一个社交媒体的失败者，她的推特粉丝远远少于她的对手工党党魁科宾。

当下政治活动已经不局限于一地了，政治已然社会化，但是直接向每一个选民传达的信息却是没有实质性监控的。在凯斯·桑斯坦看来，虚假新闻以及大量繁殖的信息茧（information cocoon）将导致极端主义和分裂主义的大量增加。假如你生活在一个信息茧中，这意味着你将会相信许多错误的东西，你也无法分辨、识别、学习真正真实的东西。这对民主来说是致命的打击，社交网络更容易为狂热的民粹主义、极端种族主义所利用。在社交网络中，信息就好像沙漠里的风暴，每个人只能被动接受一个又一个的信息风暴，而未加思考。

如何建立有效的监管体系，作者引述山姆·莱辛（Sam Lessin）的言论指出，应当确保候选人在与每个选民单独交流的时候无法被追踪或被旁听，同时应当改变社交网络向网民提供特定的个性化的新闻的方式。

## 角度二：社交网络会导致群体极化现象

群体的极化现象将会愈演愈烈。社交网络通过算法提供所谓的个性化服务，但是具有相似观点的人，在一起讨论之后，会变得更加固执己见。社交网络聚集着有相似观点的个人，每分每秒有着相似观点的人在个性化服务中交换观点，例如，在保守主义者的脸书下几乎均是保守主义者，在自由主义者的脸书下往往大多是自由主义者。社交网络所推出的精准投送和个性化服务使得用户的意识形态同质化，降低了思想的多样化。以扎克伯格为首的先驱们曾畅想，互联网推动我们逐渐使用同一种语言，相互合作，共同解决我们这个时代的重大问题，然而现实却令人伤感，那些把世界努力融合在一起的因素，让人们越来越不相信自己的所见所闻，让人们失去对彼此的信任。

社交网络使得原本的单一公共领域变得碎片化。一个又一个的社区在社交网络上建立，公共领域变出无数的小区块。社区之上的网民接受着相似的信息，人们将无法理解彼此，原本实施起来就困难重重的自治制度将变得雪上加霜，甚至会使得管理方式转变成粗暴独断。公民们应当形成较为广泛的社会共识，社会本身是多样化的，如果人们缺乏对社会的共识，那么社会公共问题将难以得到解决。

## 角度三：社交网络未来需要作出改变

弗格森认为，社交网络本质由那些巨大的利益团体所支配，无论这些商业巨头如何做出改变，社交网络投送的信息始终由他们的算法牢牢掌控。前总统奥巴马错失了让政府介入社交网络的时机。如今已经有很多美国人意识到社交网络出现了问题，这使得改变成为可能。

但桑斯坦认为，社交网络并未完全定型，不能作出抽象的判断，这一状况仍然是鼓舞人心的，社交网络可以不断改进自身缺点，不断向前进步：减少个性化服务，向人群提供更多的信息，扩展人们的视野；汇总用户近期的阅读，向用户报告其变得更加"左倾"或者"右倾"；提醒人们关注信息的实质，避免带有政治性质的新闻过滤器。社交网络还可以运用最新的定位和反馈功能抵制虚假信息的传播。Google 表示将更仔细地整理"新闻页面"的搜索结果，以便在 4chan 或者 Reddit 之类的公告板对新闻网站进行排名，这是保持新闻正确真实的有效途径。Facebook 宣布到 2018 年年底，信息安全问题及相关人员的处理数量将比上一年翻一番，从而限制"不良内容及不良行为人"。

（编译/艾敦义）

# 网络国家主宰世界，其影响力不容忽视

[编者按] 我们所处的网络时代孕育了一大批以非国家形式存在的网络实体，它们占据了物理空间之外的网络空间，从根本上挑战了民族国家为主的单一世界秩序。网络国家意涵丰富，种类多样，灵活多变，与传统的主权国家相比具有根本差异。近年来的诸多国际事件证明了网络国家的巨大影响力，其自身已成为国际舞台上一支不可忽视的力量。在此意义上，作者提出了"网络国家"的概念，主张民族国家应当重新认识网络国家的作用和影响力，积极适应网络国家时代，赢得意识形态战争，否则民族国家的合法性将会被逐渐侵蚀。[1]

"我们拒绝国王、总统和选举。我们相信粗略的共识和运行的代码。"麻省理工学院教授大卫·克拉克（David D. Clark）在 1992 年时这样说道。二十五年之后，这句话准确地表达出了全球的时代精神。越来越多的美国民众不再信任美国政府，敌视美国的民族国家也达到了世界历史上空前的规模。一个非民族国家——Facebook（脸书）却拥有 20 亿用户，超过世界人口总数的四分之一，甚至比中国总人口还多出 40%。简言之，民族国家已不再是国际舞台上唯一的成员了。

该如何称呼这种新局面呢？作者将其称为"网络国家"（net-states）。因为世界已不再为民族国家所垄断，而是进入了非国家的网络国家时代。世界已

---

［1］ Alexis Wichowski, "Net States Rule the World, We Need to Recognize Their Power", *Weird Opinion*, November 14, 2017, https：//www. wired. com/story/net-states-rule-the-world-we-need-to-recognize-their-power/，最后访问日期：2019 年 5 月 20 日。

经不能再简单地划分为国家（如美国、法国、印度这样的国家）和非国家（如伊斯兰国和基地组织）。由于"非国家"[1] 这一概念某种程度上已成为了一个负面的名词，因此作者创造了"网络国家"这个新词来命名这种现象。

网络国家是数字化的、不掌握暴力手段的非国家成员。网络国家如同民族国家一样，是一个内涵非常丰富的概念。有些约等于全球超级大国，如谷歌、脸书、推特；有些则只是恶作剧爱好者的集合，如 Lulzsec 的唯一目的就是为了搞笑；还有些是准军事组织，如 ghostsec 是一支专门攻击 ISIS 的邀请注册制网络军团；也有像匿名者和维基解密这样的政治黑客组织。抛开它们在规模和存在理由方面的差异，所有级别的网络国家都具备三项关键特征：它们主要存在于网络空间；都拥有世界各国的支持者与爱好者；都会推进独立于法律甚至超越法律的受思想驱动的宗旨。

网络国家的影响力不容忽视，无论是消极影响还是积极影响。以谷歌为例，2013 年谷歌启动了一项名为"神盾工程"（project shield）的反审查计划，这是一种为受到国家政府审查的新闻网站提供安全庇护的网络服务。尽管"神盾工程"可能会被打上为公司营造良好公共关系的标签，但这也代表了谷歌为世界带来积极改变的基本价值观。正如谷歌联合创始人谢尔盖·布林（Sergey Brin）在 2014 年的一次访谈中所说，"社会目标是我们的首要目标"。

又如，匿名者（Anonymous）是一个以反对山达基教会（Scientology，美国著名邪教组织）的 Chanology 行动（Operation Chanology）著称的政治黑客组织，在网络国家格局中占据着与谷歌全然不同的位置。它不是商业性质的，甚至不是一个正式的、登记注册的组织，但是匿名者已经开始涉足传统上由政府负责的领域。例如，2015 年巴黎恐怖袭击事件发生后，匿名者在 8 小时内瘫痪了 5500-20 000 个 ISIS 支持的推特账号。政府同样拥有查封恐怖分子社交账号的官方渠道，但以合法手段采取如此大规模的行动所需要的行政审批程序将会远远超过政府在仅仅两天之内所能处理的工作量。

所有这些事情的意义值得我们思索。作者认为民族国家需要警醒：世界

---

　　[1]　"非国家"一词的负面否定含义出自芭芭拉·艾伦莱克（Barbara Ehrenreich）2011 年发表的《你身边的剧场：没有人类的战争》（"Coming to a Theater Near You: War Without Humans"）一文："emergence of a new kind of enemy, so-called non-state actors."

需要网络国家来对抗非国家成员，仅仅依靠民族国家自身的力量是不足以挫败它们的。为了赢得信息时代的战争，民族国家需要重新认识到网络国家的力量，网络国家不是一种网络空间中可有可无的松散集合，而是一种拥有与非国家成员针锋相对所需的必要实力和影响力的重要实体。

世界需要网络国家，因为它们占据着和非国家成员同样的领土——网络空间。他们对自身规则和战术的理解力远胜过陆地战争时代和冷战时代的战略家。美国陆军少将迈克尔·纳加达（Michael K. Nagata）是美军中东地区特种作战行动的指挥官，他在 2014 年一篇有关 ISIS 的讲话中也表达了同样的看法："我们不理解这种行动，等到理解的时候，就不可能打败它们了。我们还没有打败这种思想，我们甚至不理解这种思想。"美国深陷反恐战争的原因之一便是未能充分理解这种思想。美国确实已经深陷反恐战争：国防部长詹姆斯·马蒂斯（James Mattis）在 2017 年 6 月份向国会做的一次报告中证实："我们并没有赢得阿富汗战争。"他的指挥官们已经把这场持续十六年的战争视为"僵局"。如果没有网络国家，战争可能仍然会持续下去。

美国发动了数以千计的空袭，好像他们的敌人是可以射杀到灭绝的旧世界的野兽。但是在思想之战的战场上部署传统武器，就像设下捕兽夹来捉鬼一样，最终会徒劳无功。他们并非错在用错了武器，而是错在了依靠错误的世界观上。即使是号称创新的战术，比如政府开发的反恐短信，虽然在理论上说得通，但是依靠的却是同样过时的世界观。（这方面的一个例子是美国国务院开展的直接与 ISIS 推特账号展开舆论战的策略——Think Again, Turn Away，目前以失败告终。）这听起来就像是父母直接告诉孩子毒品是有害的一样，我们需要的是让孩子说出来，我们需要让网络国家说出来。

所以民族国家需要适应这种局面。仅仅承认网络国家是不够的，还需要与他们开展合作，把信息时代的知识与军事行动结合起来，否则就会失去公众的信任。更糟糕的是，拒绝融入信息时代会在不知不觉中将人们推向"拒绝国王、总统和选举"的境地，转而拥护"粗略的共识和运行的代码"。也就是说，人们会忘记具有合法性的权威，转而拥护实际能做成事的人。老实讲，在今天的世界如果问民众"什么能够得人心"这个问题，还会有多少人回答美国政府而不是谷歌？

　　总而言之，美国不能只是忙于射杀恐怖分子，思想才是这场战争的武器。而思想的集散地——人们表达思想和扩散思想的地方——是网络国家而不是民族国家。民族国家如果继续忽视非国家成员，那么现存的网络国家世界秩序将处于危险之中。

（编译/段阳蕃）

# 编后记

近些年来，随着中国市场经济的逐步深化和法治体系的逐步健全，以部门法为主体、以实践为导向的法律职业教育也取得长足进步。而伴随着中国和世界经济和政治体系的不断融合，中国也日益成长出一个能够展开跨国法律合作和对话的新精英群体。法学院教育主张法律体系的神圣性和自足性，因而鼓励发展"法律人思维"，它要求学生能够根据一定的技术规则，娴熟地理解和诠释既定法律体系内部的理性构造，从而最终实现司法审判过程的合理化。

在我们看来，这种高度"法条中心主义"的思维方式并不足以培养适格的法律人才，它一方面没有考虑到作为一个变革社会，中国的法律形成过程，是在民俗、习惯法和现代理性化的互动中，在国家战略、公共政策和司法判决的多重构造中实现的，因此法律不仅仅是落实为国家意志的成文规定，而恰恰是形成这种国家意志的讨论过程和落实这种国家意志的多元机制。如果不对这种具体的法律情势有所了解，那就可能陷入僵化的法律囚笼之中，因为失去法的社会性和常识性而蜕变为教条主义者，或者因为无法应对法律适用过程中的各种空隙和断裂，而蜕变为法律无用论的虚无主义者。由于对西方法律的机械移植，中国的法条主义还带有一个高度"西方中心论"的理论预设。放在中国深度参与并主动塑造全球化进程的历史背景下，如果继续秉持这种态度，那么中国的法律人将在批判性和创造性阙如的窘境之下无路可走。

本着这种意识，北京大学法治研究中心从 2009 年开设"法律与公共政策"的硕士方向，致力于在一个更为开放和广阔的知识视野中塑造一种新的法律人格。"法意看世界"就是这种探索的成果之一，它致力于构建一个关于法和世界的新想象模式，它将法理解为一个历史的、动态的生成过程，它依托于特定社会的具体情势，并不断在这种情势中否定和创造自己的新形式，它将世界理解为一个需要认识、超越和改变的客体，而不是一个只供模仿和崇拜的主体，它反对那种将自我"他者化"的殖民意识，从而在这种批判性中完成新一轮的心灵去魅，它主张通过重新激发主体性、情感生活和意义世界，培养能够适应变革时代的、具备战略和政治意识的新法律人。

这种他者化的意识，决定了我们理解和观察的"世界"，仍然是高度西方中心性的，它虽然生成于特定的西方历史经验，却主张自己对于人类发展的普遍性意义，当它和实证法思维相结合，便形成了紧密禁锢中国法律人的思维枷锁，心灵解放的缺乏也就封闭了法律人的创造性。在此背景下，如何实现对于西方世界的再认识，而不是满足于人云亦云的个体感受和经验，构成法律人"思想解放"的新起点，它必须在对西方更深刻的审视之中，实现自我超越。

本书的整理和出版便致力于通过对于西方世界的真实报道和历史还原，来解构附加在这个"世界"之上的神圣性意识。这种意识体现为构成本书主体内容的编译部分。由于法学院的教育背景，我们将编译题材放在围绕国际战略、政治和法律体制的公共讨论上，在材料来源上兼顾学术期刊和公共媒体，并致力于发掘那些长时段的、有较强理论价值的、有较强代表性的观念性讨论，从而有助于国人发现和理解一个真实、鲜活生动的意义世界。

除了法律人的问题意识和知识背景，我们认为《法意看世界》拥有一种更具历史感的文明自觉，因而理应被视为晚清以来中国知识分子"开眼看世界"的历史行程的一部分。凭借着这种自我否定、吐故纳新的精神和勇气，几代人通过开拓和创新构建了一个日新月异的新中国。而今，在新时代的政治和历史意识的感召下，那个一度使中国感到陌生的世界和文明，早已内化于国人的时空观念和自我意识之中。它的内在性，让这种探索更为迫切，因为它旨在回答国人对于世界的新想象，从而构造一个具有普遍意义的新生活方式，它的主体性，让这种探索更为从容，因为它真正将西方变成了一个被观察者，从而在一种更具批判性的审视中，意识到自己存在的历史价值。

本书的所有内容由北京大学法治研究中心法律与公共政策方向的硕士和北京大学法学院的学生编辑整理完成，我们希望在这种点滴的细碎积累之上，构造出这部具有"思想年鉴"性质的文集，并愿意将这种追踪发展为长期连续的系列工作。虽然本书主要由受过法学教育的学生们整理，但它关注的议题却覆盖经济、政治和社会文化等多个方面，具备很强的公共性，因而尤其适合作为了解西方当代思想和文化辩论的通识读物。在编辑、整理和出版过程中，我们收获了无数的粉丝点赞和深刻评论，也得到了专家学者和出版社编辑们的支持帮助，这构成我们努力探索的不竭动力。由于水平和学识所限，本书也注定存在多方缺陷，在这个意义上，本书的编辑和出版是对话性和开放性的，它期待着苛刻读者的质疑和批评，如同它期待着热情读者的鲜花和掌声一样。

《法意看世界》编委会

2017 年 11 月 29 日

**图书在版编目（ＣＩＰ）数据**

重启大国竞争：法意看世界：2018 / 孔元主编. —北京：当代世界出版社，2020.6
ISBN 978-7-5090-1536-0

Ⅰ.①重… Ⅱ.①孔… Ⅲ.①国际关系－文集②国际政治－文集
Ⅳ.①D81-53②D5-53

中国版本图书馆 CIP 数据核字(2020)第 052943 号

---

| | | |
|---|---|---|
| 书 名 | 重启大国竞争：法意看世界（2018） |
| 出版发行 | 当代世界出版社 |
| 地 址 | 北京市东城区地安门东大街 70-9 号 |
| 网 址 | http://www.worldpress.org.cn |
| 编务电话 | （010）83907528 |
| 发行电话 | （010）83908410 |
| 经 销 | 新华书店 |
| 印 刷 | 北京中科印刷有限公司 |
| 开 本 | 720 毫米×960 毫米　　1/16 |
| 印 张 | 23.5 |
| 字 数 | 360 千字 |
| 版 次 | 2020 年 6 月第 1 版 |
| 印 次 | 2020 年 6 月第 1 次 |
| 书 号 | 978-7-5090-1536-0 |
| 定 价 | 79.00 元 |

---